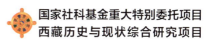中国社会科学院创新工程学术出版资助项目

国家社科基金重大特别委托项目
西藏历史与现状综合研究项目

图版一　和田麻札塔格吐蕃戍堡（引自"国际敦煌学项目"网站）

图版二　若羌米兰吐蕃戍堡（新疆社会科学院苗普生提供）

图版三　于阗媲摩等地名籍(M.Tagh.0506背面，引自"国际敦煌学项目"网站）

图版四　有关于阗王的藏文写本（M.Tagh.b.I.0092背面，引自"国际敦煌学项目"网站）

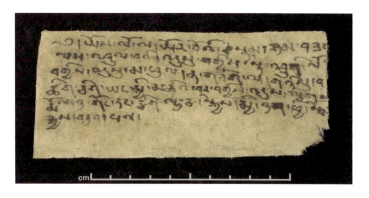

图版五　借物契（M.I.xiv.24，引自"国际敦煌学项目"网站）

图版六　《白伞盖经》(M.I.iv.9，引自"国际敦煌学项目"网站）

图版七　《佛说大乘稻秆经》（E.i.12，引自"国际敦煌学项目"网站）

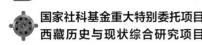中国社会科学院创新工程学术出版资助项目

国家社科基金重大特别委托项目
西藏历史与现状综合研究项目

英国收藏新疆出土
古藏文文献叙录

胡 静　杨 铭　编著

社会科学文献出版社
SOCIAL SCIENCES ACADEMIC PRESS (CHINA)

总　序

郝时远

　　中国的西藏自治区，是青藏高原的主体部分，是一个自然地理、人文社会极具特色的地区。雪域高原、藏传佛教彰显了这种特色的基本格调。西藏地区平均海拔 4000 米，是人类生活距离太阳最近的地方；藏传佛教集中体现了西藏地域文化的历史特点，宗教典籍中所包含的历史、语言、天文、数理、哲学、医学、建筑、绘画、工艺等知识体系之丰富，超过了任何其他宗教的知识积累，对社会生活的渗透和影响十分广泛。因此，具有国际性的藏学研究离不开西藏地区的历史和现实，中国理所当然是藏学研究的故乡。

　　藏学研究的历史通常被推溯到 17 世纪西方传教士对西藏地区的记载，其实这是一种误解。事实上，从公元 7 世纪藏文的创制，并以藏文追溯世代口传的历史、翻译佛教典籍、记载社会生活的现实，就是藏学研究的开端。同一时代汉文典籍有关吐蕃的历史、政治、经济、文化、社会生活及其与中原王朝互动关系的记录，就是中国藏学研究的本土基础。现代学术研究体系中的藏学，如同汉学、东方学、蒙古学等国际性的学问一样，曾深受西学理论和方法的影响。但是，西学对中国的研究也只能建立在中国历史资料和学术资源基础之上，因为这些历史资料、学术资源中所蕴含的不仅是史实，而且包括了古代记录者、撰著者所依据的资料、分析、解读和观念。因此，中国现代藏学研究的发展，不仅需要参考、借鉴和吸收西学的成就，而且必须立足本土的传统，光大中国藏学研究的中国特色。

作为一门学问，藏学是一个综合性的学术研究领域，"西藏历史与现状综合研究项目"即是立足藏学研究综合性特点的国家社会科学基金重大特别委托项目。自 2009 年"西藏历史与现状综合研究项目"启动以来，中国社会科学院建立了项目领导小组，组成了专家委员会，制定了《"西藏历史与现状综合研究项目"管理办法》，采取发布年度课题指南和委托的方式，面向全国进行招标申报。几年来，根据年度发布的项目指南，通过专家初审、专家委员会评审的工作机制，逐年批准了一百多项课题，约占申报量的十分之一。这些项目的成果形式主要为学术专著、档案整理、文献翻译、研究报告、学术论文等类型。

承担这些课题的主持人，既包括长期从事藏学研究的知名学者，也包括致力于从事这方面研究的后生晚辈，他们的学科背景十分多样，包括历史学、政治学、经济学、民族学、人类学、宗教学、社会学、法学、语言学、生态学、心理学、医学、教育学、农学、地理学和国际关系研究等诸多学科，分布于全国 23 个省、自治区、直辖市的各类科学研究机构、高等院校。专家委员会在坚持以选题、论证等质量入选原则的基础上，对西藏自治区、青海、四川、甘肃、云南这些藏族聚居地区的学者和研究机构，给予了一定程度的支持。这些地区的科学研究机构、高等院校大都具有藏学研究的实体、团队，是研究西藏历史与现实的重要力量。

"西藏历史与现状综合研究项目"具有时空跨度大、内容覆盖广的特点。在历史研究方面，以断代、区域、专题为主，其中包括一些历史档案的整理，突出了古代西藏与中原地区的政治、经济和文化交流关系；在宗教研究方面，以藏传佛教的政教合一制度及其影响、寺规戒律与寺庙管理、僧人行止和社会责任为重点，突出了藏传佛教与构建和谐社会的关系；在现实研究方面，则涉及政治、经济、文化、社会和生态环境等诸多领域，突出了跨越式发展和长治久安的主题。

在平均海拔 4000 米的雪域高原，实现现代化的发展，是中国改革开放以来推进经济社会发展的重大难题之一，也是没有国际经验可资借鉴的中国实践，其开创性自不待言。同时，以西藏自治区现代化为主题的经济社会发展，不仅面对地理、气候、环境、经济基础、文化特点、社会结构等特殊性，而且面对境外达赖集团和西方一些所谓"援藏"势力制造的"西藏问题"。因此，这一项目的实施也必然包括针对这方面的研究选题。

所谓"西藏问题"是近代大英帝国侵略中国、图谋将西藏地区纳入其殖民统治而制造的一个历史伪案，流毒甚广。虽然在一个世纪之后，英国官方承认以往对中国西藏的政策是"时代错误"，但是西方国家纵容十四世达赖喇嘛四处游说这种"时代错误"的国际环境并未改变。作为"时代错误"的核心内容，即英国殖民势力图谋独占西藏地区，伪造了一个具有"现代国家"特征的"香格里拉"神话，使旧西藏的"人间天堂"印象在西方社会大行其道，并且作为历史参照物来指责 1959 年西藏地区的民主改革、诋毁新西藏日新月异的现实发展。以致从 17 世纪到 20 世纪上半叶，众多西方人（包括英国人）对旧西藏黑暗、愚昧、肮脏、落后、残酷的大量实地记录，在今天的西方社会舆论中变成讳莫如深的话题，进而造成广泛的"集体失忆"现象。

这种外部环境，始终是十四世达赖喇嘛及其集团势力炒作"西藏问题"和分裂中国的动力。自 20 世纪 80 年代末以来，随着苏联国家裂变的进程，达赖集团在西方势力的支持下展开了持续不断、无孔不入的分裂活动。达赖喇嘛以其政教合一的身份，一方面在国际社会中扮演"非暴力"的"和平使者"，另一方面则挑起中国西藏等地区的社会骚乱、街头暴力等分裂活动。2008年，达赖集团针对中国举办奥运会而组织的大规模破坏活动，在境外形成了抢夺奥运火炬、冲击中国大使馆的恶劣暴行，在境内制造了打、砸、烧、杀的严重罪行，其目的就是要使所谓"西藏问题"弄假成真。而一些西方国家对此视而不见，则大都出于"乐观其成"的"西化""分化"中国的战略意图。其根本原因在于，中国的经济社会发展蒸蒸日上，西藏自治区的现代化进程不断加快，正在彰显中国特色社会主义制度的优越性，而西方世界不能接受中国特色社会主义取得成功，达赖喇嘛不能接受西藏地区彻底铲除政教合一封建农奴制度残存的历史影响。

在美国等西方国家的政治和社会舆论中，有关中国的议题不少，其中所谓"西藏问题"是重点之一。一些西方首脑和政要时不时以会见达赖喇嘛等方式，来表达他们对"西藏问题"的关注，显示其捍卫"人权"的高尚道义。其实，当"西藏问题"成为这些国家政党竞争、舆论炒作的工具性议题后，通过会见达赖喇嘛来向中国施加压力，已经成为西方政治作茧自缚的梦魇。实践证明，只要在事实上固守"时代错误"，所谓"西藏问题"的国际化只能导致搬石砸脚的后果。对中国而言，内因是变化的依据，外因是变化的条件这一哲学原理没有改变，推进"中国特色、西藏特点"现代化建设的时间表是由中国确定的，中国具备抵御任何外部势力破坏国家统一、民族团结、社会稳定的能力。从这个意义上说，本项目的实施不仅关注了国际事务中的涉藏斗争问题，而且尤其重视西藏经济社会跨越式发展和长治久安的议题。

在"西藏历史与现状综合研究项目"的实施进程中，贯彻中央第五次西藏工作座谈会的精神，落实国家和西藏自治区"十二五"规划的发展要求，是课题立项的重要指向。"中国特色、西藏特点"的发展战略，无论在理论上还是在实践中，都是一个现在进行时的过程。如何把西藏地区建设成为中国"重要的国家安全屏障、重要的生态安全屏障、重要的战略资源储备基地、重要的高原特色农产品基地、重要的中华民族特色文化保护地、重要的世界旅游目的地"，不仅需要脚踏实地地践行发展，而且需要科学研究的智力支持。在这方面，本项目设立了一系列相关的研究课题，诸如西藏跨越式发展目标评估，西藏民生改善的目标与政策，西藏基本公共服务及其管理能力，西藏特色经济发展与发展潜力，西藏交通运输业的发展与国内外贸易，西藏小城镇建设与发展，西藏人口较少民族及其跨越式发展等研究方向，分解出诸多的专题性研究课题。

　　注重和鼓励调查研究，是实施"西藏历史与现状综合研究项目"的基本原则。对西藏等地区经济社会发展的研究，涉面甚广，特别是涉及农村、牧区、城镇社区的研究，都需要开展深入的实地调查，课题指南强调实证、课题设计要求具体，也成为这类课题立项的基本条件。在这方面，我们设计了回访性的调查研究项目，即在20世纪五六十年代开展的藏区调查基础上，进行经济社会发展变迁的回访性调查，以展现半个多世纪以来这些微观社区的变化。这些现实性的课题，广泛地关注了经济社会的各个领域，其中包括人口、妇女、教育、就业、医疗、社会保障等民生改善问题，宗教信仰、语言文字、传统技艺、风俗习惯等文化传承问题，基础设施、资源开发、农牧业、旅游业、城镇化等经济发展问题，自然保护、退耕还林、退牧还草、生态移民等生态保护问题，等等。我们期望这些陆续付梓的成果，能够从不同侧面反映西藏等地区经济社会发展的面貌，反映藏族人民生活水平不断提高的现实，体现科学研究服务于实践需求的智力支持。

　　如前所述，藏学研究是中国学术领域的重要组成部分，也是中华民族伟大复兴在学术事业方面的重要支点之一。"西藏历史与现状综合研究项目"的实施涉的学科众多，它虽然以西藏等藏族聚居地区为主要研究对象，但是从学科视野方面进一步扩展了藏学研究的空间，也扩大了从事藏学研究的学术力量。但是，这一项目的实施及其推出的学术成果，只是当代中国藏学研究发展的一个加油站，它在一定程度上反映了中国藏学研究综合发展的态势，进一步加强了藏学研究服务于"中国特色、西藏特点"

的发展要求。但是，我们也必须看到，在全面建成小康社会和全面深化改革的进程中，西藏实现跨越式发展和长治久安，无论是理论预期还是实际过程，都面对着诸多具有长期性、复杂性、艰巨性特点的现实问题，其中包括来自国际层面和境外达赖集团的干扰。继续深化这些问题的研究，可谓任重道远。

在"西藏历史与现状综合研究项目"进入结项和出版阶段之际，我代表"西藏历史与现状综合研究项目"专家委员会，对全国哲学社会科学规划办公室、中国社会科学院及其项目领导小组几年来给予的关心、支持和指导致以崇高的敬意！对"西藏历史与现状综合研究项目"办公室在组织实施、协调联络、监督检查、鉴定验收等方面付出的努力表示衷心的感谢！同时，承担"西藏历史与现状综合研究项目"成果出版事务的社会科学文献出版社，在课题鉴定环节即介入了这项工作，为这套研究成果的出版付出了令人感佩的努力，向他们表示诚挚的谢意！

2013 年 12 月北京

凡 例

一、本书在沿用《英国国家图书馆藏斯坦因收集品中的新疆出土古藏文写本》一书的序号和要素的基础上，增加了对每一件文献的题名，叙录内容依次为：序号，题名，斯坦因原编出土号，英国国家图书馆所编索引号，保存状况，写本尺寸（单位为厘米），行数，内容提要，托马斯《有关西域的藏文文献和文书》和刘忠、杨铭中译本《敦煌西域古藏文社会历史文献》的页码，武内绍人上引书和杨铭等编著《英国收藏新疆出土古藏文文书选译》的页码，武内绍人《敦煌西域出土的古藏文契约文书》和杨铭、杨公卫中译本页码，以及斯坦因《古代和田》一书的图版编号。

二、叙录内容主要由两种方法编写，一是依据写本已有的翻译内容或研究成果，编写出内容提要；在写本没有翻译或尚缺研究成果的情况下，主要引用武内绍人上引书对该写本的介绍，两种方式以前者为主，互为补充。

三、考虑到国内学者的阅读习惯和印刷方便，本书对托马斯和武内绍人原书引用的藏文拉丁字母转写系统（威利系统，1959 年）进行了零星的修订：藏文ɑ在威利系统中转写成 '，本书转写成 v；元音ଅ反写时原书用 I 表示，中译本仍用 i。

四、附录部分收入《英国国家图书馆藏斯坦因收集品中的新疆出土古藏文写本》一书的导论，同时编入"敦煌西域古藏文文献研究论著目录""文献索引号、出土号与本书题名、序号对照表""藏汉译名对照表"等，方便读者检索、引用。

五、本书涉及的其他文献编号缩略语如下：

V. P. ＝瓦雷·普散编《印度事务部图书馆藏敦煌藏文写本目录》；

P. t. ＝法国国家图书馆藏敦煌藏文写本编号。

藏文与拉丁字母转写符号对照表

ཀ	ཁ	ག	ང	ཅ	ཆ	ཇ	ཉ
ka	kha	ga	nga	ca	cha	ja	nya

ཏ	ཐ	ད	ན	པ	ཕ	བ	མ
ta	tha	da	na	pa	pha	ba	ma

ཙ	ཚ	ཛ	ཝ	ཞ	ཟ	འ	ཡ
tsa	tsha	dza	wa	zha	za	va	ya

ར	ལ	ཤ	ས	ཧ
ra	la	sha	sa	ha

ཨ	ཨི	ཨུ	ཨེ	ཨོ
a	i	u	e	o

1

目 录

1

序 英藏敦煌西域古藏文非佛教 文献的刊布与研究

　　自从 20 世纪初，斯坦因、伯希和把敦煌莫高窟藏经洞的文物几乎洗劫一空、运到欧洲以后，每一个想要接触或研究这些物品的人，首先要了解欧洲尤其是英、法两国收藏这些文物的数量和研究状况。而其中本书涉及的敦煌西域古藏文非佛教文献，无疑是其中的重要内容之一。

　　荣新江在 20 世纪 90 年代中期有一个初步的统计，他认为散落在海外的敦煌藏文写本总数应在 6000 件以上，主要收藏于法国、英国，其中英国收藏约 3500 件。① 日本学者武内绍人 (T. Takeuchi) 在 1997 年出版的《英国国家图书馆藏斯坦因收集品中的新疆出土古藏文写本》一书绪论中说，斯坦因头三次考察带走的藏文文献没有完整的目录，不过就数量上而言，第二次考察所得是迄今最多的。其中，在印度事务部图书馆 (India Office Library and Records，简称 I. O.，位于伦敦) 的藏文文献中，第二次考察所获的写本 (IOL Tib J) 共 3094 件，第三次所获的写本 (IOL Tib M) 有 1037 件，简牍 (IOL Tib N) 数量共 2457 件。也就是说，据武内绍人的统计，最终收藏于英国国家图书馆的出自敦煌西域的藏文写本共计 4131 件。②

　　杨富学近期也有一个不完全的估算，认为敦煌古藏文文献以伦敦印度事务部图书馆 (1370 件) 和巴黎法国国立图书馆 (3375 件) 所藏最为集

---

① 荣新江：《英伦印度事务部图书馆藏敦煌西域文献纪略》，《敦煌学辑刊》1995 年第 2 期。

② T. Takeuchi, *Old Tibetan Manuscripts from East Turkestan in The Stein Collection of the British Library*, The Centre for East Asian Cultural Studies for Unesco, The Toyo Bunko-The British Library, 1997 – 1998.

1

中。国内所藏主要集中于甘肃地区，有编号者为 6656 件，其中敦煌市博物馆所藏最多，达 6050 件。国内其他地区也有敦煌藏文写本入藏，数量不多，有 300 多件，其中北京国家图书馆收藏 200 余件。再加上其他流散品，海内外的敦煌古藏文写卷的数量应在 12000 件左右。①

笔者查阅英国国家图书馆"国际敦煌学项目"（The International Dunhuang Project）网站，披露其馆藏的敦煌古藏文写本共编号 3014 个，出自和田麻札塔格、若羌米兰的古藏文写本编号 1306 个。

上述古藏文写本和简牍，经过国内外敦煌学、藏学界几代学者近百年的整理、刊布和研究，已经出版了大批成果，无疑是敦煌学、藏学研究的第一手资料，弥足珍贵。为进一步推动国内学术界对上述藏品的研究，笔者拟针对上述写本中的非佛教文献部分，包括社会文书、历史文献、语言文学以及占卜、医药等内容在内的写本，介绍它们的入藏单位、卷数、编目、刊布和研究成果等诸多方面，供研究敦煌学、藏学、西域史地的学者参考、引用。

一　非佛教文献的编目与刊布

斯坦因（Sir Aurel Stein）在 1900 年至 1915 年进行了三次中亚考察，获取了大量的各种文字的写本或木简。其中数量最多的汉文写本，按照资助其考察的事先协议交给了英国国家博物馆，而包括古藏文、梵文、于阗文、吐火罗文等文种的写本和简牍，则交由印度事务部图书馆收藏。后来，印度事务部图书馆合并入英国国家图书馆，这批古藏文写本入藏于后者的东方文献部（Oriental Collections of the British Library，简称 O. C.），合并为"东方和印度事务部收集品"（Oriental and India Office Collections，简称 OIOC）。

上述写本中的非佛教文书由 1903~1927 年任印度事务部图书馆馆长的托马斯（Frederick William Thomas，1867~1956）负责整理；藏文佛典则交由瓦雷·普散（Valle. Poussin）编目。其实，最早问世的西域古藏文文

---

① 赵天英、杨富学：《敦煌文献与唐代吐蕃史的构建》，《中南民族大学学报》2009 年第 1 期。

献，见于 1907 年出版的斯坦因《古代和田》一书中①，该书以图版的形式刊布了 7 件古藏文文献，其中包括书信、契约、佛经等。其次要数从 1927 年到 1933 年，托马斯陆续在《英国皇家亚洲学会会刊》（*Journal of the Royal Asiatic*）上发表的整理研究敦煌西域出土古藏文文书的成果。

其后，在 1935 年和 1951 年，托马斯先后以《有关西域的藏文文献和文书》为名，集结出版了两卷专著：第一卷主要是从藏文大藏经中辑录并翻译的有关于阗的史料，其中《于阗国阿罗汉授记》一种参考了两件敦煌藏文写本，附录是伯希和所获敦煌藏文写本 P. T. 960《于阗国教法史》的译注；第二卷刊布了 39 件敦煌古藏文文书，45 件出自麻札塔格（其中 Khad 地方 1 件）的古藏文文书，37 件出自米兰的古藏文文书，共计 121 件。②

此外，托马斯还编写了《斯坦因第三次考察所获藏文文书目录草稿》（Draft Catalogue by F. W. Thomas, *Stein Tibetan Third Expedition*, MSS, Eur. E. 281.），该手稿现藏于英国国家图书馆中，没有正式出版。③ 在上述一、二卷的基础上，托马斯和他的学生又于 1955、1963 年出版了该书第三、四卷。其中，第三卷是对第一、二卷某些未及展开的问题补充说明，而第四卷是具有藏英词典性质的工具书，收有完备的藏、英、梵词汇索引。

另一方面，瓦雷·普散编写的《印度事务部图书馆藏敦煌藏文写本目录》一书，迟至 1962 年才得以出版，该书共收佛教经卷 765 个编号。④ 1977 ~ 1988 年，日本东洋文库（Toyo bunko）在山口瑞凤（Z. Yamaguchi）的主持下，在瓦雷·普散目录的基础上编成『スタイン搜集（敦煌）チベット語文献解題目録』，共 12 册，以及索引 1 册。其中 1 ~ 8 分册将瓦雷·普散的 765 个编号重新编目；自第 9 册开始，从 1001 号新编顺序号，至 12 册止共著录 1518 个编号。

1978 ~ 1979 年，斯巴尼安（A. Spanien）与今枝由郎（Y. Imaeda）合

---

① Stein, M. A. *Ancient Khotan*, 2 vol., Oxford, 1907. Repr., New York, 1975.

② F. W. Thomas, *Tibetan Literary Texts and Documents concerning Chinese Tukestan*, London, 1951.

③ 荣新江：《英伦印度事务部图书馆藏敦煌西域文献纪略》，《敦煌学辑刊》1995 年第 2 期。

④ L. de la. Vallee Poussin, *A Catalogue of the Tibetan Manuscripts from Tun-Huang in the India Office Library*, London, Oxford University Press, 1962.

作，编辑出版了《法藏敦煌古藏文手卷选集》2 册，刊布了数件与法藏敦煌古藏文写本有关的英藏文献，如：India Office 737《罗摩衍那》，India Office 750、Britishi Museum Or. 8212（187）《敦煌本吐蕃历史文书》，India Office 751《岱噶玉园寺愿文》，India Office Ch. ⅩⅦ. 2《苏孜事迹残卷》，India Office Ch. ⅩⅤ，fragment. 12《阿骨萨部落护持射手名籍》等。①

1984 年，陈庆英于《敦煌学辑刊》试刊第 2 期上发表《斯坦因劫经录、伯希和劫经录所收汉文写卷中夹存的藏文写卷情况调查》一文，检索出《斯坦因劫经录》所收汉文写卷中夹存的藏文写卷十余件，其中比较重要的有 S. 1000（v）《藏汉对照词语残卷》、S. 2736（v）《藏汉对照词语残卷》、S. 4243（r）《汉文念珠歌藏文音译》、S. 6878（v）《占卜图》等。②

武内绍人 1995 年出版的《敦煌西域出土的古藏文契约文书》，共转写、译注包括伯希和收藏品在内的古藏文契约 58 件，其中英藏部分共计 28 件。该书收录的 12 件敦煌写本与托马斯第二卷相比，比后者多出 5 件；新疆部分 16 件，均已为托马斯著录。③

1997～1998 年出版的《英国国家图书馆藏斯坦因收集品中的新疆出土古藏文写本》一书④，由武内绍人牵头编撰，共收出自麻札塔格、米兰、安得悦等地的古藏文写本共计 702 件，其中出自麻札塔格等地的有 360 件，出自米兰、安得悦等地的 342 件。据此书介绍，这些写本早先的入藏情况是：584 件藏于印度事务部图书馆，117 件藏于英国国家图书馆东方文献部，1 件藏于英国博物馆。武内绍人刊布的出自麻札塔格等地的 360 件写本，分三种情况：第一种是包括托马斯已做编目、转写和译注的，有 45 件；第二种约有 70 件是托马斯未涉及而比较有价值的，多为社会文书如借契、买卖契约等；第三种是约占总数三分之二的残卷，多为古藏文片言只

① A. Spanien, et Y. Imaeda, *Choix de documents Tibétains conservés à la Bibliothèque Nationale complété par queques Manuscrits de l'India Officeet du British Museum*, Tome I, Paris, 1978；Tome Ⅱ, Paris, 1979.

② 陈庆英：《斯坦因劫经录、伯希和劫经录所收汉文写卷中夹存的藏文写卷情况调查》，《敦煌学辑刊》试刊第 2 期，第 111～116 页。

③ T. Takeuchi, *Old Tibetan contracts from Central Asia*, Daizo Shuppan, Tokyo, 1995.

④ *Old Tibetan Manuscripts from East Turkestan in The Stein Collection of the British Library*, The Centre for East Asian Cultural Studies for Unesco, The Toyo Bunko-The British Library, 1997, 1998.

语。武内绍人刊布的 342 件出自米兰、安得悦等地的藏文写本，据笔者目前所做的初步统计，其中有 37 件是已经托马斯公布过的，其余约 300 件中，有近 100 件具有编目、译注的价值，剩余约 200 件属于佛经或残片。

2005 年，英国国家图书馆"国际敦煌学项目"网站刊布了由范谢克（Sam van Schaik）等人编撰的《斯坦因收集品中的敦煌藏文密宗文献提要》，因其主要涉及佛教的内容，在此不赘述。①

2007 年，同样是英国国家图书馆"国际敦煌学项目"网站刊布了早年由托马斯编撰而未及出版的《斯坦因第三次探险所获藏文写本》（STEIN TIBETAN 3rd Expedition），其中佛经残片居多，故本文未及检索。②

从 2010 年起，上海古籍出版社、西北民族大学开始与英国国家图书馆合作，将藏于该馆的敦煌西域古藏文文献全部影印出版，已经出版 1~5辑。③ 由于已经出版的 5 卷主要涉及一些重要的佛教写经，估计有关的社会文书部分将在后面几辑中出现，所以这里不做详细介绍。

2012 年，由日本学者岩尾一史（K. Iwao）等人编著的《斯坦因收集品Or. 8210 中的古藏文文献》一书出版。④ 斯坦因三次中亚考察所获得的汉文、粟特文、突厥文、回鹘文等文物编为 Or. 8210~8212 等 3 个总号，其中 Or. 8210 主要是敦煌藏经洞出土的汉文写本和印本。《斯坦因收集品Or. 8210 中的古藏文文献》一书，即是将 Or. 8210 汉文写本中夹杂藏文文献的卷号单独整理成册出版，以拉丁字母转写方式收录了 88 个卷号的敦煌藏文文献。每件藏文文献著录了四方面的内容，一是介绍该文献的主要内容，二是著录该文献本身的保存状况，三是标注该文献影印件的出版及相关研究情况，四是该文献的拉丁字母转写。此 88 个卷号的古藏文文献主要分世俗文书和宗教文书两大类，涉及吐蕃历史、宗教（包括佛教和苯教）、社会经济、文学、民俗等各个领域。其中非佛教文书近 60 件，主要包括契约、书信、占卜文书等，是研究吐蕃及其毗邻地区历史最珍贵的第一手文

---

① *Catalogue of the Tibetan Tantric Manuscripts from Dunhuang in the Stein Collection*, http：//idp. bl. uk；IDP, 2005.

② http：//idp. bl. uk；IDP, 2007.

③ 《英国国家图书馆藏敦煌藏文文献》（1~2），上海古籍出版社，2010~2012。

④ Kazushi Iwao, Sam Van Schaik, Tsuguhito Takeuchi, *Old Tibetan Texts in The Stein Collection Or. 8210*, Studies in Old Tibetan Texts from central, vol. 1, The Toyo Bunko, Tokyo 2012.

献。

笔者因近年来承担项目之故，对以上写本刊布的情况进行了分类统计，发现编号为 IOL Tib J、Or. 8210、Or. 8211、Or. 8212、Or. 9615、Or. 15000 的非佛教古藏文写本，共计 800 余件（号）；加上少数未列入上述编号但存有斯坦因原编号的 60 余件，共约 860 件（号）。也就是说，如果加上未来不可预见的发现，英藏敦煌西域古藏文非佛教写本的件数，或说编号数应接近 900 个。尽管其中有一些编号下可能只有一块残片，或仅存片言只语，但笔者初步统计，900 件中值得深入考释，进而供研究之用的应占一半左右，不可谓不丰富！

二　国外学术界对非佛教文献的研究

因为本书的重点是介绍关于英藏敦煌西域古藏文非佛教文献的研究，除去早期学者如托马斯、普散这样以整理、研究英藏写本为主的大家以外，在后来研究中仅仅引用英藏而不引用法藏的很少，或者说几乎没有，所以下面介绍的学者也包括这样的情况；当然笔者还是试图在书中尽可能突出他们在英藏研究方面的成就。另外一个情况是，要在有限的篇幅中来介绍整个西方学者群或日本学者群的相关研究，似乎是不可行的，因而以下只能采取以介绍代表人物为主线，顺带提到其他学者的方式。

1. 托马斯的研究

托马斯 1935 年和 1951 年先后出版了两卷专著，其中《有关西域的藏文文献和文书》第一卷，主要是从藏文《大藏经》中辑录并翻译的有关于阗的史料，第二卷分七部分刊出了敦煌西域出土的古藏文社会历史文书，即：①阿柴（The Va zha，吐谷浑）；②沙州地区（The Sa cu region）；③罗布泊地区（The Nob region）；④于阗地区（The Khotan region）；⑤突厥（The Dru gu）；⑥政府与社会状况（Government and Social Conditions）；⑦吐蕃军队（The Tibetan army）。以上内容包括转写和译注，将斯坦因所获的社会历史文书中的精华部分公之于世，敦煌、麻札塔格等地出土古藏文写本共计 120 件，古藏文简牍 380 件。

托马斯在整理、研究敦煌藏文文书方面的另一个重要成果，就是他与法国的藏学家巴考、杜散一起，对敦煌本吐蕃历史文书进行了解读。他们三人在 1946 年出版了自 1940 年以来的研究成果，书名为《敦煌吐蕃历史文书》（Documents de Touen-Houang elatifsà l'histoire du Tibet，巴黎，1940 ~ 1946）。其中，托马斯负责解读的是入藏于英国博物馆资料部的，原登录号为 S. 103（19Ⅷ.1），现编为 I. O. 750、B. M. 8212（187）的那一部分，具体来说，就是敦煌吐蕃历史文书《大事纪年》中公元 743 ~ 763 年的这一段。此外，托马斯出版的《南语——汉藏边境地区的一种古语言》①、《东北藏区的古代民间文学》②，也是他整理、研究敦煌古藏文非佛教文献的成果，其中刊布了一些较为重要的文学、占卜和语言资料。

匈牙利著名藏学家乌瑞在一篇文章中是这样评价的："托马斯的著作除了提供一个相当可观的史料集外，同时在吐蕃语言和历史的研究上也是首开其端的巨大成就。虽然他不可能避免开拓者所不可避免的错误，并且不免时而在这里时而在那里甚至还犯有方法学上的错误，但他对卷子的绝大部分的翻译和部分历史、地理的解释仍然站得住脚。因此，他的著作今后在很长时间里也仍将被藏学家当做手册来使用。"③

2. 武内绍人的研究

武内绍人是日本学术界研究敦煌西域古藏文文书的著名学者，在他之前虽然有佐藤长、藤支晃、山口瑞凤等著名学者做过相关的研究，但他们的主线并非在英藏非佛教文献方面；而武内绍人近 20 年来，一直致力于对敦煌西域所出的古藏文文献尤其是英藏社会历史文献的整理、刊布及其研究。譬如他的《敦煌西域出土的古藏文契约文书》一书，是在 20 世纪 80 年代后期陆续发表研究古藏文契约文书的基础上集成的，共收出自敦煌、新疆而分藏于英、法等国的古藏文契约文书 58 件，汉文契约文书 2 件。该书除了在第一部分用专章对古藏文契约文书作分类和综合论述外，第二部分是对每一件契约文书所做的拉丁字母转写、翻译和注释，可谓是研究敦煌西域的古藏文契约文书的集大成者。

武内绍人另一重要著述，就是他受日本东洋文库资助亲赴英伦，经

---

① F. W. Thomas, *Nam*, *an Ancient Language of the Sino-Tibetan Borderland*, London, 1948.

② F. W. Thomas, *Ancient Folk-literature from North-Eastern Tibet*, Berlin, 1957.

③ 〔匈牙利〕乌瑞：《有关公元 751 年以前中亚史的藏文史料概述》，荣新江译，《国外藏学研究译文集》5，西藏人民出版社，1989，第 39 ~ 81 页。

过多年的努力，编辑出版了《英国国家图书馆藏斯坦因收集品中的新疆出土古藏文写本》，共 3 卷，图版、音节词索引、写本介绍和转写各一卷。在第三卷中，写本按斯坦因原编号的顺序并配上英国国家图书馆东方文献部的索引号列出，每一个号头下，有介绍写本规格、保存情况、正反面藏文行数、主要术语等一段文字，其下分行列出写本的拉丁字母转写体。毋庸置疑，这是一部可供国际敦煌学、藏学界进一步释读、翻译的宝贵资料！

在此基础上，武内绍人还撰写、发表了大量的文章，限于篇幅不能一一列举，这里仅仅举出与敦煌、西域历史关系比较密切的几篇：《古藏文 Lho-bal 考》、《北庭、安西（龟兹）和西州的吐蕃与回鹘（790～869. A. D.）》、《一组归义军时期的古藏文书信：古藏文书信类型初探》、《古藏文买卖契约文书研究》、《古藏文借贷契约文书》、《将：吐蕃王朝千户部落的下属行政单位》。① 近年来武内绍人发表的文章有《后吐蕃时代藏语文在西域河西西夏的行用与影响》②、《Tshan、srang 和 tsham：吐蕃统治于阗的基层组织》③、《九世纪中叶到十世纪后王朝时期的古藏文佛教文献》④、《象雄语

① T. TAKEUCHI, "On the Old Tibetan Word Lho-bal", *Proceedings of the 31th International Congress of Human Sciences in Asia and North Africa* II, Tokyo, 1984, pp. 986 - 987; "The Tibetan and Uighurs in Pei-t'ing, An his (Kucha), and His-chou (790 - 869 A. D.)", 《近畿大学教养部研究纪要》第 17 卷第 3 号，1986，第 51～68 页; "A Group of Old Tibetan Letters Written Under Kuei-I-chun: a Preliminary Study for the Classification of Old Tibetan Letters", *Acta Orient. Hung.* Tomus XLIV. Fasc. 1 - 2, 1990, pp. 175 - 190; "On the Old Tibetan Sale Contracts." In S. Ihara and Z. Yamaguchi (eds.) *Tibetan Studies*, Narita, 1992, pp. 773 - 792; "Old Tibetan Loan Contracts." *Memoirs of the Research Department of the Toyo Bunko*, No. 51, Tokyo, 1993, 25 - 83; "TSHAN: Subordinate Administertive Units of the Thousand-districts in the Tibetan Empire", *Tibet an Studies Proceedings of the 6th Seminar of the International Association for Tibetan Studies*, FAGERNES 1992, volume 2, edited by per KVAERNE, Oslo, 1994, pp. 848 - 862.

② "Sociolinguistic Implications of the Use of Tibetan in East Turkest an from the End of Tibetan Dominati on through the Tangut Period 9th - 12th c.", Desmond Durkin-Mei sterernst (ed.) *Turfan Revisi ted The First Century of Research into the Arts and Cultures of the Silk Road*, Berlin, 2004, pp. 341 - 348.

③ "Tshan srang, and tsham Administrative Units in Tibetan-ruled Khotan", *Journal of Inner Asian Art and Archaeology*, 2008/3. pp. 145 - 148.

④ "Old Tibetan Buddhist Texts from the Post-Tibetan Imperial Period Mid - 9 C. to Late 10 c.", Cristina Sherrer-Schaub (ed.) *Old Tibetan Studies 2: Proceedings of the 10th Seminar of the International Association for Tibetan Studies*, Brill, 2009.

最新研究状况》①、《Alchi 附近地区发现的古藏文碑刻研究》② 和《Glegs tsbas：吐蕃统治时期汉人抄经人的包经纸》等。③

3. 其他学者的研究

在 20 世纪 70～80 年代研究敦煌西域所出的古藏文文献的学者中，日本学者山口瑞凤、匈牙利藏学家乌瑞（G. Uray）是比较著名的两位。他们的特点是，深入考究了敦煌西域古藏文文献中能够反映吐蕃统治该区域的政治、军事制度的内容，并与其他文字的相关材料结合，为吐蕃王朝在该地区的统治及其历史影响勾勒出大致的轮廓。当然，这两位学者的上述研究，均是在交叉引用法藏和英藏敦煌西域古藏文文书，以及汉文等其他史料的基础上，加以精心考证而撰成的。

山口瑞凤的有关著作如下：『讲座敦煌 2 敦煌の历史』中的 "吐蕃统治时期" 一章，《吐蕃王国成立史研究》，主编《讲座敦煌 6 敦煌胡语文献》等。④ 此外，他还撰写了『苏毗の领界——rTsang yul Yan Lag gsum paʋi ru－』、『白兰と Sum pa の rLangs 氏』、『东女国と白兰』和『吐蕃の国号と羊同の位置』等文章，尤其是 20 世纪 80 年代初所撰『沙州汉人による吐蕃二军团の成立と mkhar tsan 军团の位置』『汉人及び通頰人による沙州吐蕃军团编成の时间』两文，学术界引用颇多。⑤ 大约是同一时期，乌瑞发表的有关吐蕃统治敦煌及敦煌西域吐蕃文书的主要论著如下：《吐谷浑王国编年史：斯坦因敦煌卷子卷 69 叶 84 之源流和年代学问题》、《有关公元 751 年以前的中亚历史的古代藏文史料研究》、《释 khrom：公元 7～9

① "Present Stage of Deciphering Old Zhang zhung"，SENRI ETHNOLOGICAL STUDIES 75：151－165 ©2009 *Issues in Tibeto-Burman Historical Linguistics*、Edited by Yasuhiko Nagano.

② "Old Tibetan Rock Inscriptions near Alchi"，*Journal of Research Institute.* 2012，Vol. 49，Historical Development of the Tibetan Languages，pp. 29－70.

③ "Glegs tsbas：Writing Boards of Chinese Scribes in Tibetan-Ruled Dunhuang"，B. Dotson，K. Iwao，T. Takeuchi（eds.）*Scribes，Texts，and Rituals in Early Tibetan and Dunhuang*，Wiesbaden，2013，pp. 101.

④ 〔日〕榎一雄主编《讲座敦煌 2 敦煌の历史》中的 "吐蕃统治时期" 一章，大东出版社，1980，第 195～232 页；《吐蕃王国成立史研究》，岩波书店，1983；主编《讲座敦煌 6 敦煌胡语文献》，大东出版社，1985。

⑤ 以上文章分别载于《东洋学报》第 50 卷 4 号，1968，第 1～69 页；《东洋学报》第 52 卷第 1 号，1969，第 1～61 页；《东洋学报》第 53 卷 4 号，1971，第 1～56 页；《东洋学报》第 58 卷 3/4 号，第 55～95 页；《东京大学文学部文化交流施设研究纪要》4，1980，第 13～47 页；《东京大学文学部文化交流施设研究纪要》5，1981，第 1～21 页。

世纪吐蕃王朝的行政单位》和《9世纪前半叶吐蕃王朝的千户部落》。①

岩尾一史是近年来崛起的敦煌学、藏学学者，他自 2000 年以来研读敦煌西域古藏文社会历史文书，并在此基础上研究吐蕃统治敦煌西域的军政机构以及其土地、税赋制度等，著作丰富。这里仅列举几篇，难窥全豹：『吐蕃のルと千戸』、『吐蕃の万戸（khri sde）について』、『キャ制（rkya）の研究序说——古代チベット帝国の社会制度—』、『チベット支配下敦煌の纳入寄进用リスト—IOL Tib J 575，1357（A），（B）の绍介—』、『古代チベットの会计と支出処理：IOL Tib J 897の事例より』、『古代チベット帝国の千戸とその下部组织—百戸，五十戸，十戸—』、『古代チベット帝国の敦煌支配と寺领——Or. 8210/S. 2228の检讨を中心に』和《中亚出土的古藏文田籍》（英文）。②

岩尾一史还将英藏敦煌汉文文献中夹杂的一件藏文社会经济文书 S. 10647 和 P. T. 1111 相缀合，撰写了《吐蕃统治敦煌的官吏结构研究：以 S. 10647 和 P. T. 1111 为中心》一文。③ 此外，他与英国国家图书馆的范谢克合作，借整理斯坦因收集品 Or. 8210 中的古藏文文献之便，发表了多篇相关研究文章。比如，二人合著的《关于〈巴协〉的敦煌残卷》一文④，认为

---

①　G. Uray, "The Annals of the A – ZA Principality—The Problems of Chronology and Genre of the Stein Document, Tun-hung, vol. 69, fol. 84", *Proceedings of the Csoma de Körös Memorial Symposium*, *Edited by Louis Ligeti*, Budpest, 1978, pp. 541 – 548; "KHROM: Administrative Units of the Tibetan Empire in the 7th – 9th Centuries", *Tibetan Studies in Honour of Hugh Richardson* ed. by Michael Aris and Aung San Sua Kyi, Aris and Pillips LTD. Warminster England, 1979, pp. 310 – 318; "The old Tibetan Sources of the History of Central Asia up to 751 A. D. : A survey", *Prolegomena to the Sources on the History of Pro-Islamic Central Asia*, by J. HARMATTA (ed.), Budpest, 1979, pp. 275 – 304; "Notes on the Thousand-districts of the Tibetan Empire in the First Half of the Ninth Century", Acta Orient. Hung. Tomus XXXVI. Fasc. 1 – 3, 1982, pp. 545 – 548.

②　这些文章分别载于《东洋史研究》第 59 卷第 3 号，2000，第 1 ~ 33 页；『日本西藏学会々报』第 50 号，2004，第 3 ~ 15 页；《东方学》第 113 辑（2007 年 1 月），第 103 ~ 118 页；《敦煌写本研究年报》，创刊号，（2007 年 3 月），第 165 ~ 189 页；沈卫荣编《西域历史语言研究集刊》第 3 辑，科学出版社，2001，第 33 ~ 54 页；《东方学报》88，京都，2013，第 350 ~ 351 页。《敦煌写本研究年报》第七号（2013.03）第 267 ~ 279 页；新疆吐鲁番学研究院编《语言背后的历史——西域古典语言学高峰论坛论文集》，上海古籍出版社，2012，第 175 ~ 182 页。

③　K. Iwao, "An accounting system of granary in Tibetan-ruled Dunhuang: an introduction to S. 10647 + Pelliot tibétain 1111", *Studies on the Inner Asian Languages*, 2011, XXVI, pp. 39 – 74.

④　S. Van Schaik, and K. Iwao, "Fragments of the Testament of Ba from Dunhuang", *Journal of American Oriental Society*, 2009, 128. 3, pp. 477 – 488.

S. 9498（A）+S. 13683（C）的内容与《巴协》中关于寂护赴藏的故事十分相似。范谢克近年来也撰写了大量的关于敦煌古藏文文献的文章，譬如《为圣者与赞普祈祷：早期敦煌佛教祈愿文》等①，不过其重心在藏传佛教方面，所以本文引用不多。②

　　近年来，德国学者多特森（B. Dotson）的研究成果引人注目，他于2007年发表了《吐蕃王朝的占卜与法律：论骰子在借贷、利率、婚姻和征兵中的法律功能》一文，此文涉及英藏 IOL Tib J 740 号藏文写本对于藏文赋税条例的描述。③ 2009年，多特森出版《古代西藏纪年》一书，此书是对 P. T. 1288 和 IOL TibJ 750&Or. 8212/187 号《吐蕃大事纪年》的最新研究，附有颇为详尽的注释和图表，值得国内学术界重视。④ 此外，多特森还发表了《关于"尚"：吐蕃王族的标志和进入王家之路》《吐蕃王朝（7～9世纪）对外关系中的"甥舅"关系》等文章。⑤ 这些成果，国内学者在相关研究时参考、引用颇多。

三　国内学术界的研究

　　国内学术界就是通过托马斯的著作，了解到英藏敦煌西域古藏文文书

---

① Sam VAN SCHAIK and Lewis DONEY, "The prayer, the priest and the Tsenpo: An early Buddhist narrative from Dunhuang," *Journal of the International Association of Buddhist Studies* Volume 30 · Number 1 - 2 · 2007 (2009), pp. 175 - 217; Schaik, S. Van. "Dating Early Tibetan Manuscripts: A Paleographical Method", Dotson, B; Iwao, K, Takeuch, T. (eds.) *Scribes, Texts, and Rituals in Early Tibetan and Dunhuang*, Wiesbaden, 2013, p. 103.

② Susan Whitfield (ed.) *The Silk Road, Trade, Travel, War and Faith* London: Serindia Publication Inc, 2004, pp. 63 - 71; SAM VAN SCHAIK, "The Tibetan Dunhuang manuscripts in China", *Bulletin of the School of Oriental and African Studies*, University of London, Vol. 65, No. 1 (2002), pp. 129 - 139.

③ "Divination and Law the Tibetan Empire: The Role of Dice in the Legislation of Loans, Interest, Marital Law and troop Conscription", *Contributios of the Cultural History of the Early Tibet*, Leiden and Boston, 2007.

④ *The Old Tibetan Annals: An Annotated Translation of Tibet's First History.* By BRANDON DOTSON. With an Annotated Cartographical Documentation by GUNTRAM HAZOD. Wien: Österreichische Akademie der Wissenschaften, 2009. vi, pp. 319.

⑤ "A note on shang: maternal relatives of the Tibetan royar line and marriage into the royar family", *Journal of Asiatigue*, 292. 1 - 2 (2004): pp. 75 - 99; "The 'Nephew-Unc le' Relations hip in the International Diplomacy of the Tibetan Empire (7th - 9th Centuries)".

的基本内容和学术价值的。20 世纪 50 年代，王忠出版的《新唐书吐蕃传笺证》一书，首次引用了托马斯书中的部分译文。

20 世纪 80 年代以后，王尧、陈践、黄布凡等先后参考国外学者的成果，以敦煌古藏文文献胶片为底本进行考释，出版了《敦煌本吐蕃历史文书》《敦煌藏文吐蕃史文献译注》等多部重要的论著或资料，但其中涉及英国收藏的古藏文写本较少，大多与法国的收藏品有关。① 从 20 世纪 90 年代以来，刘忠、杨铭合作将托马斯《有关西域的藏文文献和文书》第二卷全书译出，2003 年以《敦煌西域古藏文社会历史文献》为名由民族出版社出版。至此，国内学术界方正式完成了对托马斯主要研究成果的翻译和介绍。

与此同时，国内学者开展了相关的研究，发表了一些有价值的论文，如：陈践《敦煌、新疆古藏文写本述略》②；黄布凡《敦煌〈藏汉对照词语〉残卷考辨订误》③；巴桑旺堆《藏文文献中的若干古于阗史料》④；周伟洲、杨铭《关于敦煌藏文写本〈吐谷浑（阿柴）纪年〉残卷的研究》⑤；马德《Khrom 词义考》⑥；陈宗祥、王健民《敦煌古藏文拼写的南语卷文的释读问题》⑦；杨铭《一件有关敦煌陷蕃时间的藏文文书》⑧；黄盛璋《敦煌遗书藏文 Ch. 73. Ⅳ〈凉州节度、仆射致沙洲、瓜州刺史敕牒〉及其重要价值》⑨；罗秉芬《从三件〈赞普愿文〉看吐蕃王朝的崩溃》⑩；刘忠《敦煌藏文文献》⑪；林冠群《敦煌本吐蕃历史文书与唐代吐蕃史研究》⑫；

① 王尧、陈践译注《敦煌本吐蕃历史文书》，民族出版社，1980，1992 年增订版；王尧编著《吐蕃金石录》，文物出版社，1983；王尧、陈践译注《敦煌吐蕃文献选》，四川民族出版社，1983；王尧、陈践编著《吐蕃简牍综录》，文物出版社，1986；王尧、陈践：《敦煌吐蕃文书论文集》，四川民族出版社，1988；王尧：《西藏文史考信集》，中国藏学出版社，1994。

② 《甘肃民族研究》1983 年第 1～2 期。

③ 《民族语文》1984 年第 5 期。

④ 《敦煌学辑刊》1986 年第 1 期。

⑤ 《中亚学刊》（四），中华书局，1990。

⑥ 《中国藏学》1992 年第 2 期。

⑦ 《中国藏学》1994 年第 3 期。

⑧ 《敦煌研究》1994 年第 3 期。

⑨ 《蒙藏国际学术研讨会论文集》，台北，1995。

⑩ 《敦煌吐鲁番学研究文集》，书目文献出版社，1996。

⑪ 宋家钰、刘忠编《英国收藏敦煌汉藏文献研究》，中国社会科学出版社，2000。

⑫ 项楚等主编《敦煌学论集》，巴蜀书社，2003。

格桑央京《敦煌藏文写卷 Ch. 9. Ⅱ. 19 号初探》;① 杨铭、胡静《新疆安得悦出土古藏文写本研究》;② 陆离《吐蕃统治教煌的基层组织》③；黄维忠《德噶玉采会盟寺考》④；陈楠、任小波《敦煌藏文写本研究概述》⑤；卓玛才让《英藏敦煌古藏文文献中三份相关经济文书之解析》。⑥ 当然需要指出的是，国内学者在研究相关论题时，同样不可能仅仅引用英藏而不引用法藏的藏文文献，因此前面所举肯定是挂一漏万，或者说仅仅从文章标题上看，引用材料偏重于英藏部分。

2002 年，罗秉芬主编的《敦煌本吐蕃医学文献精要》一书由民族出版社出版，此书是一部录文、译文和论文的合集，代表了目前敦煌藏医学研究的水平，其中涉及的斯坦因收集品有著名的《藏文医疗术长卷》等，书后所附《敦煌本吐蕃医学文献解题目录》，共收英国国家图书馆藏品目录从 IOL Tib J 401 起，至 IOL Tib J 1287 止，中有间断，共计 14 个编号。

2003 年，刘忠、杨铭翻译，董志勇、赵晓意等校对，经张书生、罗秉芬审阅的托马斯《有关西域的藏文文献和文书》第二卷的译稿，以《敦煌西域古藏文社会历史文献》为名，由民族出版社出版。本书不仅仅是忠实于托马斯原著的翻译，编者还引用国际、国内学术界近年来的研究成果，对该书做了较为详尽的译者注，指出哪些地方后来的研究有了进展，哪些地方属于托马斯因不熟悉汉文史料而引起的失误。可以说，《敦煌西域古藏文社会历史文献》一书的翻译出版，了却了中国藏学、敦煌学和西域史地学界的一桩心愿，它为研究者解决了托马斯原著不好找、不好读的困难，为学术界提供了一个很有基础的汉文读本。

2006 年，周季文、谢后芳的《敦煌吐蕃汉藏对音字汇》一书由中央民族大学出版社出版。此书对敦煌汉藏对音材料做了系统著录，编成汉藏、藏汉两种字音对照长表，成为一部有用的关于敦煌古藏文译音的工具资

---

① 《中国藏学》2005 年第 2 期。

② 《丝绸之路民族古文字与文化学术讨论会文集》，三秦出版社，2007。

③ 《西藏研究》2006 年第 1 期。

④ 《敦煌研究》2009 年第 3 期。

⑤ 黄正建主编《中国社会科学院敦煌学回顾与前瞻学术研讨会论文集》，上海古籍出版社，2012。

⑥ 《西藏研究》2013 年第 3 期。

料。其中选用的英藏非佛教文献，重要者有：S. 1000、S. 2736《藏汉对照词汇》，IOL Tib J 756《医疗术长卷》，I. O. 56、57《医疗术》。

2007 年，黄维忠出版《8~9 世纪藏文发愿文研究》一书，该书系其博士论文的最终修订稿，其中引出敦煌西域藏文发愿文 92 件：法藏 65 件，英藏 22 件，国内藏 4 件，俄藏 1 件。英藏 22 件中，重点考察的为 5 件，它们是 IOL Tib J 452II、IOL Tib J 751I、IOL Tib J 1107、IOL Tib J 1371、IOL Tib J 1772V。① 同年，黄维忠还发表了《关于 P. T. 16、IOL Tib J 751l 的初步研究》一文，首次对这件被称为《岱噶玉园寺会盟愿文》的长卷进行了全文汉译，并考证了该卷涉及的诸多人物、事件以及长卷写成的时间问题，其中的核心观点之一是论证了所谓的"岱噶玉园会盟寺"并非著名的榆林窟。②

2011 年，萨仁高娃发表《国外藏敦煌汉文文献中的非汉文文献》一文，系统梳理了法国、英国、俄罗斯藏敦煌汉文文献中的非汉文文献，包含藏文、回鹘文、于阗文、粟特文、梵文等多种文献，其中英藏藏文部分与前引岩尾一史等人所编《斯坦因收集品 Or. 8210 中的古藏文文献》一书基本吻合。萨仁高娃还总结了汉文文献中的藏文文献的几个特点：①汉藏文对照文献较多，包括佛教术语、地名、物名、东西南北方向名称的汉藏文对照，这是因佛教文献的翻译以及汉藏人民相互交流的需要所产生的文献；②藏文字母习字较多，反映了藏文的普及程度及敦煌地区汉人学习藏文的历史；③佛经末藏文抄写者题记居多，经文大多为汉文，抄写者名字有的是汉人名，有的则是藏人名，可见汉文佛经抄写中既有汉人，也有藏人，而汉人抄写者也用藏文留下题记，反映了吐蕃占领敦煌时期藏文的普及程度。③

除了上述研究进展和成果以外，据笔者了解到的情况，21 世纪以来学术界还先后开展了若干项有关的研究。

从 2007 年开始，杨铭与贡保扎西、索南才让两位教授合作，承担了国家社科重大社科基金项目"新疆通史"子课题"英国收藏新疆出土古藏文

---

① 黄维忠：《8~9 世纪藏文发愿文研究》，民族出版社，2007。

② 王尧主编《贤者新宴》第 5 辑，上海古籍出版社，2007。

③ 萨仁高娃：《国外藏敦煌汉文文献中的非汉文文献》，中国国家图书馆网站"华夏记忆"专题，http://www.nlc.gov.cn/newhxjy/wjsy/yj/gjgz/csml/201104/t20110428_42177.htm。

文书选译"，从《英国国家图书馆藏斯坦因收集品中的新疆出土古藏文写本》中挑选出约 300 个号的写本进行编目和翻译。挑选的标准一是写本本身比较完整、内容有价值的社会文书，如借契、买卖契约、书信等；二是包括托马斯转写、译注过的 82 件写本，这次重新从藏文直接翻译。加上附录部分，《英国收藏新疆出土古藏文文书选译》共计约 40 万字，已于 2014 年由新疆人民出版社出版。

从 2011 年起，西南民族大学的杨铭、杨公卫等人合作，在取得了武内绍人的授权以后，着手将《敦煌西域出土的古藏文契约文书》一书译成中文。该书分为三大部分，第一部分：第 1 章"古藏文契约文书的分类"，第 2 章"买卖契约"，第 3 章"借贷契约"，第 4 章"雇佣契约"，第 5 章"契约的特点及社会背景"。第二部分："契约的转写，翻译及注释"。第三部分为附录："引文索引""音节索引表""单词及短语索引表""图版一览表"。该书的翻译工作也已列入"新疆通史"子课题，2016 年由新疆人民出版社编辑出版。

自 2012 年起，以黄维忠、陈践领衔的国家社会科学基金重大项目"敦煌吐蕃文献分类整理与研究"，获得全国哲学社会科学规划办公室的批准。在此前后，由郑炳林、黄维忠主编的《敦煌吐蕃文献选》文化卷、文学卷、社会经济卷先后由民族出版社在 2011 年、2013 年出版，其中既收录了法藏敦煌西域吐蕃文献，又收录了英藏敦煌西域吐蕃文献。据粗略的统计，英藏部分占到大约 1/3。[①] 其中，每一件文献有藏文原文、拉丁字母转写、汉文译文，并附有注释，可以说是研究敦煌西域吐蕃文献的重要读本。据悉该选集还将出版宗教卷、卜辞卷等，这正是学术界十分期盼的。

2015 年，上海远东出版社出版了陈践编著的《吐蕃卜辞新探——敦煌 PT 1047 + ITJ 763 号〈羊胛骨卜〉研究》一书。敦煌 PT 1047 + ITJ 763 号《羊胛骨卜》是敦煌文献中最长的一件藏文占卜文书，20 世纪 80 年代初，王尧和陈践教授曾合作对其进行过研究，当时的工作主要是过录、翻译和

---

① 郑柄林、黄维忠主编《敦煌吐蕃文献选辑》（文化卷）、《敦煌吐蕃文献选辑》（文学卷），民族出版社，2011；郑柄林、黄维忠主编《敦煌吐蕃文献选辑》（社会经济卷），民族出版社，2014。

解读，出版了《吐蕃时期的占卜研究》（香港中文大学出版社，1987年），论文收入《敦煌吐蕃文书论文集》（四川民族出版社，1988年）。此次出版，新的修订主要是发现了法藏 PT 1047 号文书与英藏 ITJ 763 号文书可以缀合，并借鉴和参阅了藏族周边民族占卜文献的论著，增译了卦象，并对译文进行了修订。①

四　本书的缘起与要旨

根据上述研究情况，国内学术界除王尧、刘忠等先生的研究，能反映托马斯的部分研究成果以外，尚无系统反映英国国家图书馆收藏的这批古藏文文书全貌的专著或工具书出版。因此，自21世纪初以来，我们就计划在托马斯、武内绍人等学者研究的基础上，综合、参考藏学与敦煌学界的成果，着手进行相关方面的研究和编目，即对托马斯、武内绍人等书中涉及的古藏文写本编写题名，撰写提要，目的是为国内学术界和其他有兴趣的读者提供一个可供检索、引其入门的目录工具书。

从2002年起，我们陆续在《敦煌学辑刊》上，以《英藏新疆麻札塔格、米兰出土藏文写卷选介》为名载出解说目录，从2002年1期到2009年1期，已经连载5期。2010年以来，我们以前期成果为基础，先后成功申报"教育部人文社会科学研究项目"《大英图书馆收藏敦煌新疆古藏文文书编目》、"西藏历史与现状综合研究项目"《英藏敦煌西域古藏文社会历史文献解题目录》，并开始着手项目全书的编写。我们最初的计划，是将武内绍人刊布的新疆出土的藏文文献与相关的敦煌藏文文献一起编写解题目录，一起出版。但后来在具体操作中，始发现当初的计划过于庞大，涉及面太广，限于我们的能力，在两年的计划周期内根本无法完成。于是我们考虑调整计划，率先编写新疆出土部分，就是这一部分，条目702，字数30万左右，完全可以单独结题、出版，供有关的学者和读者引用。

总之，本课题在国内外学者已有的研究基础上，对英国收藏的出自

---

① 陈践编著《吐蕃卜辞新探——敦煌 PT1047 + ITJ 763 号〈羊胛骨卜〉研究》，上海远东出版社，2015。

新疆的 700 余件古藏文文献进行编目，力图将本研究成果与王尧先生等对法国收藏的古藏文文献所编写的目录配合起来，构成系统的唐代古藏文文献体系的一部分，为进一步研究、释读新疆出土的古藏文文献提供阶段性的平台，进而为研究唐代吐蕃史、敦煌学、西北民族史乃至西藏佛教史、藏文文献学提供珍贵的文献资料。当然我们深知，限于能力、时间、经费等因素，本课题一定存在不少问题，敬请学界专家提出批评。

英国收藏新疆出土古藏文文献叙录

一 麻札塔格（M. Tagh.）no. 1～321

1. 文书残卷

斯坦因原编：M. Tagh. 038. a.，英国国家图书馆东方文献部编号 Or. 8212/1761，残卷，10×9①，正面4行，背面空白。中间部分残缺。正面第1行有一句短语"不去（或说）"，正面第2行包括"汉人叛乱（？）"。在正面第3行和第4行之间有一空白。藏文转写及注解见《英国国家图书馆斯坦因收集品中的新疆出土古藏文写本》，第1页。

2. 书信残卷

斯坦因原编：M. Tagh. 038. b.，英国国家图书馆东方文献部编号 Or. 8212/1760，残卷，4.5×8.5，正面4行，背面空白。中间部分残缺，大概是一封私人信件。由于纸片被损坏，信件的地址缺失。正面第1行提到的"纸"可能是同信件一起送出的礼物。正面第2行有"请接受这礼物"。藏文转写及注解见《英国国家图书馆斯坦因收集品中的新疆出土古藏文写本》，第1页。

3. 神山借契残卷

斯坦因原编：M. Tagh. 038. c.，英国国家图书馆东方文献部编号 Or. 8212/1762，残卷，5×11，正面4行，背面空白。中上部分残缺，可能是借贷契约。正面第1行给出时间"二［月］二十七日之新月天"，这是

---

① 单位均为厘米，下同。

一个通常在贷款契约中使用的短语。第 2 行可能有"灭火"一词。正面第 3 行似乎提到一个词"神山"(shing shan),是麻札塔格的藏文名称。藏文转写及注解见《英国国家图书馆斯坦因收集品中的新疆出土古藏文写本》,第 1 页。

4. 杨仁祖卖羊契残卷

斯坦因原编:M. Tagh. 085.,英国国家图书馆东方文献部编号 Or. 8212/1529,残卷,9.2×9.5,正面 7 行,背面汉文 3 行。其中,第 1 行提到了"节度使"(khrom),第 2 行提到了卖方之一名字为"杨仁祖"(yang ring tsud),8 头成年公羊是买方的价格,而卖方的物品因为写本的残缺而不明。交易所在地的地名只残留了一个"神"(shing)字。不过有一点比较明确的是,此地还是吐蕃驻于阗的"节度使"(khrom)所在地。根据以往的研究可以得知,此地就是汉文史书所记的"神山",古藏文写作"shing shan"。此文书的背面是一件汉文"牒"。藏文转写及注解见《英国国家图书馆斯坦因收集品中的新疆出土古藏文写本》,第 2 页;汉译《英国收藏新疆出土古藏文文书选译》,第 41 页。

5. 致芒赞书信残卷

斯坦因原编:M. Tagh. 087.,英国国家图书馆东方文献部编号 Or. 8212/1526,残卷,8.7×10,正面 7 行,背面空白。书信中上部分是写给"芒赞"(mang rtsan)的一封书信。文书的左右两边似乎被扯掉。文书左边、右边、顶部均有线,线也通过了文书中间部分。藏文转写及注解见《英国国家图书馆斯坦因收集品中的新疆出土古藏文写本》,第 2 页;汉译《英国收藏新疆出土古藏文文书选译》,第 90 页。

6. 赞洛致卡拉基书信残卷

斯坦因原编:M. Tagh. 091.,英国国家图书馆东方文献部编号 Or. 8212/1509,除左下角略残以外,其余完整,6.3×27.5,正面 4 行加倒书 1 行,背面 2 行。书信残卷。是一封"赞洛"(btsan lod)写给"卡拉基"(khag lha skyes)的信,其中提到"斥候"(so pa)。三道折痕表明该信曾被折叠过,信的落款文字就书写在背面折叠的纸张中。正面的倒书可能是另一封信的开头。藏文转写及注解见《英国国家图书馆斯坦因收集品中的新疆出土古藏文写本》,第 3 页;汉译《英国收藏新疆出土古藏文文书选译》,第 91 页。

7. 某人致赞巴大人书信残卷

斯坦因原编：M. Tagh. 098.，英国国家图书馆东方文献部编号 Or. 8212/1527，残卷，6×13，正面5行，背面空白。左上角残缺，正面第 1 行显示书信是寄给"赞巴大人"（jo co btsan ba）的，正面第 2~5 行是问候语。藏文转写及注解见《英国国家图书馆斯坦因收集品中的新疆出土古藏文写本》，第 3 页；汉译《英国收藏新疆出土古藏文文书选译》，第 92 页。

8. 书信残卷

斯坦因原编：M. Tagh. 099.，英国国家图书馆东方文献部编号 Or. 8212/1528，残卷，7.5×13，正面6行，背面6行。中上部分残缺。正反两面的文书是同一种笔迹。正面是一封书信，第 1 行写信人的名字为"斯昂"（srin snga），第 2 行"巫聂"（vu neng）似乎是地名。背面较低处可能是另一封书信的后半部。藏文转写及注解见《英国国家图书馆斯坦因收集品中的新疆出土古藏文写本》，第 3 页；汉译《英国收藏新疆出土古藏文文书选译》，第 35 页。

9. 某人致赤协大人书信残卷

斯坦因原编：M. Tagh. 0195.，英国国家图书馆东方文献部编号 Or. 8212/1844，残卷，6×9，正面5行，背面2行。是一封写给"赤协大人"（jo cho khri bzher）的信左半部。其中，在第 3 行提到了一"汉升"（rgya khal）大麦；第 4 至 5 行送货人提到请对方出具收讫的签字。背面显然用相似的笔迹写成，可能是落款署名，其中有送货者的名字"卡勒"（mkhar slebs）。藏文转写及注解见《英国国家图书馆斯坦因收集品中的新疆出土古藏文写本》，第 4 页；汉译《英国收藏新疆出土古藏文文书选译》，第 67 页。

10. 东库私产清单

斯坦因原编：M. Tagh. 0197.，英国国家图书馆东方文献部编号 Or. 8212/1845，残卷，17×13.5，正面11行，背面1行。此写本残留上段左边和下半段，似为"东库"（stong kud）的私人财产清单。其中包括 5 件盔甲，40 两银钱，5 头母马。藏文转写及注解见《英国国家图书馆斯坦因收集品中的新疆出土古藏文写本》，第 4 页；汉译《英国收藏新疆出土古藏文文书选译》，第 80 页。

11. 书信残卷

斯坦因原编：M. Tagh. 0201.，英国国家图书馆东方文献部编号
Or. 8212/1378，残卷，5×9，正面5行，背面空白。上半部分残缺。书信。
正面第1行"嘉"（rgyav）可能是写信人名的一部分。正面第2~3行部分
问候语字迹清晰。藏文转写及注解见《英国国家图书馆斯坦因收集品中的
新疆出土古藏文写本》，第4页。

12. 文书残卷

斯坦因原编：M. Tagh. 0202.，英国国家图书馆东方文献部编号
Or. 8212/1846，残卷，5.3×11，正面4行，背面空白。中上部分残缺，纸
被弄脏，除一些不连贯的音节外，文书模糊难读。正面第3行似乎是量小
麦的"藏升"（［gro］bre）。藏文转写及注解见《英国国家图书馆斯坦因收
集品中的新疆出土古藏文写本》，第5页。

13. 道勒致某人书信残卷

斯坦因原编：M. Tagh. 0207.，英国国家图书馆东方文献部编号 Or.
8212/1427，残卷，1.5×12，正面1行，背面空白。文书中上部分残缺，
只有写信人的名字"道勒"（stag slebs）清楚。藏文转写及注解见《英国
国家图书馆斯坦因收集品中的新疆出土古藏文写本》，第5页。

14. 某人致尚娘桑书信残卷

斯坦因原编：M. Tagh. 0208.，英国国家图书馆东方文献部编号 Or.
8212/1424，残卷，6.6×7.5，正面5行，背面空白。书信文书，左上角大
概是一封写给"尚娘桑"（zhang nya bzang）的书信。字迹相当模糊，背面
出现非常模糊的红线。藏文转写及注解见《英国国家图书馆斯坦因收集品
中的新疆出土古藏文写本》，第5页。

15. 狗年借契残卷

斯坦因原编：M. Tagh. 0211.，英国国家图书馆东方文献部编号 Or.
8212/1426，残卷，7.5×9，正面7行，背面7行。此写本残留左半部，正
反两面皆有文字。正面的文字看来是一件借契，租借人为"热夏哲宫"（ra
zhags vdre kong），抵押物为半两银钱，所借物因文书的残缺而不清。第6行
的文字提示契约写定的时间为"狗年春"。背面7行文字模糊，仅几字能辨。
藏文转写及注解见《英国国家图书馆斯坦因收集品中的新疆出土古藏文写
本》，第5页；汉译《英国收藏新疆出土古藏文文书选译》，第81页。

21

16. 拉敦致某人书信残卷

斯坦因原编：M. Tagh. 0213.，英国国家图书馆东方文献部编号 Or. 8212/1428，残卷，1.5×20，正面 1 行，背面空白。书信文书，中上部分是一封出自"拉敦"（lha rton）和另一人的书信。藏文转写及注解见《英国国家图书馆斯坦因收集品中的新疆出土古藏文写本》，第 6 页。

17. 文书残卷

斯坦因原编：M. Tagh. 0222.，英国国家图书馆东方文献部编号 Or. 8212/1764，残卷，0.7×11；0.2×4.5，正面 1 行，背面空白；正面 1 行，背面空白。是一件文书的两件残片。较小的文书遗失了，所以没有图片。两份文书只保留了一行文字的一部分，仅有个别文字清晰可读。见《英国国家图书馆斯坦因收集品中的新疆出土古藏文写本》，第 6 页。

18. 文书残卷

斯坦因原编：M. Tagh. 0223.，英国国家图书馆东方文献部编号 Or. 8212/1903，残卷，4×10.5，正面 3 行，背面空白；2.7×3.7，正面 2 行，背面空白。两件文书小残片，两件文书具有同一编码，大概是同一文书的片段。除了第一片残卷的第 3 行有 shul du zhugs 一词以外，没有特别的表达。藏文转写及注解见《英国国家图书馆斯坦因收集品中的新疆出土古藏文写本》，第 6 页。

19. 文书残卷

斯坦因原编：M. Tagh. 0227.，英国国家图书馆东方文献部编号 Or. 8212/1895，残卷，7.5×6.5，正面 5 行，背面空白。左下角是用模糊的字迹写成的文书，正面第 3 行似乎已删去。"苏泽"（sevu tshe）可能是一汉人名。藏文转写及注解见《英国国家图书馆斯坦因收集品中的新疆出土古藏文写本》，第 6 页；汉译《英国收藏新疆出土古藏文文书选译》，第 92 页。

20. 某人致节儿书信残卷

斯坦因原编：M. Tagh. 0228.，英国国家图书馆东方文献部编号 Or. 8212/1904，残卷，6×7.8，正面 5 行，背面 2 行。书信残卷。疑为一封书信的左上角。正面的问候语显而易见，但只有部分文字清晰。背面是另一封书信的落款署名，用不同的笔迹写成，寄给"节儿"（rtse rje）官员。大概是一封书信的草稿或抄写练习。藏文转写及注解见《英国国家图书馆斯坦因收集品中的新疆出土古藏文写本》，第 7 页；汉译《英国收藏新疆出土古藏文文书选译》，第 45 页。

21. 文书残卷

斯坦因原编：M. Tagh. 0229.，英国国家图书馆东方文献部编号 Or. 8212/1765，残卷，7.5×7，正面 1 行，背面空白。中间部分仅有一些音节。1993 年当时的管理人员察看后，大概因位置错放而遗失了。藏文转写及注解见《英国国家图书馆斯坦因收集品中的新疆出土古藏文写本》，第 7 页。

22. 固菩勒致内务官朵协书信残卷

斯坦因原编：M. Tagh. 0230.，英国国家图书馆东方文献部编号 Or. 8212/1899，残卷，13×8，正面 10 行，背面 2 行。书信文件。是致"内务官朵协"（nang po mdo bzher）的一封信。由于时间久远，纸张毁坏严重，书写模糊，仅有部分音节可辨读。背面大概是落款署名，致信人名"固菩勒"（sku phu legs）依稀可辨。藏文转写及注解见《英国国家图书馆斯坦因收集品中的新疆出土古藏文写本》，第 7 页；汉译《英国收藏新疆出土古藏文文书选译》，第 89 页。

23. 文书残卷

斯坦因原编：M. Tagh. 0232.，英国国家图书馆东方文献部编号 Or. 8212/1902，残卷，9×8.5，正面 6 行，背面空白。残存右上角。文书底边被切成弧形。正面第 1 行存人名"论·玉桑"（［blon］g. yu bzang）。藏文转写及注解见《英国国家图书馆斯坦因收集品中的新疆出土古藏文写本》，第 8 页。

24. 书信残卷

斯坦因原编：M. Tagh. 0233.，英国国家图书馆东方文献部编号 Or. 8212/1897，残卷，5.5×9.5，正面 5 行，背面 1 行加反书 1 行。书信文件，残存左上角部分。正面第 1~2 行由于纸张受损，落款署名遗失；正面第 3~5 行仅部分问候语清晰。背面似乎是正面书信的落款署名。藏文转写及注解见《英国国家图书馆斯坦因收集品中的新疆出土古藏文写本》，第 8 页。

25. 某人致芒斯书信残卷

斯坦因原编：M. Tagh. 0234.，英国国家图书馆东方文献部编号

Or. 8212/1900，残卷，3.5×9，正面4行，背面空白。似乎是书信的中间部分。正面第1行的人名"芒斯"（mang zigs）是清晰的。藏文转写及注解见《英国国家图书馆斯坦因收集品中的新疆出土古藏文写本》，第8页；汉译《英国收藏新疆出土古藏文文书选译》，第92页。

26. 文书残卷

斯坦因原编：M. Tagh. 0235，英国国家图书馆东方文献部编号Or. 8212/1766，残卷，6×15，正面7行，背面1行。纸张受损严重，除了个别不连贯的音节外，文字损坏，字迹模糊。正面第4行包括"酬劳"（gla）一词。背面似乎只写了1行，但非常模糊，一些音节如"mchid gsol""ngan"较为清楚。见《英国国家图书馆斯坦因收集品中的新疆出土古藏文写本》，第8页。

27. 祈祷文书残卷

斯坦因原编：M. Tagh. 0236，英国国家图书馆东方文献部编号Or. 8212/1911，残卷，7.5×5.5，正面8行，背面空白。可能是祈祷文书残片。正面第6行和7行都出现"祈祷"（smon lam）一词，"极大丰富"（［phu］n sum tshogs）一词见于正面第8行。藏文转写及注解见《英国国家图书馆斯坦因收集品中的新疆出土古藏文写本》，第9页；汉译《英国收藏新疆出土古藏文文书选译》，第115页。

28. 文书残卷

斯坦因原编：M. Tagh. 0236. bis.，英国国家图书馆东方文献部编号Or. 8212/1911 bis，残卷，2.3×3.5，正面2行，背面1行；2×3，正面2行，背面空白。3个小残片被拼接到一起，可能是两件更大的汉文文书（没有图版）的一部分。另两件文书用藏文写成，都仅剩一些文字，很显然是同一个文书，但它们之间的关系不清楚。在较小的残片中，人名"嘉妥热"（rgyal to re）清晰。较大的残片只有一行文字 god rnam g［nyis］。见《英国国家图书馆斯坦因收集品中的新疆出土古藏文写本》，第9页。

29. 契约文书残卷

斯坦因原编：M. Tagh. 0402.，英国国家图书馆东方文献部编号Or. 8212/1661，残卷，8.5×6.5，正面3行，背面1行。可能是一份契约。文书被5个孔切成花形。正面文书在较低处盖了一朱砂印章。背面只有两个音节可辨读。藏文转写及注解见《英国国家图书馆斯坦因收集品中的新疆出土古藏文写本》，第9页。

30. 文书残卷

斯坦因原编：M. Tagh. 0408. a.，英国国家图书馆东方文献部编号 Or. 8212/1879，残卷，3×4.5，正面3行，背面空白。9个残片。以前放在 Mr-tagh〔=M. Tagh.〕0408-0428. 编号的纸袋中。4个残片被拼接成两个残片。因此，共有7个残片。因为 M. Tagh. 0410-0428 是指别的手稿或材料，所以这些残片在此用 M. Tagh. 0408a-f 来表示。其中从 a-f 的每一残片在不同的文书号下。本文书仅包括一些音节。藏文转写及注解见《英国国家图书馆斯坦因收集品中的新疆出土古藏文写本》，第10页。

31. 文书残卷

斯坦因原编：M. Tagh. 0408. b.，英国国家图书馆东方文献部编号 Or. 8212/1879，残卷，4×5.4，正面4行，背面空白。两个残片黏合在一起。在拼接的文书中，"马"（rta）和"送"（skur ba）等音节清晰。藏文转写及注解见《英国国家图书馆斯坦因收集品中的新疆出土古藏文写本》，第10页。

32. 文书残卷

斯坦因原编：M. Tagh. 0408. c.，英国国家图书馆东方文献部编号 Or. 8212/1879，残卷，11.5×1，正面10行，背面空白。两个残片拼接在一起的手稿残卷。文书呈月亮形缺口，每一行仅有一两个音节清楚。见《英国国家图书馆斯坦因收集品中的新疆出土古藏文写本》，第8页。

33. 文书残卷

斯坦因原编：M. Tagh. 0408. d.，英国国家图书馆东方文献部编号 Or. 8212/1879，残卷，5×7，正面5行，背面3行。文书正反两面用不同的笔迹写成。除了一些不连贯的音节如正面第2行的"gyis"、第5行的"gcig"和背面第2行的"vong"之外，文书两面都模糊不清。出土地编号与藏品号与30号文献相同。见《英国国家图书馆斯坦因收集品中的新疆出土古藏文写本》，第10页。

34. 文书残卷

斯坦因原编：M. Tagh. 0408. e.，英国国家图书馆东方文献部编号 Or. 8212/1879，残卷，2.5×4，正面2行，背面2行。文书两面用不同的笔迹写成，正面第1行仅存个别音节。藏文转写及注解见《英国国家图书馆藏斯坦因收集品中的新疆出土古藏文写本》，第11页。

35. 文书残卷

斯坦因原编：M. Tagh. 0408. f.，英国国家图书馆东方文献部编号 Or. 8212/1879，残卷，2.8×4.5，正面2行，背面空白。文书的边上有较小的书写字体。仅个别音节清晰，"恩撇波"（rngegs phes po）可能是人名。藏文转写及注解见《英国国家图书馆斯坦因收集品中的新疆出土古藏文写本》，第11页。

36. 文书残卷

斯坦因原编：M. Tagh. 0408. g.，英国国家图书馆东方文献部编号 Or. 8212/1879，残卷，3×2.5，正面3行，背面空白。正面第2行仅存一些字母。藏文转写及注解见《英国国家图书馆斯坦因收集品中的新疆出土古藏文写本》，第11页。

37. 雇工契残卷

斯坦因原编：M. Tagh. 0410.，英国国家图书馆东方文献部编号 Or. 8212/1918，残卷，5.5×17.5，正面5行，背面空白。此写本残留右上部，看来是一件雇工契约，雇用期为40天。其中有"于阗城居民"（li mkar pa），"神山镇居民"（shing shan kyi mkar pa），以及于阗官吏称号"萨波"（spa）等名称。藏文转写及注解见《英国国家图书馆斯坦因收集品中的新疆出土古藏文写本》，第11页；汉译《英国收藏新疆出土古藏文文书选译》，第6页。

38. 契约文书残卷

斯坦因原编：M. Tagh. 0412.，英国国家图书馆东方文献部编号 Or. 8212/1841，残卷，7×10.2，正面1行加反书1行，背面空白。中下部分是残缺的契约文书。存于阗人"协讷"（she nir）的一枚手印，较为清晰，他大概是债务人。有一枚圆形朱砂封印，印文为"祖辛勒"（drum shin le），可能是于阗人的名字。藏文转写及注解见《英国国家图书馆斯坦因收集品中的新疆出土古藏文写本》，第12页。

39. 吐谷浑契约残卷

斯坦因原编：M. Tagh. 0413+0416.，英国国家图书馆东方文献部编号 Or. 8212/1916+1915，残卷，6.5×7.7，正面4行加反书1行，背面1行加反书1行。此写本由左右两片残留部分组成，中间缺失，看来能拼合为一件文书。其中，可以见到一位被称为"尚·芒斯巴"（zhang mang zigs ba）的吐蕃官吏和借贷人"吐谷浑"（va zha）。藏文转写及注解见《英国国家图书馆斯坦因收集品中的新疆出土古藏文写本》，第 12 页；汉译《英国收藏新疆出土古藏文文书选译》，第 27 ~ 28 页。

40. 文书残卷

斯坦因原编：M. Tagh. 0415.，英国国家图书馆东方文献部编号 Or. 8212/1917，残卷，3.3×9，正面 2 行，背面空白。仅存上边中间部分，可能是债务人的登记册，在其名字上画一条线，表明其债务已还清。藏文转写及注解见《英国国家图书馆斯坦因收集品中的新疆出土古藏文写本》，第 12 页。

41. 鸡年夏驿递文书

斯坦因原编：M. Tagh. 0417.，英国国家图书馆东方文献部编号 Or. 8212/1843，残卷，3.5×28.5，正面 2 行，背面空白。驿递文书。呈长条形，下半边缺失。首行标注有文书写定的时间，是鸡年夏五月之首。文书看来是一个在"汉泽"（han tshe）方向被俘的人所书写，提到了一个名叫"藏孜"（rtsang rtse）的来访者是"驿吏"（ltang sogs），以及他的佣人。第二行的"空基波孔"（khom skyes dbo kol）看来也是一个人名。藏文转写及注解见《英国国家图书馆斯坦因收集品中的新疆出土古藏文写本》，第 13 页，汉译《英国收藏新疆出土古藏文文书选译》，第 57 页。

42. 某人致拉桑杰书信残卷

斯坦因原编：M. Tagh. 0419.，英国国家图书馆东方文献部编号 Or. 8212/1924，残卷，13×3.3，正面 7 行，背面 3 行加反书 1 行。书信。正面的左边大概是一封书信的部分内容。每行仅余开头的几个音节。正面第 1 行可能是收件人的称号"拉桑杰"（ra sang rje）的开头音节。背面是每一行的行尾和反书行的开头，用不同的笔迹写成，可能是书信的草稿。藏文转写及注解见《英国国家图书馆斯坦因收集品中的新疆出土古藏文写本》，第 13 页。

43. 拉辛借债契残卷

斯坦因原编：M. Tagh. 0420.，英国国家图书馆东方文献部编号 Or. 8212/1881，残卷，7×13.5，正面 5 行加反书 1 行加印记，背面 4 行加反书 1 行，契约文书。正面保留下来的右半边是一件契约文书。第 4 行提到的"拉辛"（lha sbying）可能是借债人，同一排还有"见证人章"（dpang rgya）等字样。文尾有一枚圆形印记，但十分模糊。背面文字模糊，仅个别字母可辨，第 3 行可见"突厥"（dru gu）二字。藏文转写及注解见《英国国家图书馆斯坦因收集品中的新疆出土古藏文写本》，第 13 页；汉译《英国收藏新疆出土古藏文文书选译》，第 30 页。

44. 书信残卷

斯坦因原编：M. Tagh. 0421.，英国国家图书馆东方文献部编号 Or. 8212/1837，残卷，13.5×13.5，正面 9 行，背面 1 行。书信残卷，残留右半部分。其中第 3 行提到了"丝绸"（men tri），第 5、第 6 行均提到了"吐蕃"（bod yul），第 5 行提到了"大人"（jo co）。背面可能是落款的一部分。藏文转写及注解见《英国国家图书馆斯坦因收集品中的新疆出土古藏文写本》，第 14 页；汉译《英国收藏新疆出土古藏文文书选译》，第 93～94 页。

45. 书信残卷

斯坦因原编：M. Tagh. 0423.，英国国家图书馆东方文献部编号 Or. 8212/1920，残卷，5.5×8.0，正面 4 行，背面空白。文书的中下部分大概是一封书信残卷。正面第 3 行的"rje"可能是收件人名字的部分。藏文转写及注解见《英国国家图书馆斯坦因收集品中的新疆出土古藏文写本》，第 14 页；汉译《英国收藏新疆出土古藏文文书选译》，第 93 页。

46. 契约残卷

斯坦因原编：M. Tagh. 0425.，英国国家图书馆东方文献部编号 Or. 8212/1842，残卷，9×14，正面 3 行，背面空白。法律或申诉文书残卷。文书残缺右下部分。正面第 1 行的"证人签章"和第 2 行的"委托书"字样，表明文书的合法性，但是不符合契约的形式。正面第 3 行是文书的结尾，短语"请回信答复"表明文书可能是一封申诉书。藏文转写及注解见《英国国家图书馆斯坦因收集品中的新疆出土古藏文写本》，第 14 页；汉译《英国收藏新疆出土古藏文文书选译》，第 82 页。

47. 斥候名单残卷

斯坦因原编：M. Tagh. 0426.，英国国家图书馆东方文献部编号 Or. 8212/1880，残卷，7×17.5，正面 6 行。文书，疑为斥候名单。残留左半部分，纸张残损严重，字迹十分模糊，几乎不能辨。第 2 行提到了"两个吐蕃人"（bod nyis）和"两个于阗人"（li nyis）被安置在"通颊"（mthong rtse），第4、第五行提到了一个出自苏毗的"巡吏"（tshugs pon）名叫"加莫森"（gya mog seng）。藏文转写及注解见《英国国家图书馆斯坦因收集品中的新疆出土古藏文写本》，第15页；汉译《英国收藏新疆出土古藏文文书选译》，第30页。

48. 布炯致某人书信残卷

斯坦因原编：M. Tagh. 0428.，英国国家图书馆东方文献部编号 Or. 8212/1836，残卷，15×19，正面6行，背面空白。书信残卷。文书由中间向四周留有一褪色的朱砂印，但不像是印章。"布炯"（sbur cung）可能是写信人。"丝绸"（men tri）、"物品"（ka chag）等被提到。右下方的空白表明正面第6行是书信的结尾。藏文转写及注解见《英国国家图书馆斯坦因收集品中的新疆出土古藏文写本》，第15页；汉译《英国收藏新疆出土古藏文文书选译》，第68页。

49. 色松致某人书信残卷

斯坦因原编：M. Tagh. 0430.，英国国家图书馆东方文献部编号 Or. 8212/1403，残卷，21×24（15.5×23，7×24），正面17行，背面1行。为书信残卷。正面左边较低处是来自"色松"（gsas srong）的一封书信，包括两个残片。这两个残片被错误地粘贴后，正面第13行和14行就重叠在一起，于是在保存过程中被分开。背面与正面的笔迹相同，在顶部边缘有不同的字体，但字迹模糊。图版见斯坦因《亚洲腹地考古记》第1087页。藏文转写及注解见《英国国家图书馆斯坦因收集品中的新疆出土古藏文写本》，第16页。

50. 书信残卷

斯坦因原编：M. Tagh. 0432.，英国国家图书馆东方文献部编号 Or. 8212/1838，残卷，6×21，正面6行，背面1行。书信残卷，系右下部分。由于文书纸张受损，书信署名丢失。正面仅有问候语。背面可能是书信的一部分或者是传达的命令。藏文转写及注解见《英国国家图书馆斯坦因收集品中的新疆出土古藏文写本》，第16页；汉译《英国收藏新疆出土古藏文文书选译》，第68~69页。

51. 文书残卷

斯坦因原编：M. Tagh. 0435.，英国国家图书馆东方文献部编号 Or.

8212/1851,残卷,4.5×17.5,正面4行,背面空白。文书,余右上半部。第1行大意是说:有敌情,士兵集合并开赴"于阗都城"(vu ten),进入敌境。第二行提到了有关租借的问题,但文书的其余部分又不具备契约的形式。第三行提到的人名"卓录珠玛奴"(spro klu vbrug rma gnubs)及地名应该均在于阗地区。藏文转写及注解见《英国国家图书馆斯坦因收集品中的新疆出土古藏文写本》,第17页;汉译《英国收藏新疆出土古藏文文书选译》,第11页。

52. 拉道白致侄子侄女书信残卷

斯坦因原编:M. Tagh. 0436.,英国国家图书馆东方文献部编号 Or. 8212/1853,6.8×28,正面4行,背面1行。书信残卷。是由"拉道白"(la stag bal [d])写给侄子"才拉"(btshan ra)和侄女"拉邓"(lha ldem)的一封书信。5道折痕显示此书信被折叠收藏过。图版见斯坦因《亚洲腹地考古记》第1088页。《藏文转写及注解见英国国家图书馆藏斯坦因收集品中的西域古藏文写本》,第17页;汉译《英国收藏新疆出土古藏文文书选译》,第94页。

53. 书信残卷

斯坦因原编:M. Tagh. 0437.,英国国家图书馆东方文献部编号 Or. 8212/1852,残卷,5×8,正面4行,背面1行。文书,余右半部,可能是一封信。第2行说:"去年我作为扛包者。"第3行说:"在神山(shing shan),冬十月的粮税远未纳足。"背面的藏文模糊难辨。藏文转写及注解见《英国国家图书馆斯坦因收集品中的新疆出土古藏文写本》,第17页;汉译《英国收藏新疆出土古藏文文书选译》,第7页。

54. 寄神山书信残卷

斯坦因原编:M. Tagh. 0482.,英国国家图书馆东方文献部编号 Or. 15000/1,残卷,11.5×14,正面7行,背面1行。文书,信件。余右半部,纸张破损,字迹部分模糊。虽信件的落款已缺失,但仍有部分人名如"道桑录通"(stag bzang klu mthong)、"道赞斯"(stab btsan zigs)等可以见到。第七行还提到了"铜钱"(dong tse)。背面1行是落款,提到了收信地址是"神山"(shing shan)。藏文转写及注解见《英国国家图书馆斯坦因收集品中的新疆出土古藏文写本》,第18页;汉译《英国收藏新疆出土古藏文文书选译》,第7页。

55. 阿摩支呈神山节儿书

斯坦因原编：M. Tagh. 0483.，《古代和田》图版 194，残卷。4×27；草写婆罗门文字 1 行，草写楷书 1 行（删改厉害）；婆罗门文字系注释，时间稍晚。是于阗"阿摩支"（va ma chas）向神山"节儿"（rtse rje）的请示书。内容不详。英译见《有关西域的藏文文献与文书》第二卷，第 193 页；汉译《敦煌西域古藏文社会历史文献》第 169 页。藏文转写及注解见《英国国家图书馆斯坦因收集品中的新疆出土古藏文写本》，第 18 页；汉译《英国收藏新疆出土古藏文文书选译》，第 41 页。

56. 书信残卷

斯坦因原编：M. Tagh. 0484.，英国国家图书馆东方文献部编号 Or. 15000/2，残卷，2.1×26.8，正面 2 行，背面 1 行加反书 1 行。一张很长的纸片，左边被扯掉。正面大概是一封书信，但署名和内容均缺失，仅见地名"热拉德热则"（rag la te reb tse）。背面显然是用不同的笔迹写成的书信，其中提到"和尚"（ban de）。藏文转写及注解见《英国国家图书馆斯坦因收集品中的新疆出土古藏文写本》，第 18 页；汉译《英国收藏新疆出土古藏文文书选译》，第 95 页。

57. 军事文书残卷

斯坦因原编：M. Tagh. 0485.，英国国家图书馆东方文献部编号 Or. 15000/3，残卷，3.5×21.5，方形。清晰的楷书，正面 4 行，背面 3 行。是一件有关军事的残文书，其中提到了"工匠"（lag pon）、"骑兵"（rta pas）等与军事有关的术语。英译见《有关西域的藏文文献与文书》第二卷，第 448～449 页；汉译《敦煌西域古藏文社会历史文献》第 384 页。藏文转写及注解见《英国国家图书馆斯坦因收集品中的新疆出土古藏文写本》，第 19 页；汉译《英国收藏新疆出土古藏文文书选译》，第 62 页。

58. 书信残卷

斯坦因原编：M. Tagh. 0486.，英国国家图书馆东方文献部编号 Or. 15000/4，残卷，3.5×17，正面 2 行，背面 1 行。正面似乎是一封书信的开头部分，提到这封"书信"（mchid yige）和"纸"（shog shog）。背面用不同的笔迹写成，似乎是另一封书信的最后一行。文书两面的落款署名均遗失。藏文转写及注解见《英国国家图书馆斯坦因收集品中的新疆出土古藏文写本》，第 19 页。

59. 某人致神山某岸本书信残卷

斯坦因原编：M. Tagh. 0487.，英国国家图书馆东方文献部编号 Or. 15000/5，残卷，9×7.2，正面 4 行，背面 1 行。残缺右上部分文书。书信的主要内容在正面，送件人要求收件人亲自收取送到的物品。背面的开头第 1 行与正面书信的笔迹相同，可能是落款署名。如此，这是"巴果"（ba gud）写给"神山"（shing shan）的官员"岸本"（mngan）的书信。藏文转写及注解见《英国国家图书馆斯坦因收集品中的新疆出土古藏文写本》，第 19 页；汉译《英国收藏新疆出土古藏文文书选译》，第 8 页。

60. 军事文书残卷

斯坦因原编：M. Tagh. 0488.，英国国家图书馆东方文献部编号 Or. 15000/ 6，残卷，上、下、右三边均残，5.2×21.8，正面 5 行为楷书，背面 1 行。是一件有关军事的残卷，报告了一小队人马，包括一个"巡吏"（tshugs pon），一位"俄本"（vog pon），他们的装备毁于火灾，马匹也被惊散，云云。英译见《有关西域的藏文文献与文书》第二卷，第 450～451 页；汉译《敦煌西域古藏文社会历史文献》第 386 页。藏文转写及注解见《英国国家图书馆斯坦因收集品中的新疆出土古藏文写本》，第 20 页；汉译《英国收藏新疆出土古藏文文书选译》，第 63 页。

61. 书信残卷

斯坦因原编：M. Tagh. 0490.，英国国家图书馆东方文献部编号 Or. 15000/7，残卷，8.0×15.5，正面 6 行，背面空白。大概是一封书信，残缺右下部分。除有"送去"字样外，其余内容不得而知。藏文转写及注解见《英国国家图书馆斯坦因收集品中的新疆出土古藏文写本》，第 20 页；汉译《英国收藏新疆出土古藏文文书选译》，第 95 页。

62. 某人致驻塔古尚论书

斯坦因原编：M. Tagh，0491，英国国家图书馆东方文献部编号 Or. 15000/8，残卷，9.8×7.7，右侧残，常见方形楷书，正面 5 行，背面 1 行。此信写给一个驻扎"塔古"（sta ga）的尚论，其中有问安及祝好之词。英译见《有关西域的藏文文献与文书》第二卷，第 248 页；汉译《敦煌西域古藏文社会历史文献》第 214 页。藏文转写及注解见《英国国家图书馆斯坦因收集品中的新疆出土古藏文写本》，第 20 页；汉译《英国收藏新疆出土古藏文文书选译》，第 23 页。

63. 于阗乡、部落及人员名册

斯坦因原编：M. Tagh. 0492，英国国家图书馆东方文献部编号 Or. 15000/9，残卷，已褪色；8.5×8.5；8 行常见草写楷书。提到的乡有"拉若列"（la ro nya）、"罗列"（no nya）、"苏莫洛"（su mo no）、"洛罗列"（lo no nya）、"卓特"（dro tir）；部落有"拉吉"（lhag）、"羊伦上部"（byang slungs stod pa）；以及于阗人多名。英译见《有关西域的藏文文献与文书》第二卷，第 176 页；汉译《敦煌西域古藏文社会历史文献》第 155 页。藏文转写及注解见《英国国家图书馆斯坦因收集品中的新疆出土古藏文写本》，第 21 页；汉译《英国收藏新疆出土古藏文文书选译》，第 3 页。

64. 于阗乡、部落及人员名册

斯坦因原编：M. Tagh. 0503.，英国国家图书馆东方文献部编号 Or. 15000/10，残卷，形状不规则，6.5×7，可能与 Nos. 0492 及 0513 为同一文书，部分为常见草写楷书 6 行。提到了两个乡，"瑟若"（zal ro）和"巴洛"（ba rog）；一个地名"兰科娘"（lam ko nya）；以及数名于阗人。英译见《有关西域的藏文文献与文书》第二卷，第 177 页；汉译《敦煌西域古藏文社会历史文献》第 156 页。藏文转写及注解见《英国国家图书馆斯坦因收集品中的新疆出土古藏文写本》，第 21 页；汉译《英国收藏新疆出土古藏文文书选译》，第 5 页。

65. 于阗乡、部落及人员名册

斯坦因原编：M. Tagh. 0513.，英国国家图书馆东方文献部编号 Or. 15000/11，残卷，存左侧结尾部分；6.5×4，3.5×3.5；可能与 No. 0492 为相同文书；常见草写楷书 6 行（卷首）。提到的乡和地点有："若"（ro）、"格托"（gas sto），部落名"仓迷"（tshang myi）。英译见《有关西域的藏文文献与文书》第二卷，第 177 页；汉译《敦煌西域古藏文社会历史文献》第 156 页。藏文转写及注解见《英国国家图书馆斯坦因收集品中的新疆出土古藏文写本》，21；汉译《英国收藏新疆出土古藏文文书选译》，第 5 页。

66. 文书残卷

斯坦因原编：M. Tagh. 0493. a.，英国国家图书馆东方文献部编号 Or. 15000/12，残卷，3.5×6，正面 3 行，背面空白。残缺中间部分，仅有一些音节能够识读。藏文转写及注解见《英国国家图书馆斯坦因收集品中的新疆出土古藏文写本》，第 21 页。

67. 文书残卷

斯坦因原编：M. Tagh. 0493. b.，英国国家图书馆东方文献部编号 Or. 15000/13，残卷，3.3×8.5，正面 3 行，背面空白。残缺中间部分，仅有一些音节残存。余 1 行"高兴地赐予……"。藏文转写及注解见《英国国家图书馆斯坦因收集品中的新疆出土古藏文写本》，第 22 页。

68. 文书残卷

斯坦因原编：M. Tagh. 0493. c.，英国国家图书馆东方文献部编号 Or. 15000/14，残卷，4.7×6，正面 2 行，背面空白。残缺左下角。文书较低处存圆形印章一枚。正面第 1 行"我……"。藏文转写及注解见《英国国家图书馆斯坦因收集品中的新疆出土古藏文写本》，第 22 页。

69. 书信残卷

斯坦因原编：M. Tagh. 0493. d.，英国国家图书馆东方文献部编号 Or. 15000/15，残卷，4×7.5，正面 4 行，背面空白。大概是一封书信草稿的右上角。正面第 1 至 4 行是问候语。正面第 1 行"舒适""衣物"云云。正面第 2 行"藏人命令……"，正面第 3 行"心意"，正面第 4 行"病未愈"。书信没有落款署名。正面第 4 行下的空白表明，文书内容主要是问候语。藏文转写及注解见《英国国家图书馆斯坦因收集品中的新疆出土古藏文写本》，第 22 页。

70. 书信残卷

斯坦因原编：M. Tagh. 0493. e.，英国国家图书馆东方文献部编号 Or. 15000/16，残卷，2×4，正面 3 行，背面空白。大概是一封书信，残缺左边部分。藏文转写及注解见《英国国家图书馆斯坦因收集品中的新疆出土古藏文写本》，第 22 页。

71. 文书残卷

斯坦因原编：M. Tagh. 0493. f.，英国国家图书馆东方文献部编号 Or. 15000/17，残卷，3×5，正面 3 行，背面空白。中间部分残缺，仅"可以"一词可辨读。藏文转写及注解见《英国国家图书馆斯坦因收集品中的新疆出土古藏文写本》，第 22 页。

72. 某人致嘉桑大人书残卷

斯坦因原编：M. Tagh. 0494.，英国国家图书馆东方文献部编号 Or. 15000/18，残卷，13×18.5，正面 10 行，背面 2 行。文书，信件，写明

"嘉桑大人"（jo bo rgyal bzang）收。寄信人的名字因文书残缺，不得而知。每行之首缺失一二字不等。另一封同样写给嘉桑的信，出于同一手笔，始于第 7 行，止于第 10 行。尽管下边缺失，但仍可知第 10 行可能就是信的末尾。背面是出于同一手笔的短信，但模糊难辨。藏文转写及注解见《英国国家图书馆斯坦因收集品中的新疆出土古藏文写本》，第 23 页；汉译《英国收藏新疆出土古藏文文书选译》，第 96 页。

73. 文书残卷

斯坦因原编：M. Tagh. 0495.，英国国家图书馆东方文献部编号 Or. 15000/19，残卷，7.5×9.5，正面 7 行，背面 7 行。残余左边部分。正面纸张有污渍，字迹模糊，只有"请予以同情""最后一月"等短语清晰可见。背面显然是用不同的笔迹写成的另一文书。藏文转写及注解见《英国国家图书馆斯坦因收集品中的新疆出土古藏文写本》，第 23 页。

74. 赤囊致道桑书信残卷

斯坦因原编：M. Tagh. 0496.，英国国家图书馆东方文献部编号 Or. 15000/20，残卷，5×21.3，正面 5 行，背面 3 行。书信残卷。右上部分是一封"赤囊"（khrisnang）写给"道桑"（stag bzang）的书信，字迹模糊。背面最后 3 行大概是另一封书信，字迹模糊。藏文转写及注解见《英国国家图书馆斯坦因收集品中的新疆出土古藏文写本》，第 24 页。

75. 琼协等致内务官赤协书

斯坦因原编：M. Tagh. 0497.，英国国家图书馆东方文献部编号 Or. 15000/21，残卷。9.3×18.5，右边和下方残破，草写楷书 6 行，字大，不工整。是"琼协"（khyung bzher）等致"内务官赤协"（nang rje po khri bzhe［r]）的书信，在通常的问候语之后，提及他们抵达了"帕班"（par ban）和"杰谢"（jeg shin）低谷。英译见《有关西域的藏文文献与文书》第二卷，第 244 页；汉译《敦煌西域古藏文社会历史文献》第 210 页。藏文转写及注解见《英国国家图书馆斯坦因收集品中的新疆出土古藏文写本》，第 24 页；汉译《英国收藏新疆出土古藏文文书选译》，第 19 页。

76. 某人致内务官书信残卷

斯坦因原编：M. Tagh. 0498.，英国国家图书馆东方文献部编号 Or. 15000/22，残卷，8.8×8.8，正面 5 行，背面空白。书信残卷。左上部分是寄给"内务官"（nang rje bo）的一封书信；由于纸张受损，人名部分遗失。"敌方"（dgra）一词出现正面第 3 行中，残余文书包括了问候语。藏文转写及注解见《英国国家图书馆斯坦因收集品中的新疆出土古藏文写本》，第 24 页；汉译《英国收藏新疆出土古藏文文书选译》，第 50 页。

77. 书信残卷

斯坦因原编：M. Tagh. 0499.，英国国家图书馆东方文献部编号 Or. 15000/23，残卷，4 × 8，正面 2 行，背面空白。书信残卷，残余右下角，仅有两行稍微清晰。书信残卷。正面第 1 行中职官名称"岸本"（mngan）被提到。rje 可能是"节儿"（rtse rje）的一部分，正面第 2 行似乎还谈到祝愿收件人健康长寿。由于第 2 行不是此文书的结尾，左边另一行肯定丢失了。藏文转写及注解见《英国国家图书馆斯坦因收集品中的新疆出土古藏文写本》，第 25 页。

78. 虎年玉赞送粮牒

斯坦因原编：M. Tagh. 0501.，英国国家图书馆东方文献部编号 Or. 15000/24，残卷。6 × 11；草写楷书 6 行，相当清楚。内容涉及虎年秋（stag vi lo stong）送"神山"（shing shan）镇 20 名男丁的口粮，送粮者为"玉赞"（g. yu brtsan），接受者为"杰塘"（brgyad thang）；规定了其回到"于阗都城"（vu ten），途中的天数等。牒中还提到负责此事的节儿郎萨卓（rtse rje lang sa dro）。英译见《有关西域的藏文文献与文书》第二卷，第 208 页；汉译《敦煌西域古藏文社会历史文献》第 180、181 页。藏文转写及注解见《英国国家图书馆斯坦因收集品中的新疆出土古藏文写本》，第 25 页；汉译《英国收藏新疆出土古藏文文书选译》，第 12 页。

79. 潘玛致侄儿赞拉书残卷

斯坦因原编：M. Tagh. 0503. bis.，英国国家图书馆东方文献部编号 Or. 15000/25，残卷，5.3 × 28，正面 5 行，背面 1 行。文书，信件，残留上半部分。是由"潘玛"（vphan rma）致其侄儿"赞拉"（btsan ra）及胞姐"拉邓"（lha sdem）的一封信，其中还提到"论"（blon）和"将军"（dmag pon）。纸张的右边有一红色墨水的点。背面的 1 行看上去比较潦草。藏文转写及注解见《英国国家图书馆斯坦因收集品中的新疆出土古藏文写本》，第 25 页；汉译《英国收藏新疆出土古藏文文书选译》，第 42 页。

80. 文书残卷

斯坦因原编：M. Tagh. 0504.，英国国家图书馆东方文献部编号 Or.

15000/26，残卷，3.7×14.0，正面2行，背面空白。文书残片，残余右下部分。后两行字些许清楚，两行下面空白。正面第2行"……拜见并磕头"。藏文转写及注解见《英国国家图书馆斯坦因收集品中的新疆出土古藏文写本》，第25页。

81. 书信残卷

斯坦因原编：M. Tagh.0504.a.，英国国家图书馆东方文献部编号 Or. 15000/27，残卷，9×13，正面6行加反书1行；2.5×3，正面3行，背面空白。书信残卷。同一书信的两片纸，但难以拼合。较大的纸片是右上部分，由于纸张受损，送件人的姓名和书信地址已丢失，仅见一不完整的人名"列道"（las stag）。背面的"送给"等字，可能是落款署名的一部分，是封好后书写的。较小的纸片上，仅有部分音节清晰。藏文转写及注解见《英国国家图书馆斯坦因收集品中的新疆出土古藏文写本》，第26页；汉译《英国收藏新疆出土古藏文文书选译》，第97页。

82. 猴年冬某王与军吏上吐蕃首领书

斯坦因原编：M. Tagh.0506.，英国国家图书馆东方文献部编号 Or. 15000/28，残卷，14×15；右侧残，已褪色；正面楷书9行，相当粗劣、呆板，而且前左侧稍残，可证明正面文字右侧已残。背面为一件不同的文书，11行草写楷书，工整，黑色。正面是猴年冬末月之初，某王与军吏"论·措桑波"（blon mtsho bzang po）呈吐蕃首领书。内容称"雅藏"（yang rtsang）部落的某某与"雄巴"（zhum ba）乡的于阗人麻孙签约，后者将战刀等什物送往"神山"（shing shan）。如未按时送到，或物品被换，其个人所有或屋中财物将被占有，不得申诉。证人出自"芒噶"（mang khar）部落。反面是于阗媲摩等地点的名册，其中提到的地名有："札云"（dgra byung）、"祖之则可果"（vphrul gyi rtse kol kol）、"范则胡波库贡"（van tse rhul po khu gong）、"色斯"（gsas zigs）、"布山玉恩"（vbu shan gyul……ng）、"塔查则斯"（stag sras tses zigs）、"道都莽勒"（stag vdus rmang slebs）、"加马孤"（vjag ma gu）、"道古林"（stag sgugs ling）、"东则班勒"（mdong rtse phangs legs）、"姜兰则"（jang lang rtse）、"于阗媲摩"（ho tong g.yu mo）、"叶日朗"（bye ri snang）、"则勒色"（rtse legs gsas）。英译见《有关西域的藏文文献与文书》第二卷，第179页；汉译《敦煌西域古藏文社会历史文献》第157、158、185、186页。《敦煌西域出土的古藏文契约文书》第 286~287 页；汉译本第 314~316 页。藏文转写及注解见《英国国家图书馆斯坦因收集品中的新疆出土古藏文写本》，第 26 页；汉译《英国收藏新疆出土古藏文文书选译》，第 35、65 页。

83. 勒赞致道嘉协书残卷

斯坦因原编：M. Tagh. 0507.，英国国家图书馆东方文献部编号 Or. 15000/29，残卷，6×13，正面 4 行，反面 2 行，笨拙的楷书。是"勒赞"（legs tshan）致"道嘉协"（stag rgyal bzher）的一封信。信中问候道嘉协的健康，并送上大大小小的五色彩带给其妻子"泽类"（tshes lod），其中还提到"拉巴大人"（jo bo lha dpal）。英译见《有关西域的藏文文献与文书》第二卷，第 380 页；汉译《敦煌西域古藏文社会历史文献》第 330 页。藏文转写及注解见《英国国家图书馆斯坦因收集品中的新疆出土古藏文写本》，第 27 页；汉译《英国收藏新疆出土古藏文文书选译》，第 97~98 页。

84. 书信残卷

斯坦因原编：M. Tagh. 0508.，英国国家图书馆东方文献部编号 Or. 15000/30，残卷，11.8×12.5，正面 7 行，背面 1 行。书信残卷，疑残余中下部分。送件人名部分可辨："色"（gsas），收件人名丢失；萨底（sag ti）和拉列干切（la leb rgan chel）可能是地名。背面大概是落款署名。藏文转写及注解见《英国国家图书馆斯坦因收集品中的新疆出土古藏文写本》，第 27 页；汉译《英国收藏新疆出土古藏文文书选译》，第 98 页。

85. 于阗人梅金借酥油契

斯坦因原编：M. Tagh, 0509. +0510.，英国国家图书馆东方文献部编号 Or. 15000/31，残卷，两件残卷能够拼合，11×31.5。编号：左 0509，右 0510，前者 7 行，后者 5 行。正体楷书，有红色污渍。是于阗人"梅金"（rmevu byin）向"旭仓"（phyug mtshams）部落成员借酥油的契约，所借量为一两。借契规定，如届时未能支付，将加倍偿还，或将借方房内的什物做抵押。见证人为旭仓部落的"禄宝"（rhul po）、"达吉玛"（[da] r dbyi rma）、"则札拉贡"（tse bra lha gong）等。英译见《有关西域的藏文文献与文书》第二卷，第 62 页；藏文转写及注解见《英国国家图书馆斯坦因收集品中的新疆出土古藏文写本》，第 27 页；汉译《英国收藏新疆出土古藏文文书选译》，第 82 页。

85. 残卷

斯坦因原编：M. Tagh. 0510，英国国家图书馆东方文献部编号 Or. 15000/31，与 M. Tagh. 0509. 粘贴在一块儿。见《英国国家图书馆斯坦因收集品中的新疆出土古藏文写本》，第 28 页。

86. 潘腊尼阿致侄儿嘉协书残卷

斯坦因原编：M. Tagh. 0511.，英国国家图书馆东方文献部编号 Or. 15000/32，残卷，7.2×25.8，正面 6 行，背面 3 行。文书，信件，一封由"潘腊尼阿"（vphan la mya）写给侄儿"嘉协"（rgyal bzher）的信。除左边缺失、每行之首掉一二字外，几近完整。收信人的名字及地址写于背面。藏文转写及注解见《英国国家图书馆斯坦因收集品中的新疆出土古藏文写本》，第 28 页；汉译《英国收藏新疆出土古藏文文书选译》，第 99 页。

87. 西托致论·芒协大人书

斯坦因原编：M. Tagh. 0512.，英国国家图书馆东方文献部编号 Or. 15000/33，完整，狭长如近代藏文书信，但用古朴方式对折。19×27.8，圆形楷书正面 12 行，背面 3 行，字较大，一些地方模糊。是"西托"（phyi mtho）致"论·芒协大人"（jo bo blon mang bzher）的一封信。在通常的问候语之后，信中提到油料和木材已经送到，但大都督和和尚论仍未露面；并提到征收于阗人"那莫布"（na mo bud）一驮粮食的相关事宜，请论·芒协关注此事；等等。提到的人名还有"吴再"（pho tsab）等。英译见《有关西域的藏文文献与文书》第二卷，第 411、412 页；汉译《敦煌西域古藏文社会历史文献》第 353 页。藏文转写及注解见《英国国家图书馆斯坦因收集品中的新疆出土古藏文写本》，第 28 页；汉译《英国收藏新疆出土古藏文文书选译》，第 49～50 页。

88. 契约残卷

斯坦因原编：M. Tagh. 0514.，英国国家图书馆东方文献部编号 Or. 15000/34，残卷，4.5×7，正面 2 行，背面空白。残余左上部分。日期残存"羊年夏"，可能是契约的开头。藏文转写及注解见《英国国家图书馆斯坦因收集品中的新疆出土古藏文写本》，第 29 页。

89. 潘牙等呈潘孜书

斯坦因原编：M. Tagh. 0515.，英国国家图书馆东方文献部编号 Or.

15000/35，完整。原先对折放入一长套中，为现代藏文书信格式。9×
28.6，草写楷书，正面7行，反面1行，潦草，局部模糊，另加常见草写
楷书1行。是"潘牙"（vphan rya）与"娘赞"（nya brtsan）禀呈"潘孜"
（vphan gz［i］gs）之书信，内容涉及问候后者的病情，并提到"拉桑杰"
（ra sang rje）及"普巴"（pur ba）等。文后署："送潘孜——由帕拉牙与
尼赞护送；驻于阗都城（vu ten）将军（dmag pon）之第番（divāg）签
署。"英译见《有关西域的藏文文献与文书》第二卷，第195、196页；汉
译《敦煌西域古藏文社会历史文献》第170、171页。藏文转写及注解见
《英国国家图书馆斯坦因收集品中的新疆出土古藏文写本》，第29页；汉
译《英国收藏新疆出土古藏文文书选译》，第43页。

90. 某人致尚论拉辛书

斯坦因原编：M. Tagh. 0516.，英国国家图书馆东方文献部编号 Or.
15000/36，完整，9×28。除了有一孔外，基本完整；正面7行草写楷书，
几处地方被划掉。是一封致"尚论·拉辛"（zhang lon lha sbyin）的信。
在通常的问候套语之后，要求给一坛子，并派出铜匠打制容器等。英译见
《有关西域的藏文文献与文书》第二卷，第385页；汉译《敦煌西域古藏
文社会历史文献》第333页。藏文转写及注解见《英国国家图书馆斯坦因
收集品中的新疆出土古藏文写本》，第29页；汉译《英国收藏新疆出土古
藏文文书选译》，第69页。

91. 明蔡布禀大王道宁书

斯坦因原编：M. Tagh. 0517.，英国国家图书馆东方文献部编号 Or.
15000/37，残卷，10×25.2。右侧（3~9行）和左侧（3~6行）残；楷
书，正面9行，背面1行，字方，刻板。是明蔡布（myes tshab）致道宁大
人（jo bo stag m［nye］n）的信，内容涉及薪俸、驼峰和麦子等。提到的
人名有"聂科"（myes kol）、"拉洛"（lha lod）、"桑噶泽"（seng gav tse）
等。英译见《有关西域的藏文文献与文书》第二卷第227页；汉译《敦煌
西域古藏文社会历史文献》第196页。藏文转写及注解见《英国国家图书
馆斯坦因收集品中的新疆出土古藏文写本》，第30页；汉译《英国收藏新
疆出土古藏文文书选译》，第16页。

92. 聂勒致赞协大人书信残卷

斯坦因原编：M. Tagh. 0518.，英国国家图书馆东方文献部编号 Or.

15000/38，残卷，5.5×12.5，正面2行，背面1行。残余右半部分。书信残卷。正面第2行的"聂勒"（mye sleb）可能是写信人，背面"赞协大人"（jo co btsan bzher）似乎是收件人之一，其中提到的人名还有"拉当哲"（lha dang drab）。藏文转写及注解见《英国国家图书馆斯坦因收集品中的新疆出土古藏文写本》，第30页；汉译《英国收藏新疆出土古藏文文书选译》，第99页。

93. 库都聂致尚录桑道杰书信残卷

斯坦因原编：M. Tagh. 0519.，英国国家图书馆东方文献部编号 Or. 15000/39，残卷，9×13，正面7行，背面1行。书信残卷。书信是寄给"尚·录桑道杰"（zhang po klu bzang stabs sbyal）的。背面是落款署名，写有寄件人"库都聂"（khu v［du?］myes）的名字。背面还有几行，模糊无法看清。藏文转写及注解见《英国国家图书馆斯坦因收集品中的新疆出土古藏文写本》，第30页；汉译《英国收藏新疆出土古藏文文书选译》，第100页。

94. 勒恭致潘斯书信残卷

斯坦因原编：M. Tagh. 0520.，英国国家图书馆东方文献部编号 Or. 15000/40，残卷，5.5×9.5；4×1.8，正面5行，背面2行；正面2行，背面空白。疑为书信。有两片文书，较大的残片是急件的左上部分。寄件人名为"勒恭"（sl［e］bs kong），根据书信的格式，接着是收件人"潘斯"（vpan zigs）。正面第2行似乎提到"于阗都城"（vu ten）。背面大概为正面书信的落款署名。较小的残片仅有一些音节，大概是从较大的残片中撕下来的。藏文转写及注解见《英国国家图书馆斯坦因收集品中的新疆出土古藏文写本》，第31页。

95. 书信残卷

斯坦因原编：M. Tagh. 0521.，英国国家图书馆东方文献部编号 Or. 15000/41，残卷，4.3×15，正面5行，背面空白。书信残卷，残余左边部分。正面第1行可能是寄件人名的一些音节。正面第2行是问候语"由书信可知养病……"，正面第3行"平安"。藏文转写及注解见《英国国家图书馆斯坦因收集品中的新疆出土古藏文写本》，第31页。

96. 画卷残卷

斯坦因原编：M. Tagh. 0655. a. ；b.，英国国家图书馆东方文献部编号不详，残卷。11×7.75，正面图画5行，背面空白；10.5×3，正面图画，背面空白。残片A包括一幅画有3匹马的图画，正面第1行文书显示这幅画是"藏莽若"（rtsang rmang rogs）贡献的。正面第4行有"汉突厥人"（rgya drug）等短语。第5行写在画的下方，画面是一个人牵着一头骆驼。这个残片是斯坦因第3次探险时获得，发表于《亚洲腹地考古记》第96页图版Ⅶ，但既没保存在英国国家图书馆，也不在大英博物馆。藏文转写及注解见《英国国家图书馆斯坦因收集品中的新疆出土古藏文写本》，第31页。

97. 书信残卷

斯坦因原编：M. Tagh. i. 0027.，英国国家图书馆东方文献部编号Or. 15000/42，残卷，4.5×8，正面5行，背面空白。残余右边部分，大概是一封书信。正面第2行说"一只狗"，第4行提到"商队"，第5行出现地名"斡尼"（vo ni）。藏文转写及注解见《英国国家图书馆斯坦因收集品中的新疆出土古藏文写本》，第32页。

98. 文书残卷

斯坦因原编：M. Tagh. ii. 4.，英国国家图书馆东方文献部编号 Or. 15000/43，残卷，5×4，正面3行，背面空白。残余中间部分。没发现有实质的词或音节。藏文转写及注解见《英国国家图书馆斯坦因收集品中的新疆出土古藏文写本》，第32页。

99. 书信残卷

斯坦因原编：M. Tagh. a. a. +b.；c.，英国国家图书馆东方文献部编号Or. 15000/44，残卷。4×15，正面2行，背面空白；3×4，正面2行，背面空白。疑为书信。由3个小残片构成，编号为 M. Tagh. a. a.、M. Tagh. a. b.和 M. Tagh. a. c.，是同一手稿的残片，头两片残片连接到一块儿了，书写不是很完整，只有几个字可以判断是一封信，但不能辨读。见《英国国家图书馆斯坦因收集品中的新疆出土古藏文写本》，第32页。

100. 契约残卷

斯坦因原编：M. Tagh. a. d.；e. f.，英国国家图书馆东方文献部编号Or. 15000/44，残卷，由3个小残片构成。2×4.5，正面1行；3×3.5，背面2行；3.5×6.5，正面1行加反书1行，背面空白。编号为 M. Tagh. a. d.、M. Tagh. a. e. 和 M. Tagh. a. f.，似乎是同一手稿的残片。每一个残片都有一些残存的音节，f. 残片上有一个模糊的手印，此文书可能是契约。见《英国国家图书馆斯坦因收集品中的新疆出土古藏文写本》，第 32 页。

101. 文书残卷

斯坦因原编：M. Tagh. a. g.，英国国家图书馆东方文献部编号 Or. 15000/45，残卷，6.5×6.5，正面 4 行，背面空白。残余文书右上部分，未见人名。正面第 1 行"祈祷"，正面第 3 行"有"。藏文转写及注解见《英国国家图书馆斯坦因收集品中的新疆出土古藏文写本》，第 32 页。

102. 文书残卷

斯坦因原编：M. Tagh. a. h.；i.，英国国家图书馆东方文献部编号 Or. 15000/46，残卷，2×4；4×3.5，正面 1 行，背面空白。正面 4 行，背面空白。两个小残片，大概是同一份文书的手稿。在 M. Tagh. a. h 中仅有一个音节可部分辨认，但难以拼读。见《英国国家图书馆斯坦因收集品中的新疆出土古藏文写本》，第 33 页。

103. 书信残卷

斯坦因原编：M. Tagh. a. j.，英国国家图书馆东方文献部编号 Or. 15000/47，残卷，2.2×22.8，正面 1 行，背面空白。只残余了文书底部一行的开头部分，大概是书信的开头。见《英国国家图书馆斯坦因收集品中的新疆出土古藏文写本》，第 33 页。

104. 卓洛致某人书信残卷

斯坦因原编：M. Tagh. a. 01. ＋02. ＋03. ＋05.，英国国家图书馆东方文献部编号 Or. 8212/1847b，残卷，10.5×14.5，正面 5 行，背面 1 行。书信残卷。书信由 4 个残片构成，M. Tagh. a. 中的 01 至 03 三个残片连接在一起，05 不能进行完整的拼接，但从上下文中可以推断出其联系。文书被重新拼接过。书信正面的写信人是"卓洛"（dro lod）。背面大概是落款署名。藏文转写及注解见《英国国家图书馆斯坦因收集品中的新疆出土古藏文写本》，第 33 页；汉译《英国收藏新疆出土古藏文文书选译》，第 101 页。

105. 赤本致某人书信残卷

斯坦因原编：M. Tagh. a. 04. ＋06. ＋07.，英国国家图书馆东方文献部编号 Or. 8212/1847a，残卷，13.5×6.7，正面 7 行，背面 10 行。书信残卷。同一文书的三个残片。一封书信的正面是左上部分。正面第 1 行大概是收件人的头衔"节儿论"（rje blon）。背面是另一封书信的右半部分，仅有部分文字清晰。背面第1行的"赤本"（kri spun）可能是写信人。背面第10行可能是最后一行。纸张似乎被切成了一个三角形以备后用。藏文转写及注解见《英国国家图书馆斯坦因收集品中的新疆出土古藏文写本》，第34页。

106. 文书残卷

斯坦因原编：M. Tagh. a. 004.，英国国家图书馆东方文献部编号 Or. 8211/956，残卷，4.7×3.7，正面4行，背面汉文3行。残余中间部分。背面是汉文佛经。藏文转写及注解见《英国国家图书馆斯坦因收集品中的新疆出土古藏文写本》，第34页。

107. 文书残卷

斯坦因原编：M. Tagh. a. Ⅰ. 0038.，《古代和田》图版45，残卷，5×5.5，正面3行，背面于阗文书3行。藏文文书在一边，于阗文书在另一边。藏文文书中仅有3行残存一些音节。第3行下是空白。于阗文书写在底部边缘，表明藏文晚于于阗文。于阗文书见贝利《和田文文献》，第5卷第210页；《塞种（saka）文献Ⅱ》：LⅦ（LⅩⅤ），以及《塞种（saka）文献Ⅲ：文书卷》：93。藏文转写及注解见《英国国家图书馆斯坦因收集品中的新疆出土古藏文写本》，第34页。

108. 某人致丹斯书信残卷

斯坦因原编：M. Tagh. a. Ⅰ. 05. +06. +07.，英国国家图书馆东方文献部编号 Or. 15000/48，残卷，9×16，正面8行，背面7行。书信残卷。书信文件同一手稿的3个残片连接在一块儿。正面是一封书信的中间部分。"丹斯"（bstan zigs）可能是收件人名，正面第4～5行似乎提到"纸"。背面似乎的是中下部分，比正面书信的字稍大一些。藏文转写及注解见《英国国家图书馆斯坦因收集品中的新疆出土古藏文写本》，第35页。

109. 文书残卷

斯坦因原编：M. Tagh. a. Ⅰ. 08.，英国国家图书馆东方文献部编号 Or. 15000/49，残卷，2.8×6.5，正面2行，背面3行。残余中间部分。文书残卷。可能与编号110是同一文书。正面第1行"姑娘"。藏文转写及注解见《英国国家图书馆斯坦因收集品中的新疆出土古藏文写本》，第35页；汉译《英国收藏新疆出土古藏文文书选译》，第101页。

110. 拉乃巴致萨古书残卷

斯坦因原编：M. Tagh. a. Ⅰ.09.，英国国家图书馆东方文献部编号 Or. 15000/50，残卷，3×11.3，正面 3 行，背面 3 行。疑是残余右上部分。书信残卷，可能与编号 109 是同一书信，系拉乃巴（bla nas pas）致萨古（sal gu）书信的一部分。藏文转写及注解见《英国国家图书馆斯坦因收集品中的新疆出土古藏文写本》，第 35 页；汉译《英国收藏新疆出土古藏文文书选译》，第 102 页。

111. 文书残卷

斯坦因原编：M. Tagh. a. Ⅰ.10.，英国国家图书馆东方文献部编号 Or. 15000/51，残卷，4.7×5.2，正面 5 行，背面 4 行。残余右上角。背面可见一圆形朱砂印章。正面第 2 行可见"我""福气"；正面第 4 行有"吃""毒"等词。藏文转写及注解见《英国国家图书馆斯坦因收集品中的新疆出土古藏文写本》，第 36 页。

112. 文书残卷

斯坦因原编：M. Tagh. a. Ⅰ.11.，英国国家图书馆东方文献部编号 Or. 15000/52，残卷，3.5×5.5，正面 1 行，背面于阗文 1 行（？）。残余中间部分。第 1 行隐约可见"蛇年或猴年春"（]l gI lo vi dbyid）。背面的两个字母稍许清晰，可能是于阗文。藏文转写及注解见《英国国家图书馆斯坦因收集品中的新疆出土古藏文写本》，第 36 页。

113. 某人致散桑书信残卷

斯坦因原编：M. Tagh. a. Ⅰ.12.，英国国家图书馆东方文献部编号 Or. 15000/53，残卷，3.5×7.3，正面 3 行，背面空白。书信残卷，残余上面部分。正面第 1 行中的"散桑"（san bzang）是收件人之一。藏文转写及注解见《英国国家图书馆斯坦因收集品中的新疆出土古藏文写本》，第 36 页。

114. 文书残卷

斯坦因原编：M. Tagh. a. Ⅰ.13.，英国国家图书馆东方文献部编号 Or. 15000/54，残卷，3.7×3，正面 1 行，背面 1 行（？）。右边部分是小的残片。正面仅有两个音节，非常模糊。背面有一个音节。见《英国国家图书馆斯坦因收集品中的新疆出土古藏文写本》，第 36 页。

115. 契约残卷

斯坦因原编：M. Tagh. a. Ⅰ.0024.，英国国家图书馆东方文献部编号

Or. 15000/55, 残卷, 5×6, 正面 3 行, 背面空白。可能是一份契约的中间部分。仅残留有一些互不关联的音节。正面第 2 行可见"手"。藏文转写及注解见《英国国家图书馆斯坦因收集品中的新疆出土古藏文写本》, 第 37 页。

116. 文书残卷

斯坦因原编: M. Tagh. a. Ⅰ. 0025., 英国国家图书馆东方文献部编号 Or. 15000/56, 残卷, 3.8×3.5, 正面 1 行, 背面空白。小残片, 保留上面部分, 仅残留有个别音节。藏文转写及注解见《英国国家图书馆斯坦因收集品中的新疆出土古藏文写本》, 第 37 页。

117. 文书残卷

斯坦因原编: M. Tagh. a. Ⅰ. 0026., 英国国家图书馆东方文献部编号 Or. 15000/57, 残卷, 2.7×9, 正面 3 行, 背面 2 行。残余中间部分。正面第 1 行提到"每季首月"（sla ra ba）。背面是另一不完整的文书。藏文转写及注解见《英国国家图书馆斯坦因收集品中的新疆出土古藏文写本》, 第 37 页。

118. 书信残卷

斯坦因原编: M. Tagh. a. Ⅰ. 0027., 英国国家图书馆东方文献部编号 Or. 15000/58, 残卷, 5.5×13, 正面 4 行, 背面 1 行。大概是一封书信的正面部分, 仅有个别音节清楚。正面第 4 行似乎是书信的最后一行。底部边缘有一模糊的朱砂印记。背面是一封书信的问候语, 字迹潦草。藏文转写及注解见《英国国家图书馆斯坦因收集品中的新疆出土古藏文写本》, 第 37 页。

119. 文书残卷

斯坦因原编: M. Tagh. a. Ⅰ. 0028., 英国国家图书馆东方文献部编号 Or. 15000/59, 残卷, 6.8×5.1, 正面 5 行, 背面空白。残余中间部分。藏文转写及注解见《英国国家图书馆斯坦因收集品中的新疆出土古藏文写本》, 第 38 页。

120. 文书残卷

斯坦因原编: M. Tagh. a. Ⅰ. 0029., 英国国家图书馆东方文献部编号 Or. 15000/60, 残卷, 8.7×12, 正面 6 行, 背面空白。残余中间部分。仅有一些不关联的音节。正面第 2 行"手和头"可辨认。藏文转写及注解见

《英国国家图书馆斯坦因收集品中的新疆出土古藏文写本》，第 38 页。

121. 某人致邦让玉斯书信残卷

斯坦因原编：M. Tagh. a. Ⅰ.0030.，英国国家图书馆东方文献部编号 Or. 15000/61，残卷，6.8×14.5，正面 6 行，背面 4 行。书信残卷，残余左边部分。是一封写给"邦让玉斯"（pang ra g. yu zigs）的书信。正面第 3 行提到另一个人名"热录班"（red klu pan），第 5 行提到"侍从"（ldang sogs）。背面似乎是正面书信的继续，背面第 4 行"送走"可能是结束语。藏文转写及注解见《英国国家图书馆斯坦因收集品中的新疆出土古藏文写本》，第 38 页；汉译《英国收藏新疆出土古藏文文书选译》，第 102 页。

122. 于阗乡、部落及人员名册

斯坦因原编：M. Tagh. a，Ⅰ.0031.；英国国家图书馆东方文献部编号 Or. 15000/62，残卷，形制稀见；21×17；常见草写楷书 16 行，字残。提到的地名和乡有："突厥州"（dru gu cor）、"贝玛"（pevu mar）、"哈班"（ha ban）、"卓特"（dro tir）、"罗噶娘"（nos go nya）、"巴麻若娘"（bar mo ro nya）、"依隆"（byi nom）、"拉若娘"（las ro nya）、"达孜"（dar ci）；民族有"吐谷浑"（va zha），以及于阗人多名。英译见《有关西域的藏文文献与文书》第二卷，第 175 页；汉译《敦煌西域古藏文社会历史文献》第 154、155 页。藏文转写及注解见《英国国家图书馆斯坦因收集品中的新疆出土古藏文写本》第 39 页；汉译《英国收藏新疆出土古藏文文书选译》，第 29 页。

123. 文书残卷

斯坦因原编：M. Tagh. a. Ⅰ.0032.，英国国家图书馆东方文献部编号 Or. 15000/63，残卷，10×8，正面 6 行（？），背面空白；正面 2 行（？），背面空白。残片，破旧，很多地方被撕掉。仅有一些互不相关的词或音节，如"眼睛"（myig）、"大麦"（nas）等。见《英国国家图书馆斯坦因收集品中的新疆出土古藏文写本》，第 39 页。

124. 藏文、于阗文书信

斯坦因原编：M. Tagh. a. Ⅰ.0045.，《古代和田》图版 46，残卷，17.5×17.5，正面 1 行，背面（于阗文）8 行。第 1 行可能是背面于阗文书信的草稿或文牍的开头。第 2 行"nga"似乎被另一种笔迹改写过。"查安赞"（v［khra］nga rtsan）似乎是人名。背面是于阗文，见贝利《和田文文献》，第 5 卷第 386 页；《塞种（saka）文献Ⅱ》：LVII（LXX），以及《塞种（saka）文献Ⅲ：文书卷》：第 78 页。藏文转写及注解见《英国国家图书馆斯坦因收集品中的新疆出土古藏文写本》，第 39 页。

125. 付粮牒残卷

斯坦因原编：M. Tagh. a. Ⅰ.0046.，《古代和田》图版 45，残卷，8.5×9.5，正面 9 行，背面 3 行于阗文。有关粮食的经济文书。左下方缺失部分，可能为请求岸本（mngan）支付粮食的付粮牒。第 2 至第 6 行讲的是粮食的数量和会计的结算。其中，第三行提到了两对"鞋"或是两对"刀具"。第 9 行有类似"付讫"的语言。藏文转写及注解见《英国国家图书馆斯坦因收集品中的新疆出土古藏文写本》，第 40 页；汉译《英国收藏新疆出土古藏文文书选译》，第 80 页。

126. 文书残卷

斯坦因原编：M. Tagh. a. Ⅱ.0086.，英国国家图书馆东方文献部编号 Or.15000/64，残卷，13.6×6.2，正面 7 行，背面空白。残余左下部分。纸似乎被切成三角形。有"手""好""极为""文字"等词。藏文转写及注解见《英国国家图书馆斯坦因收集品中的新疆出土古藏文写本》，第 40 页。

127. 西琼致某人书信残卷

斯坦因原编：M. Tagh. a. Ⅱ.0087.，英国国家图书馆东方文献部编号 Or.15000/65，残卷，11×9.5，正面 6 行加印章，背面 1 行。书信残卷，残余中间部分，是一封来自"西琼"（phyi chung）的书信。背面的署名显示收件人的官名是"岸本"（mngan）。正面有一个模糊的正方形印记。藏文转写及注解见《英国国家图书馆斯坦因收集品中的新疆出土古藏文写本》，第 40 页；汉译《英国收藏新疆出土古藏文文书选译》，第 51 页。

128. 苯教文书残卷

斯坦因原编：M. Tagh. a. Ⅱ.0088.，英国国家图书馆东方文献部编号 Or.15000/66，残卷，23×21，正面 17 行，背面空白。疑为苯教文书。文书右上角和左下角似乎被斜切掉。正面第 12 行似乎意为"苯教（bon）的印记"，"苯教"（bon）在正面第 16 行中再次出现。正面第 13 中有"旅行衣物"。背面被染成红色，红墨水浸透到正面文书边缘。藏文转写及注解见《英国国家图书馆斯坦因收集品中的新疆出土古藏文写本》，第 41 页。

129. 占卜文书残卷

斯坦因原编：M. Tagh. a. Ⅱ. 0089.，英国国家图书馆东方文献部编号
Or. 15000/67，残卷，14.5 × 13.8，正面 12 行，背面空白。3 片文书粘贴
在一块儿。原文书可能更长。背面有骰子的印记，有 4 道划痕。正面第 2
至 4 行有"圣山"（lha ri）字样，第 7 ~ 8 行似乎提到"胜利之箭或野鸟不
知飞翔，如果不解困"；第 8 ~ 10 行的字是"知悉"。此卷可参照编号 138。
藏文转写及注解见《英国国家图书馆斯坦因收集品中的新疆出土古藏文写
本》，第 41 页；汉译《英国收藏新疆出土古藏文文书选译》，第 116 页。

130. 书信残卷

斯坦因原编：M. Tagh. a. Ⅱ. 0091.，英国国家图书馆东方文献部编号
Or. 15000/68，残卷，4.8 × 8.5，正面 4 行，背面 1 行。书信残卷，残存左
上角，是给"赤……大人"（jo co khri……）的信件的开头部分，背面可
能是落款，有"平安否……""哨兵……"等句。藏文转写及注解见《英
国国家图书馆斯坦因收集品中的新疆出土古藏文写本》，第 42 页。

131. 书信残卷

斯坦因原编：M. Tagh. a. Ⅱ. 0092.，英国国家图书馆东方文献部编号
Or. 15000/69，残卷，3.2 × 10，正面 2 行，背面空白。疑为书信，可能是
书信左上部分。可辨读"聂勒"（myes Legs），似乎是收信人名。藏文转写
及注解见《英国国家图书馆斯坦因收集品中的新疆出土古藏文写本》，第
42 页。

132. 书信残卷

斯坦因原编：M. Tagh. a. Ⅱ. 0093.，英国国家图书馆东方文献部编号
Or. 15000/70，残卷，7 × 10.5，正面 7 行，背面 3 行。疑为书信，残存中
下部分。纸薄，正面墨迹透到背面，难以辨读。有"聚集……""不
同……"等句。藏文转写及注解见《英国国家图书馆斯坦因收集品中的新
疆出土古藏文写本》，第 42 页。

133. 文书残卷

斯坦因原编：M. Tagh. a. Ⅱ. 0095.，英国国家图书馆东方文献部编号
Or. 15000/71，残卷，8 × 12，正面 6 行，背面 2 行。残余左下部分，可能
是第三种类型的书信，上部边缘似乎被保存下来。因纸张损坏、寄信人名
字遗失。正面第 2 行为"心情是否舒畅……"，正面第 6 行为一般的问候

语："长寿……健康……"背面为："致内大臣道大人……"藏文转写及注解见《英国国家图书馆斯坦因收集品中的新疆出土古藏文写本》，第43页。

134. 于阗乡、部落及人员名册

斯坦因原编：M. Tagh. a. Ⅱ.0096.，英国国家图书馆东方文献部编号 Or. 15000/72，残卷，形状不规则，最高15，最宽14，已褪色。常见草写楷书。正面12行，背面11行。是于阗部分乡、部落及人员的名单，其中提到的乡名称有："洛娘"（lo nya）、"德"（de）、"泽"（ts）、"巴莫若"（bar mo ro）、"悉若"（shir no）、"阿倭"（ho o）、"卓若"（phro nyo）、"班布多"（phun bu do）、"班若娘"（pan ro nya）、"雪素娘"（sho zho nya）、"苏朵"（su dor）、"哈罗娘"（has lo nya）、"墨萨力"（me zha li）。部落名称有："仲巴"（vgrom pa）、"局巴"（gcom pa）、"叶尔羌"（gyar skyang）、"真霞萨拉措湖"（vdzind byar sar lha mtsho），以及属于这些乡、部落的于阗人名单。英译见《有关西域的藏文文献与文书》第二卷，第171、172页；汉译《敦煌西域古藏文社会历史文献》第152页。《敦煌西域出土古藏文契约文书》"文献"第43页。藏文转写及注解见《英国国家图书馆斯坦因收集品中的新疆出土古藏文写本》第43页；汉译《英国收藏新疆出土古藏文文书选译》，第36～37页。

135. 书信残卷

斯坦因原编：M. Tagh. a. Ⅱ.0096. a.，英国国家图书馆东方文献部编号 Or. 15000/73，残卷，5×8.5，正面4行，背面空白。疑系书信，残留中间部分。正面第1行有"神山"（shing shan）地名。藏文转写及注解见《英国国家图书馆斯坦因收集品中的新疆出土古藏文写本》，第44页。

136. 马匹伤人法律文书残卷

斯坦因原编：M. Tagh. a. Ⅱ.0097.，英国国家图书馆东方文献部编号 Or. 15000/74，残卷，9.3×13，正面10行，背面6行，有印记一枚。法律文书。正面文书残留左半边，看来是有关马匹踢人引起的伤害事件，其中涉及"羌巴部落"（pying bavi sde）的"库拉泽"（khu lha vtse），以及"伺马者"（rta rogs）等。背面残留的右角为另一件文书，很明显是前件文书的再利用。第2行提到了"骆驼驭者"（rnga mo pa）；第3行提到了盖印（rgya rtags）；第6行和第7行提到了送来一枚私人印信（sug rgya）和证物（dan rtags）；第 6 行之下有一通圆形朱砂印记。藏文转写及注解见《英国国家图书馆斯坦因收集品中的新疆出土古藏文写本》，第 44 页；汉译《英国收藏新疆出土古藏文文书选译》，第 83～84 页。

137. 道斯致旆巴穆祖书残卷

斯坦因原编：M. Tagh. a. Ⅱ.0098.，英国国家图书馆东方文献部编号 Or.15000/75，残卷，3.5×28.3，正面 4 行，背面 2 行，有印记一枚。书信类文书。正面残留左上半部，是道斯（stag zigs）给旆巴穆祖（btshan ba mu tsug）的一封信，第二行的录松（llu srong）可能是寄信人的长兄。背面的落款处盖有两通朱砂印记。藏文转写及注解见《英国国家图书馆斯坦因收集品中的新疆出土古藏文写本》，第 45 页；汉译《英国收藏新疆出土古藏文文书选译》，第 103 页。

138. 占卜文书残卷

斯坦因原编：M. Tagh. a. Ⅱ.0099.，英国国家图书馆东方文献部编号 Or.15000/76，6.5×14.3，10×18.2，正面 6 行，背面 2 行。占卜文书。两个残片有同样的编码。据富兰克介绍，原文最初被连接一体，但其内容关系存疑。可能出自同一人笔迹，不是同一文书。较小的残片（文书 A）谈到以食品来镇威，如血、食油等；较大的残片（文书 B）包括一些小圆圈，可能是骰子组合成的占卜。背面文书，字迹漫漶不可读。藏文转写及注解见《英国国家图书馆斯坦因收集品中的新疆出土古藏文写本》，第 45 页。

139. 杨斯致侄儿马桑书

斯坦因原编：M. Tagh. a. Ⅱ.00100.，英国国家图书馆东方文献部编号 Or.15000/77，完整，5.6×28.7，正面 5 行，背面 4 行。书信类文书。正面是一封"杨斯"（yang zigs）写给其侄儿"马桑"（ma bzang）的完整的信，笔迹已经模糊，尤其是第 3 行到第 5 行。背面是另一封笔迹不同的信，写信者为"道桑"（stag bzang），收信者为"尚·偶嘉姜"（zhang thig rgyal vjams）。右边和底边已缺失，表明背面的信要早于正面。藏文转写及注解见《英国国家图书馆斯坦因收集品中的新疆出土古藏文写本》，第 46 页；汉译《英国收藏新疆出土古藏文文书选译》，第 104 页。

140. 马匹买卖契约残卷

斯坦因原编：M. Tagh. a. Ⅱ.00101.；英国国家图书馆东方文献部编号 Or.15000/78，残卷，7×28.5，正面 3 行草写楷书，有印记一枚，背面 1

行。是一件关于"仲·芒波杰"（vbrom mang po jie）的马匹患病的证明，有关人员为"尚·洛鲁金"（zhang slo kl［u］sbyin），证明人有守备长（dphung dpon）道道杰（stag stag rje）等。英译见《有关西域的藏文文献与文书》第二卷，第 303～304 页；汉译《敦煌西域古藏文社会历史文献》第 262 页。藏文转写及注解见《英国国家图书馆斯坦因收集品中的新疆出土古藏文写本》，第 46 页；汉译《英国收藏新疆出土古藏文文书选译》，第 84 页。

141. 致大人道某某书残卷

斯坦因原编：M. Tagh. a. Ⅱ. 00102.，英国国家图书馆东方文献部编号 Or. 15000/79，残卷，10.5×13.3，正面 9 行，背面 7 行，有印记一枚。书信类文书。正面与背面看来出自同一手笔，但内容不同。正面的笔迹已较难辨认，并有部分破损，仅第 1 到第 4 行部分文字可读，像是一封信的开头。收信人可辨认出"大人道某某"（jo co stag）云云。背面更残，为另一封信，落款已经因纸张残破而不见，第 2 行提到了"山驿"（ri zug），第 5 行提到了"斥候"（so pa）。藏文转写及注解见《英国国家图书馆斯坦因收集品中的新疆出土古藏文写本》，第 47 页；汉译《英国收藏新疆出土古藏文文书选译》，第 104～105 页。

142. 某人致内务官论嘉协书信残卷

斯坦因原编：M. Tagh. a. Ⅱ. 00102. b.，英国国家图书馆东方文献部编号 Or. 15000/80，残卷，21×10.5，正面 11 行，背面 8 行。书信类文书，残留左半边。字迹模糊，难以辨认。第 4 行和第 10 行出现"大麦"（nas）一词；第 8 行见到了"岸本"（mnagn）之类的官员名。背面可能为另一封信，是某人致"内务官论·嘉协"（nang rje po blon rgyal bzher）书信。此信由三段组成，每段的开头写有分隔线。藏文转写及注解见《英国国家图书馆斯坦因收集品中的新疆出土古藏文写本》，第 47 页；汉译《英国收藏新疆出土古藏文文书选译》，第 52 页。

143. 文书残卷

斯坦因原编：M. Tagh. a. Ⅱ. 00103.，英国国家图书馆东方文献部编号 Or. 15000/81，残卷，4.2×12.5，正面 3 行，背面空白。文书残卷，残存右上角。正面第 1 行的 shi khu zigs 可能是一个叫"希库斯"（shi khu. zigs）的汉人。藏文转写及注解见《英国国家图书馆斯坦因收集品中的新疆出土古藏文写本》，第48页。

144. 谷物文书残卷

斯坦因原编：M. Tagh. a. Ⅱ. 00104.，英国国家图书馆东方文献部编号 Or. 15000/82，残卷，30×13，正面17行。有关粮食的书信类文书，残留的左半部可能是一封信。纸张严重受损，有多处缺失；部分字迹模糊，难以辨认，只能推测其大意。第1行可能为人名"莽协"（rmang bzher），其后的内容涉及粮食的单位，如第4行的"两驮"（khal gnyis）和第11行的"八升"（bre brgyad），以及第15行的"一牛驮"（phyugs kyi khal）等。藏文转写及注解见《英国国家图书馆斯坦因收集品中的新疆出土古藏文写本》，第48页；汉译《英国收藏新疆出土古藏文文书选译》，第105页。

145. 文书残卷

斯坦因原编：M. Tagh. a. Ⅱ. 00105.，英国国家图书馆东方文献部编号 Or. 15000/83，残卷，3.5×8.5，正面3行，背面空白。文书残卷，残留左边部分。正面第2行有文字"第一天"。藏文转写及注解见《英国国家图书馆斯坦因收集品中的新疆出土古藏文写本》，第48页。

146. 某人致内务官论勒协书残卷

斯坦因原编：M. Tagh. a. Ⅱ. 00108.，英国国家图书馆东方文献部编号 Or. 15000/84，残卷，8.5×13.2，正面9行，背面6行加反书1行。书信残卷。残存右边部分。正面主要为问候语。正面第5行的slebs是写信人名字的一部分。背面第16行似乎是正面书信的延续。背面反书1行是署名格式。收件人的名字是"内务官论·勒协"（nang rje po blon legs bzher）。藏文转写及注解见《英国国家图书馆斯坦因收集品中的新疆出土古藏文写本》，第49页。

147. 法律文书残卷

斯坦因原编：M. Tagh. a. Ⅱ. 00111.，英国国家图书馆东方文献部编号 Or. 15000/85，残卷，2.6×14.5，正面1行，背面2行。疑系法律文书。正面第1行似乎是说"判决之印已盖"，可能是判决书的末尾。藏文转写及注解见《英国国家图书馆斯坦因收集品中的新疆出土古藏文写本》，第49页。

148. 书信残卷

斯坦因原编：M. Tagh. a. Ⅱ. 00113.，英国国家图书馆东方文献部编号

Or.15000/86，残卷，4×10.5，正面2行，背面空白。书信残卷，残缺中间部分。藏文转写及注解见《英国国家图书馆斯坦因收集品中的新疆出土古藏文写本》，第49页。

149. 某人致赞波大人书信残卷

斯坦因原编：M. Tagh. a. Ⅱ.00114.，英国国家图书馆东方文献部编号Or.15000/87，残卷，3.5×9，正面2行，背面1行。书信残卷，残存左上角。是给"赞大人"……（jo co btsan……）的书信的开头。背面只有一个藏文文字的部分可辨读。藏文转写及注解见《英国国家图书馆斯坦因收集品中的新疆出土古藏文写本》，第50页。

150. 文书残卷

斯坦因原编：M. Tagh. a. Ⅱ.00116.，英国国家图书馆东方文献部编号Or.15000/88，残卷，1.5×7.2，正面1行，背面2行。文书残片，残存中间的一小部分。正面第1行"听到后保密"。背面第2行似乎提到1令又5张纸。藏文转写及注解见《英国国家图书馆斯坦因收集品中的新疆出土古藏文写本》，第50页。

151. 文书残卷

斯坦因原编：M. Tagh. a. Ⅲ.0025.，英国国家图书馆东方文献部编号Or.15000/89，残片，存正面1行，背面空白。现在该残片遗失，弗兰克的记录说为一文书的小残片，残余1行的部分，仅一边有文字，为"va sangv"一词，可能是人名。见《英国国家图书馆斯坦因收集品中的新疆出土古藏文写本》，第50页。

152. 布噶上神山于阗官吏书

斯坦因原编：M. Tagh. a. Ⅲ.0062.，英国国家图书馆东方文献部编号Or.15000/90，完整，16×28.5，楷书，正面8行，清晰，书写工整。是"于阗人布噶"（li bu god）致"神山于阗官吏"（shing shan li mngan）的请愿信。内容涉及在"桑地"（sang）征集大麦的事件，称征集大麦遇到麻烦，请求发出严厉的通知，转运从某些人家征收来的大麦。信中提到"和尚""于阗""神山庄园""升"等名词。英译见《有关西域的藏文文献与文书》第二卷，第209、210页；汉译《敦煌西域古藏文社会历史文献》，第180、181页。藏文转写及注解见《英国国家图书馆斯坦因收集品中的新疆出土古藏文写本》，第50页。

153. 某庄园呈塔桑阁下书

斯坦因原编：M. Tagh. a. Ⅲ. 0063.，英国国家图书馆东方文献部编号 Or. 15000/91，完好，28×8。草写楷书正面 5 行，字小，部分不清；反面 3 行，笔迹不同。文书是来自 6 个庄园面呈塔桑阁下的请愿书，主要内容涉及从"羌若"（skyang ro）送来 3 袋又 11 捆什物，以及这个传令兵的身份。涉及的内容有："纳"（nag）平原，一个"波噶"（phod kar）标记，4 个士兵的粮食标准等。背面第 1 行为一件不同的文书，提到于阗"都城"（vu ten）和尚"洛若尚勒"（nog ro zhang legs）的一位男性亲属，叫"孙波色勒"（sum pa gsas slebs），被送往尚论处受审查。英译见《有关西域的藏文文献与文书》第二卷，第 241 页；汉译《敦煌西域古藏文社会历史文献》，第 207、208 页。藏文转写及注解见《英国国家图书馆斯坦因收集品中的新疆出土古藏文写本》，第 51 页；汉译《英国收藏新疆出土古藏文文书选译》，第 20 页。

154. 勒赞呈论列桑大人书

斯坦因原编：M. Tagh. a. Ⅲ. 0064.，英国国家图书馆东方文献部编号 Or. 15000/92，完整，3.5×27.5。正面 3 行清晰的楷书体，一枚印记。是"勒赞"（legs tshan）呈"论·列桑大人"（jo cho blon lig bzang）的一封信。信中，勒赞问候论·列桑大人身体健康，并呈上五卷纸。英译见《有关西域的藏文文献与文书》第二卷，第 383 页；汉译《敦煌西域古藏文社会历史文献》第 331 页。藏文转写及注解见《英国国家图书馆斯坦因收集品中的新疆出土古藏文写本》，第 51 页；汉译《英国收藏新疆出土古藏文文书选译》，第 70 页。

155. 录孜呈神山内务官夫人赤玛类书

斯坦因原编：M. Tagh. a. Ⅲ. 0065.，英国国家图书馆东方文献部编号 Or. 15000/93，残卷，12.5×28.5，常见楷书，正面 8 行，背面 1 行加倒书 1 行，字大。是"录孜"（klu gzigs）呈"神山"（shing shan）内务官夫人"赤玛类"（khri ma lod）的申诉信。内容涉及神山的粮食纠纷及裁决情况；并称如蒙允许，将送来礼品等。英译见《有关西域的藏文文献与文书》第二卷，第 207 页；汉译《敦煌西域古藏文社会历史文献》第 179 页。藏文转写及注解见《英国国家图书馆斯坦因收集品中的新疆出土古藏文写本》，第 51 页；汉译《英国收藏新疆出土古藏文文书选译》，第 56 页。

156. 经济文书残卷

斯坦因原编：M. Tagh. a. Ⅲ.0066.，英国国家图书馆东方文献部编号 Or. 15000/94，残卷，10.5×13，正面 5 行，背面为空白。可能是经济方面的文书，残余中间部分。正面第 2 行提到"白天黑夜"；第 3、4 行似乎提到"在某个时间里如果他没有去"；第 5 行为"运送"；左下角处有一红色线条。藏文转写及注解见《英国国家图书馆斯坦因收集品中的新疆出土古藏文写本》，第 52 页。

157. 喀咙致某大人书残卷

斯坦因原编：M. Tagh. a. Ⅲ.0067.，英国国家图书馆东方文献部编号 Or. 15000/95，残卷，11.5×17.5，正面 7 行，背面 1 行，另倒书 1 行。书信类文书。残留的右半部是"喀咙"（khar long）致"大人嘉某某"（jo co rgya）的一封信。第 2 行提到专门给"节度使"（khrom）送信的人被派往"俄南细"（rngo nam shi）。第 7 行大概是说请将某物送至官吏"萨波"（spa）处。背面 1 行为落款署名。藏文转写及注解见《英国国家图书馆斯坦因收集品中的新疆出土古藏文写本》，第 52 页；汉译《英国收藏新疆出土古藏文文书选译》，第 15 页。

158. 书信残卷

斯坦因原编：M. Tagh. a. Ⅲ.0068.，英国国家图书馆东方文献部编号 Or. 15000/96，残卷，7.5×13.5，正面 6 行。残存书信的左半部分，收、寄信人的姓名及地址可能在残缺的部分上，是一封下级写给上级的书信或报告。藏文转写及注解见《英国国家图书馆斯坦因收集品中的新疆出土古藏文写本》，第 52 页；汉译《英国收藏新疆出土古藏文文书选译》，第 106 页。

159. 书信残卷

斯坦因原编：M. Tagh. a. Ⅲ.0069.，英国国家图书馆东方文献部编号 Or. 15000/97，残卷，9×7.5，正面 4 行，倒书 1 行，背面空白。中间部分可能是草稿，字迹模糊，倒 1 行可能是涂鸦。藏文转写及注解见《英国国家图书馆斯坦因收集品中的新疆出土古藏文写本》，第 53 页。

160. 党童致勒赤大人书残卷

斯坦因原编：M. Tagh. a. Ⅲ.0070.，英国国家图书馆东方文献部编号 Or. 15000/98，残卷，8.5×28，正面 7 行。书信类文书。是"党童"写给

"勒赤大人"（jo co legs kri）等 14 人的一封信。第 3、第 4 行属于一般的问候语，其中提到"芒赞"（mang brtsan）和"勒囊"（legs snang）身体有恙。第 6 行提到了"汉棉"（rgyav ras）和"生棉"（rgyu ras）。以下缺失。藏文转写及注解见《英国国家图书馆斯坦因收集品中的新疆出土古藏文写本》，第 53 页；汉译《英国收藏新疆出土古藏文文书选译》，第 71 页。

161. 有关丝绸的文书残卷

斯坦因原编：M. Tagh. a. Ⅲ. 0071.，英国国家图书馆东方文献部编号 Or. 15000/99，残卷，8×7.5，正面 4 行，背面空白。残余中间偏右部分。残卷中两次提到"绸缎"（men tri）。正面第 3 行提到了时间，第 4 行出现的一个词"vam gra"，可能是汉字"押衙"的藏文音译。藏文转写及注解见《英国国家图书馆斯坦因收集品中的新疆出土古藏文写本》，第 53 页。

162. 有关神山守备长的文书残卷

斯坦因原编：M. Tagh. a. Ⅲ. 0072.，英国国家图书馆东方文献部编号 Or. 15000/100，残卷，4×9.8，正面 1 行，背面 1 行。残余左边部分。正面第 1 行似乎提到在"神山"（shing shan）的"守备长"（dgra dpon）。文献背面较低处可能是藏文字母。藏文转写及注解见《英国国家图书馆斯坦因收集品中的新疆出土古藏文写本》，第 53 页。

163. 文书残卷

斯坦因原编：M. Tagh. a. Ⅲ. 0073.，英国国家图书馆东方文献部编号 Or. 15000/101，残卷，5.5×28.5，正面 3 行，背面 1 行。文书。此文书止于第 3 行的中间，表明这是一件草稿。第 1 至第 3 行大意是说：春三月之首日，应下人"科夏"（khor zhag）之请，"守备长赞巴"（dgra blon btsan ba）派遣"娘·拉通"（myang lho mthong）等一行人前来。背面仅标注了一件文书的开始符号。藏文转写及注解见《英国国家图书馆斯坦因收集品中的新疆出土古藏文写本》，第 54 页；汉译《英国收藏新疆出土古藏文文书选译》，第 58 页。

164. 于阗部落和乡人员名单残卷

斯坦因原编：M. Tagh. a. Ⅲ. 0074.，英国国家图书馆东方文献部编号 Or. 15000/102，残卷，8.3×5.5，正面 9 行，残留右半部分，是一件于阗某地区"部落"（sde）和"乡"（tshar）的人员名单，如：吐蕃人"娘·库潘"（myang khu vphan）、于阗人"魏讷萨"（wi ne sa）等。英译见《有关西域的藏文文献与文书》第二卷,第176页;汉译《敦煌西域古藏文社会历史文献》第156页。藏文转写及注解见《英国国家图书馆斯坦因收集品中的新疆出土古藏文写本》,第54页;汉译《英国收藏新疆出土古藏文文书选译》,第4页。

165. 任努安致某大人书信残卷

斯坦因原编:M. Tagh. a. Ⅲ. 0075.,英国国家图书馆东方文献部编号Or. 15000/103,残卷,5.5×26,正面5行,背面空白。是一封任努安(rind nyu an)致"大人"(jo bo)的信件,右下部分被撕毁,保留下来的大多是由印版印出的问候语。藏文转写及注解见《英国国家图书馆斯坦因收集品中的新疆出土古藏文写本》,第54页。

166. 有关神山马匹的文书残卷

斯坦因原编:M. Tagh. a. Ⅲ. 0076.,英国国家图书馆东方文献部编号Or. 15000/104,残卷,5.5×17.8,正面2行,背面空白。残余长方形纸条的右半部分。正面第1行提到日期和"神山"(shin shan)的"马匹",而"mo"可能为"占卜"之意;正面第2行似乎提到"来自于阗(li)的一匹马"。文书写到正面第2行中间部分结束,表明此乃草稿。藏文转写及注解见《英国国家图书馆斯坦因收集品中的新疆出土古藏文写本》,第55页。

167. 书信残卷

斯坦因原编:M. Tagh. a. Ⅲ. 0077.,英国国家图书馆东方文献部编号Or. 15000/105,残卷,5.5×9,正面3行,背面空白。书信残卷,存下中间部分。第1行的"rmang"大概是写信人名字的一部分。第3行的"布哈"(bu har)可能是另一个人的名字。藏文转写及注解见《英国国家图书馆斯坦因收集品中的新疆出土古藏文写本》,第55页。

168. 书信残卷

斯坦因原编:M. Tagh. a. Ⅲ. 0078.,英国国家图书馆东方文献部编号Or. 15000/106,残卷,3×16.3,正面2行,背面空白。残余下面部分。正面第2行是问候语"平安否?"。残卷大概是字迹潦草的书信草稿。藏文转写及注解见《英国国家图书馆斯坦因收集品中的新疆出土古藏文写本》,第55页。

169. 图画残卷

斯坦因原编:M. Tagh. a. Ⅲ. 0079.,英国国家图书馆东方文献部编号

Or. 15000/107，3.2×4.3。图画残卷。用红色线条画的图画。与编号323
文献背面相似。见《英国国家图书馆斯坦因收集品中的新疆出土古藏文写
本》，第 55 页。

170. 文书残卷

斯坦因原编：M. Tagh. a. Ⅲ.0081.，英国国家图书馆东方文献部编号
Or. 15000/108，残卷，6×7，正面 4 行加封印，背面空白。残余中间部分。
残片显示文献顶部可能是一个圆形的朱砂印章。第 3 行"这样不好……"。
藏文转写及注解见《英国国家图书馆斯坦因收集品中的新疆出土古藏文写
本》，第 73 页。

171. 文书残卷

斯坦因原编：M. Tagh. a. Ⅲ.0082.，英国国家图书馆东方文献部编号
Or. 15000/109，残卷，4.2×7，正面 3 行，背面空白。残余上部分。正面
第 1 行提到"新手"一词。藏文转写及注解见《英国国家图书馆斯坦因收
集品中的新疆出土古藏文写本》，第 56 页。

172. 文书残卷

斯坦因原编：M. Tagh. a. Ⅲ.0083.，英国国家图书馆东方文献部编号
Or. 15000/110，残卷，3×6，正面 1 行，背面可能为 2 行，仅有 1 行部分
字母可以辨读，包括"rgyos"，意为"交合"。背面有部分可清晰辨认，如
"二"（gnyis）等字。藏文转写及注解见《英国国家图书馆斯坦因收集品
中的新疆出土古藏文写本》，第 56 页，。

173. 马年冬契约残卷

斯坦因原编：M. Tagh. a. Ⅳ.0026.，英国国家图书馆东方文献部编号
Or. 15000/111，残卷，9.3×28，正面 5 行，背面 4 行，倒书 1 行。文书，
契约（？）。正面和背面的文书出于同一手笔，但可能为两件不同的契约，
且均止于纸张的中部。契约涉及的时间是"马年冬十月"，涉及"巡吏巴
特"（tsugs dpon spal vthi），以及"桑德杰美"（bzang sde rgya myes），物品
为"箭"（mdevu）。背面提到的地名有"美垅"（me long）、斥候（so pa）
"噶若曼"（ga rod rman）和"波当仁美"（po dang ring rme）等，最后一
行的右边有一部分清晰的手印。藏文转写及注解见《英国国家图书馆斯坦
因收集品中的新疆出土古藏文写本》，第 56 页；汉译《英国收藏新疆出土
古藏文文书选译》，第 85 页。

174. 马年冬复论录扎书

斯坦因原编：M. Tagh. a. IV. 00121., 英国国家图书馆东方文献部编号 Or. 15000/112, 残卷, 10×28, 完好。楷书正面 4 行, 潦草, 是对马年冬 "论·录扎"（blon klu sgra）等在 "斜塘"（shel than）会上发出的来信的回复。内容涉及 "雅藏"（yang rtsang）部落的 "娘拉通"（myang lha mthong）向 "于阗王"（li rje）的士兵于阗人 "巴纳"（bat nag）索取利息, 要求其在该年冬十月二十三日交付丝绸两匹。英译见《有关西域的藏文文献与文书》第二卷, 第 190 页；汉译《敦煌西域古藏文社会历史文献》第 166、167 页。藏文转写及注解见《英国国家图书馆斯坦因收集品中的新疆出土古藏文写本》, 第 57 页；汉译《英国收藏新疆出土古藏文文书选译》, 第 40 页。

175. 某人致赤协等大人书

斯坦因原编：M. Tagh. a. IV. 00122., 英国国家图书馆东方文献部编号 Or. 15000/113, 残卷, 6.5×25, 草写楷书正面 5 行, 背面 6 行, 褪色并模糊。是 "扎一"（sgra—）写给 "赤协"（khri bzher）等大人的信, 报告自己正在途中, 要求给予几驮饮水, 以便献给城镇长官；要求收集羊毛、头发和粗毛, 为此支付一些粮食、酥油等作为佣金。提到的人名有："普日贡勒"（pu rig gung legs）、"潘赤"（vphan khri）、"衮频"（gum pin）等。英译见《有关西域的藏文文献与文书》第二卷, 第 190 页；汉译《敦煌西域古藏文社会历史文献》, 第 355、356 页。藏文转写及注解见《英国国家图书馆斯坦因收集品中的新疆出土古藏文写本》, 第 57 页；汉译《英国收藏新疆出土古藏文文书选译》, 第 72 页。

176. 尚勒致侄儿书信残卷

斯坦因原编：M. Tagh. a. IV. 00123., 英国国家图书馆东方文献部编号 Or. 15000/114, 残卷, 8.5×28, 正面 5 行, 背面 3 行。正面是一封署名 "尚勒"（zhang legs）致 "侄儿桑"（tsa bo bzang）的个人的信件, 后者可能是一个送货人, 他正将一件长袍送给 "协西通"（bzher phyi mthong）。背面的一封信出自 "香达恭"（gzhams zla gong）, 仅存最后 3 行。有迹象表明, 正面的书信书写时间晚于背面。藏文转写及注解见《英国国家图书馆斯坦因收集品中的新疆出土古藏文写本》, 第 58 页；汉译《英国收藏新疆出土古藏文文书选译》, 第 73 页。

177. 书信残卷

斯坦因原编：M. Tagh. a. Ⅳ. 00124.，英国国家图书馆东方文献部编号
Or. 15000/115，残卷，11.5×16.5，正面 10 行，背面 1 行。书信残卷。残
留的右半部是一封出自"潘玛"（pan rma）的信，事关贸易清算。第 5 行
出现了"丝绸"（men tri）等字样，第 7 行出现的"冬月十五"有可能是
付款的期限。背面仅有一字，与正面出自同一手笔，可能是落款或递送指
令的一部分。藏文转写及注解见《英国国家图书馆斯坦因收集品中的新疆
出土古藏文写本》，第 58 页；汉译《英国收藏新疆出土古藏文文书选译》，
第 74 页。

178. 某人致赤宁大人书残卷

斯坦因原编：M. Tagh. a. Ⅳ. 00125.，英国国家图书馆东方文献部编号
Or. 15000/116，残卷，8.8×14.5，正面 6 行，背面 6 行，一枚印记。书信
残卷。正面是一封致"赤宁大人"（jo co khri mnyen）和"赤协"（khri
bzher）的信的左上部。寄信人的名字因文书残缺不得而知。背面大概是一
封出自"潘勒"（vpan legs）的信的下半部，其中提到了"粟三升"（khre
bre gsum）。在靠近左下部的地方可见圆形朱砂印记的痕迹。藏文转写及注
解见《英国国家图书馆斯坦因收集品中的新疆出土古藏文写本》，第 59
页；汉译《英国收藏新疆出土古藏文文书选译》，第 74 页。

179. 朵同致某人书信残卷

斯坦因原编：M. Tagh. a. Ⅳ. 00126.，英国国家图书馆东方文献部编号
Or. 15000/117，残卷，12.5×14，正面 10 行，背面 2 行，倒书 1 行。书信
残卷。正面是一封出自"朵同"（mdo rton）的信的右上半部。背面大概出
自同一手笔，是信的落款部分。"芒喀"（mang khar）可能是地址。另有
一行在靠近底边的地方，但不可辨读。藏文转写及注解见《英国国家图书
馆斯坦因收集品中的新疆出土古藏文写本》，第 59 页；汉译《英国收藏新
疆出土古藏文文书选译》，第 107 页。

180. 仲热致某大人书残卷

斯坦因原编：M. Tagh. a. Ⅳ. 00127.，英国国家图书馆东方文献部编号
Or. 15000/118，残卷，9.5×21，正面 8 行，背面 1 行。书信残卷。是一封
出自"仲热"（sprang re）的信的上半部。第 3 行所见的 phran las 可读为
phrin las"公干"（敬辞），另见有"大人"（jo cho）。第 8 行可能是书信

的结尾。背面一行大概为落款署名。藏文转写及注解见《英国国家图书馆斯坦因收集品中的新疆出土古藏文写本》，第 60 页；汉译《英国收藏新疆出土古藏文文书选译》，第 107 页。

181. 扎勒斯致道赞协大人书

斯坦因原编：M. Tagh. a. Ⅳ. 00128.，英国国家图书馆东方文献部编号 Or. 15000/119，残卷，7.5×25，右侧及底端残。草写楷书，正面 7 行，背面 7 行，褪色，污迹严重。正面是"扎勒斯"（spra legs zigs）致"道赞协大人"（jo co stag stsang bzher）的信，提到了地名"萨毗"（tshal byi）和"朗达古镇"（slang sta gu khrom），长官"仲恐"（vdron kong）。背面是某人致"顿绛录祖"（stom kyang klu gtsu）等人的信，提及人名"贝蔡"（spe tsa）、"朗白勒"（rlang spe slebs）、"日赤"（ril khrid）等，以及剑数枚。英译见《有关西域的藏文文献与文书》第二卷，第 159、125 页；汉译《敦煌西域古藏文社会历史文献》，第 142～143 页，第 120 页。藏文转写及注解见《英国国家图书馆斯坦因收集品中的新疆出土古藏文写本》，第 60 页；汉译《英国收藏新疆出土古藏文文书选译》，第 21 页。

182. 勒桑致迥大人书残卷

斯坦因原编：M. Tagh. a. Ⅳ. 00129.，英国国家图书馆东方文献部编号 Or. 15000/120，残卷，6×12，正面 5 行，背面 5 行。契约残卷。中间部分是"勒桑"（legs bzang）致"迥大人"（jo co cung）的信。第 3 行提到"一两银钱"（dngul srang gcig）。背面笔迹不同，拼写较模糊，像一件契约文书的中上部。第 1 行可见"神山"（shing shan）之名；第 3 行提到了"六驮麦子"（gro khal drug）。背面的文书大概写于正面的书信之后。藏文转写及注解见《英国国家图书馆斯坦因收集品中的新疆出土古藏文写本》，第 61 页；汉译《英国收藏新疆出土古藏文文书选译》，第 9 页。

183. 有关丝绸的契约文书残卷

斯坦因原编：M. Tagh. a. Ⅳ. 00130.，英国国家图书馆东方文献部编号 Or. 15000/121，残卷，10.5×12，正面 8 行，背面空白。大概是借贷契约文书。有两个残片，可能是在整理时被粘贴在一起的，是贷款契约的右上部分。man dri 是 men dri 的另一种写法，可能是"丝绸"。正面第 5 行的"讷祖"（ne tsug）似乎是债务人的名字。藏文转写及注解见《英国国家图书馆斯坦因收集品中的新疆出土古藏文写本》，第 61 页；汉译《英国收藏新疆出土古藏文文书选译》，第 85 页。

184. 有关神山的文书残卷

斯坦因原编：M. Tagh. a. Ⅳ. 00131.，英国国家图书馆东方文献部编号 Or. 15000/122，残卷，6.2×15，楷书，正面 5 行，背面 1 行，清晰。内容涉及驻神山吐蕃军队的调集，提到的人名及地名有："道录协"（stag klu bzher）、"论·措桑"（blon mtsho bzang），"神山"（shing shan）、"约巴山"（yol ba ri），以及斥候（so pa）、骆驼兵（rnga po）等。英译见《有关西域的藏文文献与文书》第二卷，第 252 页；汉译《敦煌西域古藏文社会历史文献》第 217 页。藏文转写及注解见《英国国家图书馆斯坦因收集品中的新疆出土古藏文写本》，第 62 页；汉译《英国收藏新疆出土古藏文文书选译》，第 9 页。

185. 契约文书残卷

斯坦因原编：M. Tagh. a. Ⅳ. 00133.，英国国家图书馆东方文献部编号 Or. 15000/123，残卷，3×17.5，正面 2 行，反书 2 行，背面 2 行（?）。契约文书。残余左边下半部分，大概是契约的结尾部分，于阗人"库历"（ku li）可能是证人之一。右边有一较短的垂直线条，倒写的 2 行处可见一指印的部分。其余的倒书可能是另外的文书。背面有一些字母书写清晰可辨，如：…g、…gs。藏文转写及注解见《英国国家图书馆斯坦因收集品中的新疆出土古藏文写本》，第 62 页。

186. 拉热致某人书信残卷

斯坦因原编：M. Tagh. a. Ⅳ. 00134.，英国国家图书馆东方文献部编号 Or. 15000/124，残卷，3×9.5，正面 3 行，背面空白。残余中上部分。"拉热"（la re）似乎是寄信人的名字。正面第 2 行大意是"在一半士兵换防的时候"。藏文转写及注解见《英国国家图书馆斯坦因收集品中的新疆出土古藏文写本》，第 62 页。

187. 书信残卷

斯坦因原编：M. Tagh. a. Ⅳ. 00136.，英国国家图书馆东方文献部编号 Or. 15000/125，残卷，7×5.5，正面 4 行，背面空白。残余中下部分文书。正面第 2 行提到"书信"（mchid），第 3 行有"祝福"（smon lam）字样，第 4 行以下为空白。藏文转写及注解见《英国国家图书馆斯坦因收集品中的新疆出土古藏文写本》，第 63 页。

188. 莽通致贡协莽拉班书残卷

斯坦因原编：M. Tagh. a. Ⅳ. 00137.，英国国家图书馆东方文献部编号 Or. 15000/126，残卷，5×27，正面5行，背面空白。书信残卷。左上部是 "莽通"（rmang mthung）致 "贡协莽拉班"（gung bzher rmang la pan）的信。第2行 vo skol gnyis 意为 "我俩"，第3行见有一段口语 "请付给雇驴的佣金"。第3行与第4行看来是叙述将佣金带给某位 "内务官"（nang rje po）。藏文转写及注解见《英国国家图书馆斯坦因收集品中的新疆出土古藏文写本》，第63页；汉译《英国收藏新疆出土古藏文文书选译》，第52页。

189. 有关职官文书残卷

斯坦因原编：M. Tagh. a. Ⅳ. 00138.，英国国家图书馆东方文献部编号 Or. 15000/127，残卷，6×10，正面4行，背面空白。残余较低部分，字迹模糊不清。正面第2行 "巴托库泽"（[d] pal mtho sku tse）可能是人名，第4行的人名 "妥通"（stos thong）和官职 "俄本"（vog [p] on）比较清晰。见《英国国家图书馆斯坦因收集品中的新疆出土古藏文写本》，第63页。

190. 书信残卷

斯坦因原编：M. Tagh. a. Ⅳ. 00139.，英国国家图书馆东方文献部编号 Or. 15000/128，残卷，4.5×13.5，正面3行，背面空白。书信残卷，残余右上角。由于纸张损毁，落款署名不详，残余文字仅仅包括问候语等。第1行 "文中说：健康否……"，第2行 "我之所说：寄了一封信……"，第3行 "在此……"。藏文转写及注解见《英国国家图书馆斯坦因收集品中的新疆出土古藏文写本》，第63页。

191. 书信残卷

斯坦因原编：M. Tagh. a. Ⅳ. 00140.，英国国家图书馆东方文献部编号 Or. 15000/129，残卷，2.5×8，正面2行，背面空白。书信（?）。残余中间部分。正面第1行提到 "私印"（bdag sug rgya），第2行包括书信的问候语。藏文转写及注解见《英国国家图书馆斯坦因收集品中的新疆出土古藏文写本》，第64页。

192. 拉措致某人书信残卷

斯坦因原编：M. Tagh. a. Ⅳ. 00141.，英国国家图书馆东方文献部编号

Or.15000/130，残卷，3.5×8.5，每面均仅存开头两行，正面2行，背面
2行。书信残卷。正面是一封来自"拉措"（lha vtsho）的信。背面是另一
件文书，有3个人名清晰，分别是"当杰"（stangs sbyal）、"耶尼促"
（yas nyu tshu）、"卓东曲"（drum dung chud）。藏文转写及注解见《英国
国家图书馆斯坦因收集品中的新疆出土古藏文写本》，第64页；汉译《英
国收藏新疆出土古藏文文书选译》，第109页。

193. 某人致嘉吐热白青书信残卷

斯坦因原编：M. Tagh. a. Ⅳ.00142.，英国国家图书馆东方文献部编号
Or.15000/131，残卷，6.5×27，正面4行，背面1行。书信残卷，可能是
书信的上半部分，模糊不清。"嘉吐热白青"（rgyal to re dpal chu［ng?］）
似乎是收件人。其余出现的人名有"勒通"（legs mthong）、"赤协"（khri
bzher）、"芒扎"（mang sbra）、"潘让"（pan ra）。背面第1行大概是落款
署名。藏文转写及注解见《英国国家图书馆斯坦因收集品中的新疆出土古
藏文写本》，第64页。

194. 文书残卷

斯坦因原编：M. Tagh. a. Ⅳ.00143.，英国国家图书馆东方文献部编号
Or.15000/132，残卷，2.1×6.7，正面2行，背面空白。残余中下部分。
仅正面第2行清晰，如"那个时候一起""我寄去一封信"。藏文转写及注
解见《英国国家图书馆斯坦因收集品中的新疆出土古藏文写本》，第64页。

195. 书信残卷

斯坦因原编：M. Tagh. a. Ⅳ.00144.，英国国家图书馆东方文献部编号
Or.15000/133，残卷，2.5×10.8，正面4行，背面3行。残余中间部分。
两面笔迹相同。正面第1行有"虽好"等残句，第2行有"书信"字样，
第3行有"内务"（nang rje）字样，所见人名有："录桑"（klu bzang）、
"赞玛"（tsan ma）、"那拉"（sna lag）等。藏文转写及注解见《英国国家
图书馆斯坦因收集品中的新疆出土古藏文写本》，第65页；汉译《英国收
藏新疆出土古藏文文书选译》，第53页。

196. 书信残卷

斯坦因原编：M. Tagh. a. Ⅳ.00145.，英国国家图书馆东方文献部编号
Or.15000/134，残卷，6×5，正面4行，背面1行。残余中间部分，大概
是一封书信。"vbav shig"可能是人名或地名，估计是汉语音译。右角一短

垂直线条背面可能是书信的落款署名。正面第 1 行"无恙……",第 3 行"前后文……"。藏文转写及注解见《英国国家图书馆斯坦因收集品中的新疆出土古藏文写本》,第 65 页。

197. 书信残卷

斯坦因原编:M. Tagh. a. Ⅳ. 00146.,英国国家图书馆东方文献部编号 Or. 15000/135,残卷,c. 8 × c. 19,正面 6 行,背面空白。书信残卷,损坏严重,容易破碎。残余片断,仅正面第 3~6 行一些音节清晰。正面第 5 行 "bka myi" 可能是指"传递命令的人"。藏文转写及注解见《英国国家图书馆斯坦因收集品中的新疆出土古藏文写本》,第 65 页。

198. 某人致罗拉贝书信残卷

斯坦因原编:M. Tagh. a. Ⅳ. 00147.,英国国家图书馆东方文献部编号 Or. 15000/136,残卷,3 × 10,正面 2 行,背面 2 行。书信残卷,两面都相当模糊。正面似乎是一封寄给"罗拉贝"(lod lha dpal)的信。背面另一笔迹书写了两个人名,与正面笔迹不同,两处内容有交叉。藏文转写及注解见《英国国家图书馆斯坦因收集品中的新疆出土古藏文写本》,第 66 页。

199. 契约文书残卷

斯坦因原编:M. Tagh. a. Ⅳ. 00148.,英国国家图书馆东方文献部编号 Or. 15000/137,残卷,4.5 × 5.5,正面 2 行,背面空白。契约或法律文书,残余中间部分。正面第 1 行似乎是指"集会地"(vdun tsa)和它的"召集者"(las tsogs),第 2 行提到"正午"(gdugs),大概是契约或法律文书的开头部分。藏文转写及注解见《英国国家图书馆斯坦因收集品中的新疆出土古藏文写本》,第 66 页。

200. 芒仁支勒买马契残卷

斯坦因原编:M. Tagh. a. Ⅳ. 00149.,英国国家图书馆东方文献部编号 Or. 15000/138,残卷,7 × 17.5,正面 6 行。买卖契约残卷,残存中上部。第 1 行给出了参加"节都使"(khrom)会盟的官员的名字,如"论·玉协"(blon g. yu bzher)和"论·托杰"(blon thog rje)等。以下几行文字的内容,显示这是一件有关售卖一匹马的契约:当论·玉若等在会盟之时,"列斡嘉"(snyel vor rgyal)部落的"芒仁支勒"(mang ring rtsi slebs)买了一匹马。残见部分间断提到对某些违约的处罚,以及保人的名字等。有两个大的红点盖在文书的中部。英译见《敦煌西域出土的古藏文契约文书》第 290～291 页，汉译本第 319～320 页。藏文转写及注解见《英国国家图书馆斯坦因收集品中的新疆出土古藏文写本》，第 66 页；汉译《英国收藏新疆出土古藏文文书选译》，第 44 页。

201. 某人致录桑等书信残卷

斯坦因原编：M. Tagh. a. Ⅳ. 00151.，英国国家图书馆东方文献部编号 Or. 15000/139，残卷，5.2×11.5，正面 4 行，背面空白。残余书信的中间部分，收信人是"录桑"（klu bzang）和姐姐"祖德党杰"（gtsug ldem stang sbyal）。正面第 2 行是问候，第 4 行似乎是书信的结尾。藏文转写及注解见《英国国家图书馆斯坦因收集品中的新疆出土古藏文写本》，第 66 页；汉译《英国收藏新疆出土古藏文文书选译》，第 108 页。

202. 契约残卷

斯坦因原编：M. Tagh. a. Ⅳ. 00152.，英国国家图书馆东方文献部编号 Or. 15000/140，残卷，5×19，正面 2 行，背面空白；6×3.5，正面 2 行，背面空白；3.5×4.5，正面 2 行，背面空白；4×8，空白。3 个藏文残片，第 4 个空白。前面的两个残片显然是同一文书，但是没有能组成完整的短语。后面的残片包括两个圆形红色印记和手印的部分。所以，4 个残片可能属同一契约。见《英国国家图书馆斯坦因收集品中的新疆出土古藏文写本》，第 67 页。

203. 有关论赤协文书残卷

斯坦因原编：M. Tagh. a. Ⅳ. 00153.，英国国家图书馆东方文献部编号 Or. 15000/141，残卷，5×7，正面 3 行，背面空白。残余中上部分。仅存两个人名"论·赤协"（blon khri bzher）、"果胜"（ko sheng）。藏文转写及注解见《英国国家图书馆斯坦因收集品中的新疆出土古藏文写本》，第 67 页。

204. 康热巴致某人书残卷

斯坦因原编：M. Tagh. a. Ⅳ. 00154.，英国国家图书馆东方文献部编号 Or. 15000/142，残卷，9.2×9，正面 5 行，背面空白。书信残卷，残余右边较低部分或中间部分文书，落款"康热巴（kang rus pa）致"。正面第 1 行有人名"娘麦"（nyang smad），第 2 行看起来似乎是问候语，第 4 行有一处空白。藏文转写及注解见《英国国家图书馆斯坦因收集品中的新疆出土古藏文写本》，第 67 页；汉译《英国收藏新疆出土古藏文文书选译》，第 109 页。

205. 经济文书残卷

斯坦因原编：M. Tagh. a. IV. 00155.，英国国家图书馆东方文献部编号Or. 15000/143，残卷，5×11，正面5行。残存左半部，可能是一件经济文书。第1行记载的日期是"秋八月和秋九月"，第2行显示的地名为"神山"（shing shan），第3行提到了"农田都护"（zhing spyan）。藏文转写及注解见《英国国家图书馆斯坦因收集品中的新疆出土古藏文写本》，第67页；汉译《英国收藏新疆出土古藏文文书选译》，第58页。

206. 图画残卷

斯坦因原编：M. Tagh. a. IV. 00156.，英国国家图书馆东方文献部编号Or. 15000/144，残卷，7×31，画有若干马腿的残片，参见编号237。见《英国国家图书馆斯坦因收集品中的新疆出土古藏文写本》，第67页。

207. 某人致苏毗邦绰的书信残卷

斯坦因原编：M. Tagh. a. IV. 00158.，英国国家图书馆东方文献部编号Or. 15000/145，残卷，4.5×12.5，正面2行，背面1行。正面大概是一封书信的结尾。正面第2行似乎是说：向"苏毗邦绰"（sum pa pang kro）汇报。背面可能出自一封于阗官员的书信的开头，或可能是正面书信的落款署名。藏文转写及注解见《英国国家图书馆斯坦因收集品中的新疆出土古藏文写本》，第68页。

208. 文书残卷

斯坦因原编：M. Tagh. a. IV. 00159.，英国国家图书馆东方文献部编号Or. 15000/146，残卷，7.5×27，正面7行，背面6行，印鉴一枚。同一个文书的正反面。写本的开始（正面的上缘）和结束（反面的下边缘）已被撕裂，官号"岸本"（mngan）和"丝绸"（men tri）均见于第3行。第4、第5行说："此背心和毛毯应交付给于阗王的士兵。"背面有3枚或更多的朱砂印章。藏文转写及注解见《英国国家图书馆斯坦因收集品中的新疆出土古藏文写本》，第68页。

209. 拉拉顿致某人书

斯坦因原编：M. Tagh. a. IV. 00160.；英国国家图书馆东方文献部编号Or. 15000/147，残卷，7×27，有污渍，正面6行，反面5行（非常模糊），方形楷书，是"拉拉顿"（lha la rton）致某人的信件。在通常的问候语之后，提到送上纸张作为礼品，并让"道协库"（stag bzher khu）送去打火镰。信中还提到了"斥侯"（so pa）。背面是一封"泽吾"（stse bu）致某人的书信，因文书残缺而内容不详，提到的人名有"落扎热道"（glo vbra reg btag）、"巴布迈巴"（pa bov mas pa）。英译见《有关西域的藏文文献与文书》第二卷，第 383 页；汉译《敦煌西域古藏文社会历史文献》第 332 页。藏文转写及注解见《英国国家图书馆斯坦因收集品中的新疆出土古藏文写本》，第 69 页；汉译《英国收藏新疆出土古藏文文书选译》，第 75 ~ 76 页。

210. 契约文书

斯坦因原编：M. Tagh. a. Ⅳ. 00161.，英国国家图书馆东方文献部编号 Or. 15000/148，残卷，4.5 × 7.2，正面 5 行，背面 3 行。残余中间部分。正面第 3 行提到"诉讼案件"，但因文书残破，难以进一步识别。背面有两三行残文书，似乎与正面文书是同一笔迹。除了部分语音，难以识别。藏文转写及注解见《英国国家图书馆斯坦因收集品中的新疆出土古藏文写本》，第 69 页。

211. 文书残卷

斯坦因原编：M. Tagh. a. Ⅳ. 00163.，英国国家图书馆东方文献部编号 Or. 15000/149，残卷，2.5 × 3.7，正面 2 行，背面 2 行中文。正面有两行藏文，仅能拼读出一个人名"措桑"（mtsho bzang）。背面大概有 6 个中文字，但是仅有两字"为"和"念"是清晰的。背面大概是某类佛经。藏文转写及注解见《英国国家图书馆斯坦因收集品中的新疆出土古藏文写本》，第 69 页。

212. 杜敦克致尚论赤协书

斯坦因原编：M. Tagh. a. Ⅴ. 0015.，英国国家图书馆东方文献部编号 Or. 15000/150，残卷，26.5 × 15，常见楷书，正面 21 行，反面 2 行。信的内容主要涉及"于阗都城"（vu ten）地区目前的形势，以及修筑"贝峰"（pevu rtse）的士兵患病的情况。涉及的地名有"旭昂"（zhugs ngam）、"录通"（klu mtong），人名和职官名有："尚论·赤协"（zhang blon khri bzher）、"内务官拉桑"（nang rje po lha bzang）、家奴"甲古古日赞"（rkya rgu gu rib tran）、部落民"娘张潘卓"（nya gram vphan brod）等。英译见《有关西域的藏文文献与文书》第二卷，第 223 页；汉译《敦煌西域古藏文社会历史文献》第 193 页。藏文转写及注解见《英国国家图书馆斯

69

坦因收集品中的新疆出土古藏文写本》，第70页；汉译《英国收藏新疆出土古藏文文书选译》，第17～18页。

213. 文书残卷

斯坦因原编：M. Tagh. a. V. 0016.，英国国家图书馆东方文献部编号Or. 15000/151，残卷，6×6，正面5行，背面空白。残余右边部分。残留一些人名如："拉协"（lha bzher）、"赞斯"（brtsan zigs）、"芒威"（mang vod）等，清晰可见。正面第3行有一红色痕迹，大概是朱砂印章。藏文转写及注解见《英国国家图书馆斯坦因收集品中的新疆出土古藏文写本》，第70页；汉译《英国收藏新疆出土古藏文文书选译》，第86页。

214. 经济文书残卷

斯坦因原编：M. Tagh. a. V. 0017.，英国国家图书馆东方文献部编号Or. 15000/152，残卷，10×11，正面10行，背面2行（？）。经济文书残卷、书信残卷。残留中部，可见地名，如"神山"（shing shan）、"于阗都城"（vu ten）等。第6行有"疾病"（bro nad），第9行有官名"将军"（dmag pon）。背面的文字出自同一手笔，可能是书信的落款。藏文转写及注解见《英国国家图书馆斯坦因收集品中的新疆出土古藏文写本》，第71页；汉译《英国收藏新疆出土古藏文文书选译》，第10页。

215. 契约残卷

斯坦因原编：M. Tagh. a. V. 0018.，英国国家图书馆东方文献部编号Or. 15000/153，残卷，6×14，正面2行加手印加反书1行，背面空白。契约文书，残余下半部分。由于纸张损毁，契约内容不详。右上角有一个手印比较清晰。反书1行的内容是日期，似乎是另一未完成契约的开头。藏文转写及注解见《英国国家图书馆斯坦因收集品中的新疆出土古藏文写本》，第71页。

216. 有关修筑贝峰的信

斯坦因原编：M. Tagh. a. V. 0020.，英国国家图书馆东方文献部编号Or. 15000/154，残卷，13.5×20.5，常见楷书，正面6行，是一封关于修筑"贝峰"（pevu rtse）的信，内容涉及修筑贝峰的人的安全，以及乞求借一匹骆驼等，提到的地名有"都牙"（dur ya）等。英译见《有关西域的藏文文献与文书》第二卷，第225页；汉译《敦煌西域古藏文社会历史文献》，第 194 页。藏文转写及注解见《英国国家图书馆斯坦因收集品中的新疆出土古藏文写本》，第 71 页；汉译《英国收藏新疆出土古藏文文书选译》，第 19 页。

217. 契约残卷

斯坦因原编：M. Tagh. a. Ⅴ. 0021.，英国国家图书馆东方文献部编号 Or. 15000/155，残卷，6.5×6.3，正面 5 行加手印，背面 3 行（？）。契约文书，残余中下部分。正面第 2 行出现于阗人"萨珠"（li sa grum），第 3 行有"做出如此决定"云云，正面第 5 行有一手印。背面仅有一些音节，不能拼组成词。藏文转写及注解见《英国国家图书馆斯坦因收集品中的新疆出土古藏文写本》，第 72 页。

218. 文书残卷

斯坦因原编：M. Tagh. a. Ⅴ. 0022.，英国国家图书馆东方文献部编号 Or. 15000/156，残卷，5.5×2.5，正面 3 行，背面 1 行。两侧仅有几个字符，显然出自同一笔迹，可能与编号 220 是同一文本。见《英国国家图书馆斯坦因收集品中的新疆出土古藏文写本》，第 72 页。

219. 书信残卷

斯坦因原编：M. Tagh. a. Ⅴ. 0023.，英国国家图书馆东方文献部编号 Or. 15000/157，残卷，8×7，正面 3 行，背面空白。残余中上部分。正面第 1 行说"在居住地出现"，第 2 行提到"书信"，第 3 行可能写有"生病"或"咒骂语"，正面第 3 行下有一空白处。藏文转写及注解见《英国国家图书馆斯坦因收集品中的新疆出土古藏文写本》，第 72 页。

220. 文书残卷

斯坦因原编：M. Tagh. a. Ⅴ. 0024.，英国国家图书馆东方文献部编号 Or. 15000/158，残卷，4×5.5，正面 3 行，背面 1 行。残存中间的较低部分，两侧只存几个音节，显然出自同一手笔，与编号 218 可能属于同一文本。藏文转写及注解见《英国国家图书馆斯坦因收集品中的新疆出土古藏文写本》，第 72 页。

221. 契约残卷

斯坦因原编：M. Tagh. a. Ⅴ. 0025.，英国国家图书馆东方文献部编号 Or. 15000/159，残卷，7×5.7，正面 7 行，背面空白；残卷，4.5×3，正面 4 行，背面空白。由四个小残片拼在一起，为契约文书。几个残片明显是同一文书，但是仅能拼出一些音节，其中一残片涂有黄色，包括一些婆罗米文字的特征。最末的残片有画或写的模糊痕迹。藏文转写及注解见《英国国家图书馆斯坦因收集品中的新疆出土古藏文写本》，第 73 页。

222. 猴年契约文书残卷

斯坦因原编：M. Tagh. a. Ⅵ. 0062，英国国家图书馆东方文献部编号 Or. 15000/160，残卷，5×10，正面 4 行，背面于阗文 2 行。契约文书残卷，残留左上部，左下边的第四行只保留了一部分。第 1 行载明了时间是"猴年秋"（sprevu lovi ston），第 2 行的 dgrav blon 可译为"守备长"，第 3 行提到了"债务人因到期不还或有短缺"等情况。但契约的重要部分残缺。背面是 2 行未见刊布的于阗文。藏文转写及注解见《英国国家图书馆斯坦因收集品中的新疆出土古藏文写本》，第 73 页；汉译《英国收藏新疆出土古藏文文书选译》，第 44 页。

223. 于阗人希德等借丝绸契约残卷

斯坦因原编：M. Tagh. a. Ⅵ. 0063. + b. I. 00124.，英国国家图书馆东方文献部编号 Or. 15000/161，残卷，3.5×18.5，正面 2 行，背面空白。两个残片被粘贴在一起。文书下部边缘一角缺失。正面第 2 行的空白处表明此行是文书的结尾，似乎是借丝绸者人名，如"希德"（byi de）、"录措"（klu vtsho）、"王朵孜"（wang mdo gzigs）等，每人一"匹"（yug）丝绸。藏文转写及注解见《英国国家图书馆斯坦因收集品中的新疆出土古藏文写本》，第 73 页。

224. 文书残卷

斯坦因原编：M. Tagh. a. Ⅵ. 0064.，英国国家图书馆东方文献部编号 Or. 15000/162，残卷，6×11.5，正面 5 行，背面空白。残余中间部分，模糊不清。正面第 3 行给出的日期是春二月"五日（?）"，第 2 行的"rme mang sa"和第 4 行的"rus cu snyad sa"可能是指两处地方。藏文转写及注解见《英国国家图书馆斯坦因收集品中的新疆出土古藏文写本》，第 74 页；汉译《英国收藏新疆出土古藏文文书选译》，第 86 页。

225. 某人致赞桑大人书残卷

斯坦因原编：M. Tagh. a. Ⅵ. 0065.，英国国家图书馆东方文献部编号 Or. 15000/163，残卷，12.5×16.5，正面 10 行，背面 1 行。残留左上部。是某人致"赞桑大人"（jo cho btsang bzang）及"侄儿东玛"（tsha bo stong rma）等的一封信。第3、第4行是一般的问候语，第5、第6行涉及寄信人的债务和偿还，第8行有"丝绸"（myen tri）和"铜币"（dong tse）。背面所署的落款已漫漶不清。藏文转写及注解见《英国国家图书馆斯坦因收集品中的新疆出土古藏文写本》，第74页；汉译《英国收藏新疆出土古藏文文书选译》，第76页。

226. 文书残卷

斯坦因原编：M. Tagh. a. Ⅵ. 0067.，英国国家图书馆东方文献部编号 Or. 15000/164，残卷，2.5×8.5，正面3行，背面空白。残余中间部分。用大字写成。正面第3行有"不能"云云。藏文转写及注解见《英国国家图书馆斯坦因收集品中的新疆出土古藏文写本》，第74页。

227. 文书残卷

斯坦因原编：M. Tagh. a. Ⅵ. 0068.，英国国家图书馆东方文献部编号 Or. 15000/165，残卷，1.5×6.5，正面1行，背面空白。残余一小片段，存几个字符。藏文转写及注解见《英国国家图书馆斯坦因收集品中的新疆出土古藏文写本》，第74页。

228. 道波致某人书信残卷

斯坦因原编：M. Tagh. a. Ⅵ. 0069.，英国国家图书馆东方文献部编号 Or. 15000/166，残卷，4×13，正面3行，背面空白。残余右边部分。是一封来自"道波"（stag po）的书信，包括落款署名和问候语。藏文转写及注解见《英国国家图书馆斯坦因收集品中的新疆出土古藏文写本》，第75页；汉译《英国收藏新疆出土古藏文文书选译》，第109页。

229. 有关神山官吏的文书残卷

斯坦因原编：M. Tagh. a. Ⅵ. 0070.，英国国家图书馆东方文献部编号 Or. 15000/167，残卷，7.5×11，正面3行，背面空白。残余中上部分。正面第1行给出了时间和地点"神山"（shing shan），正面第2行出现"岸本·没庐娘孜"（mngan vbre〔vbro?〕nya gzig），第3行云："已向王（rje）支付。"藏文转写及注解见《英国国家图书馆斯坦因收集品中的新疆出土古藏文写本》，第75页。

230. 文书残卷

斯坦因原编：M. Tagh. a. Ⅵ. 0071.，英国国家图书馆东方文献部编号 Or. 15000/168，残卷，3×3，正面3行，背面3行。文书残卷。正面存左上角，背面可能是左下角。正面和反面显然是两件不同的文书，存少数音节。藏文转写及注解见《英国国家图书馆斯坦因收集品中的新疆出土古藏文写本》，第 75 页。

231. 文书残卷

斯坦因原编：M. Tagh. a. Ⅵ. 0072.，英国国家图书馆东方文献部编号 Or. 15000/169，残卷，4×3.5，正面 2 行，背面 2 行。文书残卷。正面和反面显然是两个不同的文书，存几个音节，清晰可辨。见《英国国家图书馆斯坦因收集品中的新疆出土古藏文写本》，第 75 页。

232. 拉协致某人书信残卷

斯坦因原编：M. Tagh. a. Ⅵ. 0073.，英国国家图书馆东方文献部编号 Or. 15000/170，残卷，6.5×13.5，正面 5 行，背面 4 行。书信残卷。正面是来自"拉协"（lha bzher）的书信的右上部分。背面明显与正面书信是同一笔迹，是正面书信或另一封书信的结尾。藏文转写及注解见《英国国家图书馆斯坦因收集品中的新疆出土古藏文写本》，第 76 页。

233. 书信残卷

斯坦因原编：M. Tagh. a. Ⅵ. 0074.，英国国家图书馆东方文献部编号 Or. 15000/171，残卷，3.8×6，正面 3 行，背面空白。残余一封书信或请愿书的中下部分。正面第 1 行提到送某物给"桑……"（bzang……）。藏文转写及注解见《英国国家图书馆斯坦因收集品中的新疆出土古藏文写本》，第 76 页。

234. 有关雅藏部落的文书残卷

斯坦因原编：M. Tagh. a. Ⅵ. 0075.，英国国家图书馆东方文献部编号 Or. 15000/172，残卷，2×13，正面 3 行，背面空白。残余中间部分。正面第 1 行出现了"雅藏部落"（yang rtsang gi sde）这一名称。正面第 2 行提到送了 250 件物品。藏文转写及注解见《英国国家图书馆斯坦因收集品中的新疆出土古藏文写本》，第 76 页。

235. 文书残卷

斯坦因原编：M. Tagh. a. Ⅵ. 0076.，英国国家图书馆东方文献部编号 Or. 15000/173，残卷，3.8×3.8，正面 6 行，背面空白。残存中间部分，仅见一两个字母。见《英国国家图书馆斯坦因收集品中的新疆出土古藏文写本》，第 77 页。

236. 文书残卷

斯坦因原编：M. Tagh. a. Ⅵ. 0077.，英国国家图书馆东方文献部编号 Or. 15000/174，残卷，6.5×6，正面 6 行。第 1 行是表示数据"四十八"，第 2 行中有官名"节儿"（rtse rje），其名字为"蒙索"（rmong so），第 3 行中有"五""八"。藏文转写及注解见《英国国家图书馆斯坦因收集品中的新疆出土古藏文写本》，第 77 页；汉译《英国收藏新疆出土古藏文文书选译》，第 59 页。

237. 图画残卷

斯坦因原编：M. Tagh. a. Ⅵ. 0078.，英国国家图书馆东方文献部编号 Or. 15000/175，残卷，c. 4×c. 24，是鬃毛和马鞍的图画。鬃毛和马鞍部分清晰，可能与编号 238 的图画相同，并可对照编号 96、206。见《英国国家图书馆斯坦因收集品中的新疆出土古藏文写本》，第 77 页。

238. 图画残卷

斯坦因原编：M. Tagh. a. Ⅵ. 0080. bis.，英国国家图书馆东方文献部编号 Or. 15000/176，残卷，10×7，c. 7×c. 7。人和马图画。残余马的前腿和牵马人的衣服，大致与编号 237 相同。见《英国国家图书馆斯坦因收集品中的新疆出土古藏文写本》，第 77 页。

239. 书信残卷

斯坦因原编：M. Tagh. a. Ⅵ. 0080.，英国国家图书馆东方文献部编号 Or. 15000/177，残卷，2×9.5。正面 2 行，背面 1 行。书信残卷。残存右上部分，背面只有元音符号清晰可辨。藏文转写及注解见《英国国家图书馆斯坦因收集品中的新疆出土古藏文写本》，第 77 页。

240. 书信残卷

斯坦因原编：M. Tagh. a. Ⅵ. 0081. a.，英国国家图书馆东方文献部编号 Or. 15000/178，残卷，6.5×12.5，正面 4 行，背面空白。残余左边部分。正面第 1 行和第 4 行的"dpang chen"可能是指信使，书写模糊不清。藏文转写及注解见《英国国家图书馆斯坦因收集品中的新疆出土古藏文写本》，第 77 页；汉译《英国收藏新疆出土古藏文文书选译》，第 90 页。

241. 文书残卷

斯坦因原编：M. Tagh. a. Ⅵ. 0081. b.，英国国家图书馆东方文献部编号 Or. 15000/179，残卷，5×5，正面 5 行，背面 1 行，印记一枚。文书残卷。

几个人名在正面清晰可辨，背面只有一个音节，一枚朱砂印章，大概是文书的结尾。藏文转写及注解见《英国国家图书馆斯坦因收集品中的新疆出土古藏文写本》，第78页。

242. 占卜书残卷

斯坦因原编：M. Tagh. b. 004 + 004. a.，英国国家图书馆东方文献部编号 Or. 8211/959 + 960，残卷，27 × 26，正面15行，背面汉文16行。两个残片被粘贴在一块儿。修复的文书不完整，有很多污迹，模糊不清。内容好像是占卜书之类，可与 Pelliot. 55 对照。藏文文书写在汉文文献的背面。被修复的汉文文献是《妙法莲华经卷第三·授记品第六》残片，对照《大正藏》第9卷第21章第2行、第22行。藏文转写及注解见《英国国家图书馆斯坦因收集品中的新疆出土古藏文写本》，第78页。

243. 汉藏语汇残卷

斯坦因原编：M. Tagh. b. 004. b.，英国国家图书馆东方文献部编号 Or. 8211/961，残卷，2.5 × 25.5，正面1行，背面1行。一行藏文写在汉文佛经背面。开卷说"汉语（或印度语）云"；接着7个音节似乎是汉语音译，包括满、空、净、摩、罗、弟、子等字，但不能断定。还有两个藏文音节写在汉文佛经的扉页上，像是汉字的音译。藏文转写及注解见《英国国家图书馆斯坦因收集品中的新疆出土古藏文写本》，第79页。

244. 于阗王赞切波上赤协书

斯坦因原编：M. Tagh. b. Ⅰ. 0092.，英国国家图书馆东方文献部编号 Or. 15000/180，残卷，10 × 27；已褪色。草写楷书，正面、背面各8行，书写工整、细腻，有污渍。正面部分文字模糊，正面第8行始，用笔不同，文尾署名字迹亦不同；正面第7、第8行之间和第8行中间的空白处有符号，为背面浸透；在正面左侧空白处及少许其余地方，有类似情况。正面第1至第2行间有花押字母。是于阗王"赞切波"（vtran ced po）上吐蕃首领"赤协"（khri bzher）、"潘协"（vphan bzher）、"嘉协"（rgyal bzher）之书。内容涉及在"赫格"（hel ge）与"纳"（nag）地方发生的抢劫案件，该王称正将族人中的强盗送往"三虎"（stag sum）处，也将尽快处置抢劫的协同犯。此外还提到："萨堤"（sag ti）乡、"朵洛"（mdo lo）地区；人名或官名"朵协"（mdo bzher）阁下、"笼官"（slung pon）；文后的封印为"登婆罗"（gden pho lod）。英译见《有关西域的藏文文献与文

书》第二卷，第 186、187 页；汉译《敦煌西域古藏文社会历史文献》，第
163、164 页。藏文转写及注解见《英国国家图书馆斯坦因收集品中的新疆
出土古藏文写本》，第 79 页；汉译《英国收藏新疆出土古藏文文书选译》，
第 39 页。

245. 军事文书残卷

斯坦因原编：M. Tagh. b.Ⅰ.0093.，英国国家图书馆东方文献部编号
Or. 15000/181，残卷，有污渍，1.5×6。正面 1 行，背面 2 行，模糊。是
一件有关军事的残卷，提到"大军事长"（dpung pon chen po），其余不详。
英译见《有关西域的藏文文献与文书》第二卷，第 445 页；汉译《敦煌西
域古藏文社会历史文献》第 382 页。藏文转写及注解见《英国国家图书馆
斯坦因收集品中的新疆出土古藏文写本》，第 80 页；汉译《英国收藏新疆
出土古藏文文书选译》，第 61 页。

246. 文书残卷

斯坦因原编：M. Tagh. b.Ⅰ.0094. a.；b.，英国国家图书馆东方文献部
编号 Or. 15000/182，残卷。3.5×13，正面 4 行，背面 2 行；3.3×10.5，
正面 3 行，背面 3 行。残卷由两片组成，很明显均属于同一件文书，但其
关联位置不得而知。两边的书写看来出于同一手笔。背面文字模糊，难以
辨认，只能读出"沙漠"（mya ngam）、"马匹"（rta）、"佣人头领"（mgo
bran nyu ngu）等。藏文转写及注解见《英国国家图书馆斯坦因收集品中的
新疆出土古藏文写本》，第 80 页；汉译《英国收藏新疆出土古藏文文书选
译》，第 59 页。

247. 拉日基致嘉协大人书

斯坦因原编：M. Tagh. b.Ⅰ.0095.，英国国家图书馆东方文献部编号
Or. 15000/183，完整，8×28.8；形似近代对折式藏文书信，正面 5 行常见
草写楷书加 1 行不同笔迹的倒书，背面 6 行。正面是"拉日基"（lha ri
skyes）致"嘉协大人"（jo cho rgyal bzher）的一封问候信。在通常的问候
语之后，报告在"春赞镇"（khrom cung tsan）中，"囊协"（snang bzher）
与"拉桑"（lha bzang）及其他人已经病愈，"嘉斯拉孜基"（rgyal zigs lha
rtsa skyes）已经到达。背面是内容不同的一件于阗某地的吐蕃人、于阗人
名册，提到的地名有："基则"（gyi rtse）、"道则"（stag rtse）之"赤古
觉"（khri skugs vjor）、"叶玛朵克则"（bye ma vdord gyi rtse）、"坚娘"

（jam nya）、"于阗媲摩"（ho tong g. yu mo）；部落名称有："仲巴"（grom
pa）、"蔡莫巴"（rtsal mo pag）、"娘若"（myang ro）、"雅藏"（yang
rtsang）、"倭卓巴"（vo tso pag）、"波噶"（phod kar）；以及分属这些地方
和部落的 9 个吐蕃人、5 个于阗人的名字。英译见《有关西域的藏文文献
与文书》第二卷，第 410 页；汉译《敦煌西域古藏文社会历史文献》，第
154、352、353 页。藏文转写及注解见《英国国家图书馆斯坦因收集品中
的新疆出土古藏文写本》，第 81 页；汉译《英国收藏新疆出土古藏文文书
选译》，第 31、57 页。

248. 巴笃致嘉协勒赞书

斯坦因原编：M. Tagh. b. Ⅰ.0096.，英国国家图书馆东方文献部编号
Or. 15000/184，完整，9×28.5。有污渍，草写楷书，正面 6 行，反面 1
行。是"巴笃"（dpal vdus）致"嘉协勒赞"（rgyal bzher legs tsan）的一
封信，称送交的信件、纸张和打火镰等已经收到，万分感谢，并祈祷嘉协
勒赞身体进一步康复。信中还提到了"节度使"（khrom）、"千户"（stong
sde）等专有名词。英译见《有关西域的藏文文献与文书》第二卷，第 382
页；汉译《敦煌西域古藏文社会历史文献》，第 331 页。藏文转写及注解
见《英国国家图书馆斯坦因收集品中的新疆出土古藏文写本》，第 81 页；
汉译《英国收藏新疆出土古藏文文书选译》，第 45 页。

249. 马年夏玉赞送粮牒

斯坦因原编：M. Tagh. b. Ⅰ.0097.，英国国家图书馆东方文献部编号
Or. 15000/185，残卷，5×20。右侧残缺，常见草写楷书 3 行。内容称：马
年夏五月中旬，由粮食运送者"吐谷浑玉赞"（va zha g. yu brtsan）供给神
山粮官"韦·恰勒"（dbrad chas slebs）"神山"（shing shan）堡塞和"兵
站（？）"（so res？）人员的口粮麦子一百四十驮。英译见《有关西域的藏
文文献与文书》第二卷，第 208 页；汉译《敦煌西域古藏文社会历史文
献》，第 108 页。藏文转写及注解见《英国国家图书馆斯坦因收集品中的
新疆出土古藏文写本》，第 82 页；汉译《英国收藏新疆出土古藏文文书选
译》，第 28 页。

250. 勒玛致内务官嘉协书信残卷

斯坦因原编：M. Tagh. b. Ⅰ.0098.，英国国家图书馆东方文献部编号
Or. 15000/186，残卷，14.5×27，正面 11 行，背面 14 行。部分字迹模糊，

正面是一封"勒玛"（legs rma）和"冲勒"（khrom legs）致"内务官嘉协"（nang po rgyal bzher）的信。第1、第2、第10行是问候语。"一段丝绸"出现在第8行。背面可能是关于借贷的另一封信。英译见《有关西域的藏文文献与文书》第二卷，第233页；藏文转写及注解见《英国国家图书馆斯坦因收集品中的新疆出土古藏文写本》，第82页。

251. 书信残卷

斯坦因原编：M. Tagh. b. Ⅰ. 0099.，英国国家图书馆东方文献部编号Or. 15000/187，残卷，6.8×12。正面5行，印记一枚；背面1行，倒书1行。残留右半部。第1行说到"届时宁某在于阗都城（vu ten）"，第2行提到粮食"共计十五汉升（rgya bre bco lnga）"，第4行意为"供给守备长尚·拉协"（zhang po dgra blon lha bzher），结尾处有一句问候语。一枚较大的朱砂印记盖在右下角。背面有三个词，可能是落款署名。藏文转写及注解见《英国国家图书馆斯坦因收集品中的新疆出土古藏文写本》，第83页；汉译《英国收藏新疆出土古藏文文书选译》，第11页。

252. 书信残卷

斯坦因原编：M. Tagh. b. Ⅰ. 00100.，英国国家图书馆东方文献部编号Or. 15000/188，残卷，5×12，正面5行，背面3行。书信残卷。第1行文字不能清晰辨认，写信人和收信人的姓名和地址不详。第3、第4行为一些问候语；第5行与背面前两行相连贯，问及能否呈上或述说；背面第3行应是写信人和收信人的地址和姓名，但只剩收信人姓名的结尾"sto"。藏文转写及注解见《英国国家图书馆斯坦因收集品中的新疆出土古藏文写本》，第83页；汉译《英国收藏新疆出土古藏文文书选译》，第110页。

253. 书信残卷

斯坦因原编：M. Tagh. b. Ⅰ. 00101.，英国国家图书馆东方文献部编号Or. 15000/189，残卷，8.5×8.5，正面9行，背面5行。残留中上部。第1行至第4行应是收信者的名字和一般的问候语。第5行至第7行出现人名，如："勒孔"（legs kong）、"沙尼拉松"（sha myi lha srong）、"朵协"（mdo bzher）等。第6行提到了"四升大麦"（nas bre bzhi）。背面是出自另一手笔的不同文书。藏文转写及注解见《英国国家图书馆斯坦因收集品中的新疆出土古藏文写本》，第84页；汉译《英国收藏新疆出土古藏文文书选译》，第33页。

254. 书信残卷

斯坦因原编：M. Tagh. b. Ⅰ. 00102., 英国国家图书馆东方文献部编号 Or. 15000/190, 残卷, 17×19.5, 正面 2 行, 背面空白。文书上方有一处较宽的空白。正面第 2 行是文书结尾, 似乎是说"请送至"（dbrongs）, 文书右下角出现四条垂直的线条。藏文转写及注解见《英国国家图书馆斯坦因收集品中的新疆出土古藏文写本》, 第 84 页。

255. 于阗人什兰氏秉汪头领书

斯坦因原编：M. Tagh. b. Ⅰ. 00103.; 英国国家图书馆东方文献部编号 Or. 15000/191, 残卷, 6.8×24.5, 左侧破碎, 3 行楷书。是于阗妇女"什兰氏"（shi rhang zha）秉"汪"（von）头领的信。由于写本过残, 具体内容不全, 可能涉及民事纠纷, 什兰氏请求送她回娘家。英译见《有关西域的藏文文献与文书》第二卷, 第 302 页; 汉译《敦煌西域古藏社会历史文献》第 260 页。藏文转写及注解见《英国国家图书馆斯坦因收集品中的新疆出土古藏文写本》, 第 84 页; 汉译《英国收藏新疆出土古藏文文书选译》, 第 33 页。

256. 蛮洛致卡噶班赤诉请状

斯坦因原编：M. Tagh. b. Ⅰ. 00104., 英国国家图书馆东方文献部编号 Or. 15000/192, 残卷, 右侧及底部皆残。14×25.5, 常见草写楷书 12 行。是"蛮洛"致"卡噶班赤"（kha ga pan khri）的信, 在一般的问候之后, 提及他退职去"塞俄"（she vo）时, 夫人和家仆陷于家务纠纷以及一名男人骑马摔倒的事件。提到的地名有："聂噶"（gnyag）、"额孜"（nga gzigs）、"楚"（chu）、"木木"（dmu mu）, 以及三枚铜币（srang）等。英译见《有关西域的藏文文献与文书》第二卷, 第 258 页; 汉译《敦煌西域古藏社会历史文献》, 第 222 页。藏文转写及注解见《英国国家图书馆斯坦因收集品中的新疆出土古藏文写本》, 第 85 页; 汉译《英国收藏新疆出土古藏文文书选译》, 第 25 页。

257. 契约文书残卷

斯坦因原编：M. Tagh. b. Ⅰ. 00106., 英国国家图书馆东方文献部编号 Or. 15000/193, 残卷, 7×8, 正面 3 行, 背面空白, 残余左边部分。明显与编号 258 属于同一文书, 但是没有连接在一起。正面第 2 行的"证人印章"（dpang rgya）与编号 258 上的手印表明了这是一件契约文书。藏文转写及注解见《英国国家图书馆斯坦因收集品中的新疆出土古藏文写本》，第 85 页。

258. 契约文书残卷

斯坦因原编：M. Tagh. b. Ⅰ.00109.，英国国家图书馆东方文献部编号 Or. 15000/194，残卷，8×9，正面 3 行加 1 行反书，背面空白。很明显与编号 257 同属一文书。正面第 2 行"朵孜"（mdo gzigs?）似乎是人名。反书 1 行为手印，人名"志玛"（dri mag）清晰可见，大概是债务人的名字。藏文转写及注解见《英国国家图书馆斯坦因收集品中的新疆出土古藏文写本》，第 85 页。

259. 书信残卷

斯坦因原编：M. Tagh. b. Ⅰ.00107.，英国国家图书馆东方文献部编号 Or. 15000/195，残卷，5.5×3.5，正面 3 行，背面 3 行。大概是书信残片，写在信纸两边。残片太零碎，无法证实文书内容。藏文转写及注解见《英国国家图书馆斯坦因收集品中的新疆出土古藏文写本》，第 86 页。

260. 切勒致某人书残卷

斯坦因原编：M. Tagh. b. Ⅰ.00108.，英国国家图书馆东方文献部编号 Or. 15000/196，残卷，5×18，正面 3 行，背面空白。残余书信的中上部分，写信人是"切勒"（chas legs）。正面第 2 至第 3 行由一些固定的符号组成。藏文转写及注解见《英国国家图书馆斯坦因收集品中的新疆出土古藏文写本》，第 86 页。

261. 书信残卷

斯坦因原编：M. Tagh. b. Ⅰ.00110.，英国国家图书馆东方文献部编号 Or. 15000/197，残卷，7×19，正面 4 行，背面 1 行。残留左下部，正面没留下重要的句子或地名、人名。背面存 1 行，显然与正面出自同一手笔，大概是收信方的名字，为："神山的节儿"（shing shanvi rtse rje）。藏文转写及注解见《英国国家图书馆斯坦因收集品中的新疆出土古藏文写本》，第 86 页；汉译《英国收藏新疆出土古藏文文书选译》，第 11 页。

262. 拉赞致噶佳哈博书残卷

斯坦因原编：M. Tagh. b. Ⅰ.00111.，英国国家图书馆东方文献部编号 Or. 15000/198，残卷，5.5×9.5，正面 4 行，背面空白。是一封由"拉赞"（lha brtsan）致"噶佳哈博"（ga vjag hab bor）的急件的中间部分。

藏文转写及注解见《英国国家图书馆斯坦因收集品中的新疆出土古藏文写本》，第86页；汉译《英国收藏新疆出土古藏文文书选译》，第110页。

263. 某人致尚道书信残卷

斯坦因原编：M. Tagh. b. Ⅰ. 00112.，英国国家图书馆东方文献部编号Or. 15000/199，残卷，5.8×5.5，正面5行，背面1行。残余中上部分。仅残存一些不连贯的清晰的音节。正面1行，反书的1行"尚道"（zhang stag）似乎是收件人。背面横线下有一片空白。藏文转写及注解见《英国国家图书馆斯坦因收集品中的新疆出土古藏文写本》，第87页。

264. 军事文书残卷

斯坦因原编：M. Tagh. b. Ⅰ. 00113.，英国国家图书馆东方文献部编号Or. 15000/200，残卷，3.5×9.5，正面3行，背面2行。可能是军事文书残卷。正面第1行 pevu 可能是"小分队"、"班"或"团"，或者是一地名。正面第3行有"结队"（dpung）一词。背面显然是另一封文书，因文书太零碎无法识别。藏文转写及注解见《英国国家图书馆斯坦因收集品中的新疆出土古藏文写本》，第87页。

265. 浑西致赤协书残卷

斯坦因原编：M. Tagh. b. Ⅰ. 00115.，英国国家图书馆东方文献部编号Or. 15000/201，残卷，3.5×28.5，正面2行，背面空白。是一封书信残卷，残存书信的上半部分，由"浑西"（hon pyi）致函"赤协"（khri bzher）大人（？）。藏文转写及注解见《英国国家图书馆斯坦因收集品中的新疆出土古藏文写本》，第87页。

266. 书信残卷

斯坦因原编：M. Tagh. b. Ⅰ. 00116.，英国国家图书馆东方文献部编号Or. 15000/202，残卷，2.8×10，正面2行，背面2行。正面第2行包括短语"工钱收讫"。背面字迹模糊，用不同的笔迹写成，仅有一些人名"嘉勒"（rgyal legs）、"嘉群"（rgyal chung）可以辨认。藏文转写及注解见《英国国家图书馆斯坦因收集品中的新疆出土古藏文写本》，第88页。

267. 文书残卷

斯坦因原编：M. Tagh. b. Ⅰ. 00117.，英国国家图书馆东方文献部编号Or. 15000/203，残卷，4.5×7，正面4行，背面3行，文书被墨水弄脏。正面和背面大概是不同文书。两边仅有一些音节清晰，例如：正面第2行有短语"二十日"（tshes nyi shu）。藏文转写及注解见《英国国家图书馆斯坦因收集品中的新疆出土古藏文写本》，第 88 页。

268. 经济文书残卷

斯坦因原编：M. Tagh. b. Ⅰ.00119.，英国国家图书馆东方文献部编号 Or. 15000/204，残卷，5×6.5，正面 3 行加反书 2 行，背面空白。是关于经济方面的文书，涉及谷物等。残余右底部。文书最后三行处有一私人印章。正面第 2 行出现"八升净面"（gzhib stsang bre brgyad）。反书两行可能是另一文书的开头，与正面文书笔迹相同。正面反书的第 1 行有"春季"（spyid zla）一词。藏文转写及注解见《英国国家图书馆斯坦因收集品中的新疆出土古藏文写本》，第 88 页；汉译《英国收藏新疆出土古藏文文书选译》，第 87 页。

269. 向贝致内务官论赤协书残卷

斯坦因原编：M. Tagh. b. Ⅰ.00120.，英国国家图书馆东方文献部编号 Or. 15000/205，残卷，4.5×8.5，正面 2 行，背面 1 行。残余左上角。是致"内务官论·赤协"（nang rje bo blon khri bzher）的信。写信人的名字与背面的落款署名一样为"向贝"（shang spe）。藏文转写及注解见《英国国家图书馆斯坦因收集品中的新疆出土古藏文写本》，第 89 页。

270. 书信残卷

斯坦因原编：M. Tagh. b. Ⅰ.00121.，英国国家图书馆东方文献部编号 Or. 15000/206，残卷，2.3×9，正面 2 行，背面空白。仅有正面第 1 行的问候语部分，清晰可见。藏文转写及注解见《英国国家图书馆斯坦因收集品中的新疆出土古藏文写本》，第 89 页。

271. 书信残卷

斯坦因原编：M. Tagh. b. Ⅰ.00123.a.，英国国家图书馆东方文献部编号 Or. 15000/207，残卷，5×7；残卷，2.5×7.5，正面 5 行、3 行，背面空白。六个残片放在一块。两个残片第 5 行和第 3 行显然是同一文书，大概是一封书信。另两个残片无文书。还有两个残片均属编号 271，没有连接在一块儿，但是它们的相对位置是确定的：一个残片构成左中部，而另一个残片构成底部。可见的部分总计有 8 行，但是仅残存"命令"（bka）、"祈求"（smon cing mchis）等清晰可辨。见《英国国家图书馆斯坦因收集品中的新疆出土古藏文写本》，第 89 页。

272. 写本残卷

斯坦因原编：M. Tagh. b. Ⅰ.00123. b.，英国国家图书馆东方文献部编号 Or. 15000/208，残卷，4.5×7，正面3行，反书1行；5×5，正面3行，反书2行。两个小残片。文书两面的字迹很模糊，但显然属于同一手稿。仅有一些不连贯的音节如："nel-la" "gs" 可见，参见编号271。见《英国国家图书馆斯坦因收集品中的新疆出土古藏文写本》，第89页。

273. 画卷残卷

斯坦因原编：M. Tagh. b. Ⅰ.00123. c.，英国国家图书馆东方文献部编号 Or. 15000/209，残卷，4.5×28，11×10，正面空白，背面空白。有两个残片。是一幅画的部分或者一种较大的音节的部分。参见编号271。见《英国国家图书馆斯坦因收集品中的新疆出土古藏文写本》，第89页。

274. 色勒致尚潘协书

斯坦因原编：M. Tagh. b. Ⅱ.001.，英国国家图书馆东方文献部编号 Or. 15000/210，完整，13.5×28，褪色，常见草写楷书12行。是"色勒"（gsas［sleb］s）致"尚·潘协"（zhang po vphan bzher）书，文首为通常的问候语，然后提及瑟勒和名单上的三个于阗人将去"祖玛"（pzhu mar）军营。提到的地名有"俄尼达"（vo ni dag），物品有三种药、一封密信、两只"茶盏"（ja tor）等。英译见《有关西域的藏文文献与文书》第二卷，第245、246页；汉译《敦煌西域古藏文社会历史文献》，第211页。藏文转写及注解见《英国国家图书馆斯坦因收集品中的新疆出土古藏文写本》，第90页；汉译《英国收藏新疆出土古藏文文书选译》，第22~23页。

275. 窘桑致内务官囊协等书信残卷

斯坦因原编：M. Tagh. b. Ⅱ.0051.，英国国家图书馆东方文献部编号 Or. 15000/211，残卷，4×14，正面4行，背面2行。残余右上部分。是"窘桑"（cung bzang）致内务官"囊协"（snang bzher）和"朵协"（mdo bzher）的信。正面第2至第4行多属问候。正面第3行把两个收件人称作"内务官"。背面是书信落款署名。藏文转写及注解见《英国国家图书馆斯坦因收集品中的新疆出土古藏文写本》，第90页；汉译《英国收藏新疆出土古藏文文书选译》，第53页。

276. 某人致神山节儿书残卷

斯坦因原编：M. Tagh. b. Ⅱ.0052.，英国国家图书馆东方文献部编号

Or. 15000/212，残卷，8.5×17.5，正面5行，背面5行，倒书1行。书信残卷，残留左半部。记录了4个官名，它们是："拉桑节"（ra sangs rje）、"岸本"（mngan）、"守备长"（dgra blon）和"萨波"（spa）。背面是出自另一手笔的一封信的左半部，收信人是"孔桑大人"（jo bo khong bzang）。背面第3行看来是说"寄件人病倒了"，并盖有一方朱砂印记。以下第5行是一行倒文，意为："送给驻神山（shing shan）的节儿（rtse rje）。"藏文转写及注解见《英国国家图书馆斯坦因收集品中的新疆出土古藏文写本》，第91页；汉译《英国收藏新疆出土古藏文文书选译》，第46页。

277. 写本残卷

斯坦因原编：M. Tagh. b. Ⅱ. 0053.，英国国家图书馆东方文献部编号Or. 15000/213，残卷，c. 10×c. 18，正面6行，背面空白。将纸片切割成两个相关的圆片，大概是用来包装的。其中一个圆纸片反面有一明显的红色印记。正面第5行有"吐蕃城池"（bod mkhar）一词。藏文转写及注解见《英国国家图书馆斯坦因收集品中的新疆出土古藏文写本》，第91页；汉译《英国收藏新疆出土古藏文文书选译》，第60页。

278. 于阗乡、部落及人员名册

斯坦因原编：M. Tagh. b. Ⅱ. 0054.，英国国家图书馆东方文献部编号Or. 15000/214，残卷，6.5×21.5；常见草写楷书2行，第1行仅存下半部。提到的乡和地点有"汪纳"（wam na）、"德普德"（gde pu de）、"门科娘"（men ko nya）、"阿堤科"（va ti ko）、"奔波多娘"（bun bo do nya），以及数名于阗人。英译见《有关西域的藏文文献与文书》第二卷，第178页；藏文转写及注解见《英国国家图书馆斯坦因收集品中的新疆出土古藏文写本》，第91页；汉译《英国收藏新疆出土古藏文文书选译》，第5页。

279. 写本残卷

斯坦因原编：M. Tagh. b. Ⅱ. 0055.，英国国家图书馆东方文献部编号Or. 15000/215，残卷，3×8，正面2行，背面空白。残余左中（或上面）部分。正面第1行似乎是说"无论那儿有什么消息"。藏文转写及注解见《英国国家图书馆斯坦因收集品中的新疆出土古藏文写本》，第92页。

280. 写本残卷

斯坦因原编：M. Tagh. b. Ⅱ. 0056.，英国国家图书馆东方文献部编号

Or.15000/216，残卷，5.5×5.5，正面5行，背面1行。仅残存一些不连贯的字节，如："快"（myur du）、"尚之"（zhang gis）等可以拼读出来。背面仅可读音节"r"字。藏文转写及注解见《英国国家图书馆斯坦因收集品中的新疆出土古藏文写本》，第92页。

281. 文书残卷

斯坦因原编：M.Tagh.b.Ⅱ.0058.，英国国家图书馆东方文献部编号Or.15000/217，残卷，11×7，正面5行，背面空白。残余右边部分。正面第1行提到"十人"。正面第2行"道录"（stag klu）可能是人名。正面第4行包括"四升"（bre bzhi）谷物或其他物品。藏文转写及注解见《英国国家图书馆斯坦因收集品中的新疆出土古藏文写本》，第92页。

282. 森格致芒协书信残卷

斯坦因原编：M.Tagh.b.Ⅱ.0059.，英国国家图书馆东方文献部编号Or.15000/218，残卷，6×17，正面2行，背面空白。残余中间部分。是"森格"（seng ge）致"芒协"（mang bzher）的信。正面第2行是问候语，左下方有一空白。藏文转写及注解见《英国国家图书馆斯坦因收集品中的新疆出土古藏文写本》，第92页。

283. 拉玛致朵协大人书残卷

斯坦因原编：M.Tagh.b.Ⅱ.0060.，英国国家图书馆东方文献部编号Or.15000/219，残卷，11.5×18，正面5行。书信残卷，残留左半部，是"拉玛"（rma）致"朵协大人"（jo bo mdo bzher）的信。第2行是一般的问候，第3行看来是说"半驮（khal）有保证的粮食"，第4行提到了"三匹马"，第5行表达了写信人希望能见到收信人。藏文转写及注解见《英国国家图书馆斯坦因收集品中的新疆出土古藏文写本》，第93页；汉译《英国收藏新疆出土古藏文文书选译》，第77页。

284. 于阗某镇呈赤节班书

斯坦因原编：M.Tagh.b.Ⅱ.0062.，英国国家图书馆东方文献部编号Or.15000/220，完好，6×23.5。方形、黑色楷书。正面5行，清晰；背面4行加端部1行半；常见草写楷书，字方，字迹与正面不同。正面文字系于阗某镇呈"赤节班阁下"（jo cho khri rje vpangs）书，称"内务官才吐热"（nang rje po btshan do re）是一个迷恋他人之妻的疯子，他与人私通并用葫芦饮酒，致死一小孩，应将他押解到神山。背面文字为"卡勒"

(mkhar slebs) 禀呈"安则大人"（cho bo van mdzes）书，在通常的陈述后，写道："我祝阁下及臣民身心愉快，解脱病魔。"并提到了"于阗都城"（vu ten）。英译见《有关西域的藏文文献与文书》第二卷，第 197 页；汉译《敦煌西域古藏文社会历史文献》第 172 页。藏文转写及注解见《英国国家图书馆斯坦因收集品中的新疆出土古藏文写本》，第 93 页；汉译《英国收藏新疆出土古藏文文书选译》，第 13、55 页。

285. 有关谷物的文书残卷

斯坦因原编：M. Tagh. b. Ⅱ. 0063. a.，英国国家图书馆东方文献部编号 Or. 15000/221，残卷，3.5×6.5，正面 1 行，背面空白；3×3，正面 1 行，背面空白。有四个残片，为同一手稿。其中有两个残片较小，一个放在左上方，一个放在左下方，在保存过程中是被一个较大的残片所分开的。仅有一些字迹稍微清晰，如藏语量词"升"（bre），表明这是有关谷物的文书。见《英国国家图书馆斯坦因收集品中的新疆出土古藏文写本》，第 93 页。

286. 勒赞等致嘉协书残卷

斯坦因原编：M. Tagh. b. Ⅵ. 001. ＋002.，英国国家图书馆东方文献部编号 Or. 15000/222，残卷，10×19，正面 8 行，背面 7 行。书信残卷，原为一封信件，现残留两片。某些字里行间仍有缺口，但从拼凑起来的文字可看出是一封致"嘉协"（rgyal bzher）和"窘拉"（cung ra）的信。背面是另一封信，寄信人是"勒赞"（legs tshan）和"杰乌琼"（gyevu chung），收信人是"才斯"（btshan zigs）。第 5 至第 7 行尤其模糊，不可辨读。右下边有一方朱砂印记。藏文转写及注解见《英国国家图书馆斯坦因收集品中的新疆出土古藏文写本》，第 94 页；汉译《英国收藏新疆出土古藏文文书选译》，第 77、111 页。

287. 冲勒致道桑书残卷

斯坦因原编：M. Tagh. c. 0020.，《古代和田》图版 54，残卷，8×29，正面 6 行，背面于阗文 5 行。书信残卷，下半部失落，背面是于阗文献。是"冲勒"（khrom legs）致"道桑"（stag bzang）的一封信。第 1、第 2 行使用了否定句，与通常所用的问候语不同。古藏文书信书写时间明显晚于背面的于阗文献之后。关于于阗文献，参见贝利《于阗文献》卷 5，第 222 页；藏文转写及注解见《英国国家图书馆斯坦因收集品中的新疆出土古藏文写本》，第 94 页；汉译《英国收藏新疆出土古藏文文书选译》，第 112 页。

288. 于阗文、藏文文书残卷

斯坦因原编：M. Tagh. c. 0021.，《古代和田》图版 52，残卷，14.5×13，正面 3 行加于阗文 1 行，背面于阗文 5 行。残余左上角，大概是一封书信的草稿。顶部边缘包括 3 行藏文。正面第 3 行左下方留着一片空白。"道桑潘"（stag bzang phan）可能是收件人。正面第 2 行似乎出现"隐藏了半分"（sho，土地用数量词），正面第 3 行包括"四升"（bre bzhi）。1 行于阗文写在藏文文书上面，见 Emmerick，BSOAS32〔1969〕：402。背面有 5 行于阗文，见 KT5：387，SD3：PL. LⅥ，（LⅩⅫ），SDTV 1：76〔MT 2 0021〕。藏文转写及注解见《英国国家图书馆斯坦因收集品中的新疆出土古藏文写本》，第 95 页。

289. 书信残卷

斯坦因原编：M. Tagh. c. 0027. a.，英国国家图书馆东方文献部编号 Or. 15000/223，残卷，9.5×5，正面 6 行，背面空白。残余左边部分，大概是一封书信。正面第 1 行"leg"可能是人名的开头部分，正面第 2 行似乎提到"母牛"（na ba）。藏文转写及注解见《英国国家图书馆斯坦因收集品中的新疆出土古藏文写本》，第 95 页；汉译《英国收藏新疆出土古藏文文书选译》，第 112 页。

290. 文书残卷

斯坦因原编：M. Tagh. c. 0027. b.，英国国家图书馆东方文献部编号 Or. 15000/224，残卷，11×8，正面 11 行，背面空白。残余中间部分。主要是一些人名和术语，如人名"道录协"（stag klu bzher）、"朗巴卓赞"（lang pa dro brtsan）、"论"（blon）等。藏文转写及注解见《英国国家图书馆斯坦因收集品中的新疆出土古藏文写本》，第 95 页；汉译《英国收藏新疆出土古藏文文书选译》，第 87 页。

291. 书信残卷

斯坦因原编：M. Tagh. c. 0027. c.，英国国家图书馆东方文献部编号 Or. 15000/225，残卷，5×11.3，正面 5 行，背面空白。残余右边部分，大概是一封书信。没有人名或实质性的词语。藏文转写及注解见《英国国家图书馆斯坦因收集品中的新疆出土古藏文写本》，第 96 页。

292. 书信残卷

斯坦因原编：M. Tagh. c. 0027. d.，英国国家图书馆东方文献部编号

Or. 15000/226，残卷，2×13，正面 2 行，背面空白。残余中间部分。文书的书写风格与编号 291 相似，但是不能拼合。藏文转写及注解见《英国国家图书馆斯坦因收集品中的新疆出土古藏文写本》，第 96 页。

293. 祖茹致某人书残卷

斯坦因原编：M. Tagh. c. 0028.，英国国家图书馆东方文献部编号 Or. 15000/227，残卷，10.5×9.5，正面 7 行，背面 7 行。书信残卷。是一封出自"祖茹"（bru ru）的信的右半部，收信人的名字已失落。右边也已失落，但每一行大概仅掉了 1 或 2 个字母。第 7 行以下有一段空白。第 2 行提示的日期是"冬月"，地名是"疏勒"（shu lig）。第 4 行意为"月中 15 日去了于阗都城"（vu ten）。人名可见："罗通琼孔勒"（lod ltong chung kong slebs）、"库潘勒"（kugs vphan legs）。背面是另一封信，收信人是"道协大人"（jo cho stag bzher），寄信人的名字已失落。《有关西域的藏文文献与文书》第二卷，第 259、260 页，缺英译；《敦煌西域古藏文社会历史文献》第 223 页。藏文转写及注解见《英国国家图书馆斯坦因收集品中的新疆出土古藏文写本》，第 96 页；汉译《英国收藏新疆出土古藏文文书选译》，第 14 页。

294. 书信残卷

斯坦因原编：M. Tagh. c. Ⅰ.0065.，英国国家图书馆东方文献部编号 Or. 15000/228，残卷，8×28，正面 8 行加一印记，背面 3 行。书信残卷，残留下半部，头两行文字已失落，纸张上布满小洞。第 2、第 3 行是一般的问候。地名有"录孜"（klu gzigs），人名有"囊扎"（snang sgra）、"纳东色辛"（snya don gsas sbyin）、"朵桑"（mdo bzang）、"牟育节"（mur yo ce）等，官名有"节儿"（rtse rje）。信中还提到 900 枚铜币。右下角有一圆形的朱砂印记。背面可能是正面书信的一部分，但十分模糊，不能辨认。藏文转写及注解见《英国国家图书馆斯坦因收集品中的新疆出土古藏文写本》，第 97 页；汉译《英国收藏新疆出土古藏文文书选译》，第 47～48 页。

295. 契约文书残卷

斯坦因原编：M. Tagh. c. Ⅰ.0066.，英国国家图书馆东方文献部编号 Or. 15000/229，残卷，4.5×16，正面 3 行，背面空白。残余一件借贷契约的左下部分。正面第 1 行说的是处罚罚金（是应该偿还金额的双倍）。正

面第 2 行说明债务人无权诉讼、反对查抄。正面第 3 行说：此附"佳潘枝
（rya vphan vbring）等证人的（印记）"。藏文转写及注解见《英国国家图
书馆斯坦因收集品中的新疆出土古藏文写本》，第 97 页。

296. 某人致论扎协书信残卷

斯坦因原编：M. Tagh. c. Ⅰ.0067.，英国国家图书馆东方文献部编号
Or. 15000/230，残卷，5.5×6，正面 4 行，背面空白。残余左上角。收件
人姓名可以复原为"论·扎协"（blon dgra bzher）。正面第 3 行的"拓达
桑波"（thod dar bzang po）似乎是另一人名。藏文转写及注解见《英国国
家图书馆斯坦因收集品中的新疆出土古藏文写本》，第 97 页。

297. 勒赞致某人书残卷

斯坦因原编：M. Tagh. c. Ⅰ.0068.，英国国家图书馆东方文献部编号
Or. 15000/231，残卷，13×15.5，正面 11 行，背面 1 行（？）。书信残卷。
残留右半部，寄信人为"勒赞"（legs tshan）。第 4 行提到了"丝绸"
（myen tri），第 5 行提到了"棉"（bal），第 6 行提到官名"岸本"（mngan），
第 10 行写信人表达了向圣神父子的祈祷。背面的一行看来是信的落款，
"班协"（vpan bzher）可能是收信人的名字。藏文转写及注解见《英国国
家图书馆斯坦因收集品中的新疆出土古藏文写本》，第 98 页；汉译《英国
收藏新疆出土古藏文文书选译》，第 54 页。

298. 某人致拉基书信残卷

斯坦因原编：M. Tagh. c. Ⅰ.0069.，英国国家图书馆东方文献部编号
Or. 15000/232，残卷，11.5×5，正面 9 行，背面 11 行。残余左上角。每
行仅残留开头部分。正面第 1 行收件人名字部分清晰。背面大概是另一封
书信，"拉基"（lha skyes）应是收件人的名字，也可能是正面书信的收件
人。背面第 3 行出现"节儿"（rtse rje）一词，背面第 7 行提到"绵羊"
（lug）。文书有两处画了四个小圆圈。藏文转写及注解见《英国国家图书
馆斯坦因收集品中的新疆出土古藏文写本》，第 98 页。

299. 书信残卷

斯坦因原编：M. Tagh. c. Ⅰ.0070.，英国国家图书馆东方文献部编号
Or. 15000/233，残卷，5.7×4.5，正面 4 行，背面 1 行。残余左边部分，
大概是一封书信。正面第 1 行似乎是文书标题部分，正面第 2 行的"撒
郎"（gsa glang）和"拉通"（lha mthong）可能是人名。背面的文书与正

面笔迹类似但非常模糊，不能释读。藏文转写及注解见《英国国家图书馆斯坦因收集品中的新疆出土古藏文写本》，第99页。

300. 写本残卷

斯坦因原编：M. Tagh. c. Ⅰ. 0072.，英国国家图书馆东方文献部编号Or. 15000/234，残卷，1×18，正面1行，背面空白。文书被切割成一长块，仅保留1行。藏文转写及注解见《英国国家图书馆斯坦因收集品中的新疆出土古藏文写本》，第99页。

301. 文书残卷

斯坦因原编：M. Tagh. c. Ⅰ. 0073.，英国国家图书馆东方文献部编号Or. 15000/235，残卷，3×7，正面2行，背面空白。残余中上部分。正面第1行有"两种供应品"（gnyis gyi brkyags），正面第2行提到"三升（bre gsum）"谷物。藏文转写及注解见《英国国家图书馆斯坦因收集品中的新疆出土古藏文写本》，第99页。

302. 文书残卷

斯坦因原编：M. Tagh. c. Ⅰ. 0074. c.，英国国家图书馆东方文献部编号Or. 15000/236，残卷，3×6，正面2行，背面1行加印记。残余中间部分。正面第2行提到"超过或缺乏三两"（srang gsum lhag tshad）。背面有一朱砂印记相当清晰。藏文转写及注解见《英国国家图书馆斯坦因收集品中的新疆出土古藏文写本》，第99页。

303. 文书残卷

斯坦因原编：M. Tagh. c. Ⅰ. 0074. d.，英国国家图书馆东方文献部编号Or. 15000/237，残卷，5×7.5，正面3行，背面空白。残余中间部分。正面第2行提到"二十户"（khyim nyi shu）。藏文转写及注解见《英国国家图书馆斯坦因收集品中的新疆出土古藏文写本》，第100页。

304. 切勒致措桑大人书残卷

斯坦因原编：M. Tagh. c. Ⅰ. 0084.，英国国家图书馆东方文献部编号Or. 15000/238，完整，6×27.5，正面5行。书信残卷，是"切勒"（chas legs）致"措桑大人"（jo mtsho bzang）和"录宁"（klu mnyen）的信。第1、第2行是一般的问候。第2至第4行是说："如果冬十二月我仍未下山，就意为不妙。如果这之前班协（vpan bzher）的装备没有收到，请收容他们。"信的结尾处表达了对收信人的祝福。藏文转写及注解见《英国国家图书馆斯坦因收集品中的新疆出土古藏文写本》，第 100 页；汉译《英国收藏新疆出土古藏文文书选译》，第 113 页。

305. 书信残卷

斯坦因原编：M. Tagh. c. Ⅱ. 0061.，英国国家图书馆东方文献部编号 Or. 15000/239，残卷，6.5×8，正面 5 行，背面空白。残余右上部分，残余的文书大部分是问候语。藏文转写及注解见《英国国家图书馆斯坦因收集品中的新疆出土古藏文写本》，第 100 页。

306. 书信残卷

斯坦因原编：M. Tagh. c. Ⅱ. 0062. a. +b.，英国国家图书馆东方文献部编号 Or. 15000/240，残卷，3×20，正面 3 行，背面空白。由两个残片拼接在一起。修复后的文书右上部分主要是人名。背面是一封书信的开头或致"录色"（klu gsas）和"色列"（gsas legs）的书信草稿。藏文转写及注解见《英国国家图书馆斯坦因收集品中的新疆出土古藏文写本》，第 100 页；汉译《英国收藏新疆出土古藏文文书选译》，第 116 页。

307. 书信残卷

斯坦因原编：M. Tagh. c. Ⅱ. 0063.，英国国家图书馆东方文献部编号 Or. 15000/241，残卷，6×8.5，正面 4 行，背面空白。残余中上部分。寄件人的名字可见部分字节"ngo gzis"，正面第 2 行出现"向部落"（shang sde）名。藏文转写及注解见《英国国家图书馆斯坦因收集品中的新疆出土古藏文写本》，第 101 页。

308. 勃洛致党臧党叶大人书残卷

斯坦因原编：M. Tagh. c. Ⅱ. 0064.，英国国家图书馆东方文献部编号 Or. 15000/242，完整，3.5×21.5，正面 4 行，背面 3 行。书信残卷。是"勃洛"（Bor lod）致"党臧党叶大人"（jo cho stang zang stang dbyal）的信。信中提到将把"丝绸"（men thri）送给一个名叫"嘉孜"（rgyal gzigs）的人。背面的文字很难确认。藏文转写及注解见《英国国家图书馆斯坦因收集品中的新疆出土古藏文写本》，第 101 页；汉译《英国收藏新疆出土古藏文文书选译》，第 78 页。

309. 突厥州等地患病士兵名册

斯坦因原编：M. Tagh. c. Ⅱ. 0065.；英国国家图书馆东方文献部编号

Or. 15000/243，残卷，6.5×14.5，右侧残，常见草写楷书，正面 4 行。涉及的地名有："那囊"（sna nam）的"塔哈"（ta ho）、"楚"（tshu）、"幽谷峰"（snang lung rtse）、"波"（vbog）、"突厥州"（dru gu vjor）等。人名有："那囊达协"（sna nam zla bzher）、"琼波聂基"（khyung po myes skyes）、"波索西列（pob so pyi slebs）。病因为山地病或高山病。英译见《有关西域的藏文文献与文书》第二卷，第 249 页；汉译《敦煌西域古藏文社会历史文献》，第 214 页。藏文转写及注解见《英国国家图书馆斯坦因收集品中的新疆出土古藏文写本》，第 101 页；汉译《英国收藏新疆出土古藏文文书选译》，第 24 页。

310. 书信残卷

斯坦因原编：M. Tagh. c. Ⅱ. 0070.，英国国家图书馆东方文献部编号 Or. 15000/244，残卷，3.5×10.5，正面 2 行，背面空白。残余中上部分，是一封书信，书信是寄给"论·录协"（blon klu bzher）的。藏文转写及注解见《英国国家图书馆斯坦因收集品中的新疆出土古藏文写本》，第 102 页。

311. 某人致论赤孜书残卷

斯坦因原编：M. Tagh. c. Ⅲ. 0078.，英国国家图书馆东方文献部编号 Or. 15000/245，残卷，7×13，正面 5 行。书信残卷，残留中上部，是一封致"论·赤孜"（blon kri gzigs）的信。可见到的人名有"祖拉赞"（mtshur lha brtsan），地名有"娘帕部落"（mnyal pavi sde）。此文书明显属于吐蕃统治于阗时期。藏文转写及注解见《英国国家图书馆斯坦因收集品中的新疆出土古藏文写本》，第 102 页；汉译《英国收藏新疆出土古藏文文书选译》，第 34 页。

312. 文书残卷

斯坦因原编：M. Tagh. c. Ⅲ. 0080.，英国国家图书馆东方文献部编号 Or. 15000/246，残卷，2.8×12，正面 1 行，背面 1 行（？）。残余右下角。仅有第 1 行"秋八月偿还"（mtshal ma sdon sla vbring po）云云。背面文书只有一个音节"ceng"可辨，但太模糊无法确定。藏文转写及注解见《英国国家图书馆斯坦因收集品中的新疆出土古藏文写本》，第 102 页。

313. 写本残卷

斯坦因原编：M. Tagh. c. Ⅲ. 0082.，英国国家图书馆东方文献部编号

Or. 15000/247，残卷，8.5×3.3，正面 7 行，背面 1 行。残余中间部分，被切割成一个梯形。正面第 1、第 4 行残存一些人名或地名的字节。背面仅有日期"冬"（dgun）。藏文转写及注解见《英国国家图书馆斯坦因收集品中的新疆出土古藏文写本》，第 102 页。

314. 写本残卷

斯坦因原编：M. Tagh. c. Ⅲ. 0085.，英国国家图书馆东方文献部编号 Or. 15000/248，残卷，8.5×12，正面 8 行，背面空白。残余右边或中间部分。正面第 7 行有人名"嘉协"（rgyal bzher）。根据弗兰克辨认，这儿原有一小残片，包括"劝告"（bkav gros）一词，但现在已缺失。藏文转写及注解见《英国国家图书馆斯坦因收集品中的新疆出土古藏文写本》，第 103 页；汉译《英国收藏新疆出土古藏文文书选译》，第 59 页。

315. 借钱契残卷

斯坦因原编：M. Tagh. c. Ⅲ. 0086.，英国国家图书馆东方文献部编号 Or. 15000/249，残卷，15×9，正面 10 行，加印记一枚。甚残，仅下边存留，底边有一枚圆形印章。从第 2 行可以看出，是一件有关借"铜钱"（dong tshe）的契约，时间是"夏八月"。英译见《敦煌西域出土的古藏文契约文书》第 297～298 页；汉译本第 327～328 页。藏文转写及注解见《英国国家图书馆斯坦因收集品中的新疆出土古藏文写本》，第 103 页；汉译《英国收藏新疆出土古藏文文书选译》，第 88 页。

316. 书信残卷

斯坦因原编：M. Tagh. c. Ⅲ. 0087.，英国国家图书馆东方文献部编号 Or. 15000/250，残卷，12.5×16，正面 12 行。书信残卷，残留右下半部，许多地方裂开，红色的迹印到处可见，致使多处尤其是第 1 至第 5 行字迹难辨。第 6 行提到了"哲囊洛"（dbrad snang lod）是"尚·朗龙"（zhang lang lon）的贴身侍卫；第 9 行提到了"寄件人的官方责任"。藏文转写及注解见《英国国家图书馆斯坦因收集品中的新疆出土古藏文写本》，第 103 页；汉译《英国收藏新疆出土古藏文文书选译》，第 114 页。

317. 契约残卷

斯坦因原编：M. Tagh. c. Ⅲ. 0088.，英国国家图书馆东方文献部编号 Or. 15000/251，残卷，3×13.5，正面 3 行，背面空白。文书上仅包括一些清晰的词汇。正面第 2 行"见证人封印"（dphang〔rgya〕），正面第 3 行为

"私人印章"（sug rgya）。藏文转写及注解见《英国国家图书馆斯坦因收集品中的新疆出土古藏文写本》，第 104 页。

318. 文书残卷

斯坦因原编：M. Tagh. c. Ⅲ. 0089.，英国国家图书馆东方文献部编号 Or. 15000/252，残卷，5.5×4，正面 3 行，背面 2 行（?）。残余中间部分。仅有一些不连贯的音节，如"pa ni"和"kyi"等较为清晰。见《英国国家图书馆斯坦因收集品中的新疆出土古藏文写本》，第 104 页。

319. 文书残卷

斯坦因原编：M. Tagh. c. Ⅲ. 0091.，英国国家图书馆东方文献部编号 Or. 15000/253，残卷，7×3，正面 5 行，背面空白。文书仅余中上部分，每行仅有一些音节。藏文转写及注解见《英国国家图书馆斯坦因收集品中的新疆出土古藏文写本》，第 104 页。

320. 书信残卷

斯坦因原编：M. Tagh. c. Ⅲ. 0092.，英国国家图书馆东方文献部编号 Or. 15000/254，残卷，6×3.8，正面 4 行，背面空白。仅残余右上角，没有保留任何个人名。弗兰克认为通过痕迹可以识别出文书背面是 2 个中文字，但是太模糊，不能辨认出具体是什么字。藏文转写及注解见《英国国家图书馆斯坦因收集品中的新疆出土古藏文写本》，第 104 页。

321. 文书残卷

斯坦因原编：M. Tagh. c. Ⅲ. 0094. a.，英国国家图书馆东方文献部编号 Or. 15000/255，残卷。5×5，正面 1 行，背面空白；2.5×4，正面 2 行，背面空白；2×5，正面 2 行，背面空白。大概是同一个文书的 5 个小残片被放在一起。残卷上有一些不连贯的音节，难以进一步辨识。见《英国国家图书馆斯坦因收集品中的新疆出土古藏文写本》，第 104 页。

二　山普拉（Samp.）no. 322~323

322. 佛经残卷

斯坦因原编：Samp. 010.，《古代和田》图版 199，残卷，7.5×11.0，正面 4 行，背面 4 行。佛经文献残片，可能是一页菩提经文，写在对开的残片两边，使用了艺术风格的字体，大概是吐蕃后期的文书。藏文转写及注解见《英国国家图书馆斯坦因收集品中的新疆出土古藏文写本》，第 105 页。

323. 文书残卷

斯坦因原编：Samp. 040. + 未编号，英国国家图书馆东方文献部编号 Or. 8212/1781 + 1786，残卷，6.5×9.5，正面 6 行，背面朱砂印。有两个残片，残片 Samp. 040 和残片 Samp. 未编号，被连接在一起。正面第 3 行出现"佛语或教敕"（bka lung）一语。背面有红色图案，可能是法轮的部分。藏文转写及注解见《英国国家图书馆斯坦因收集品中的新疆出土古藏文写本》，第 105 页。

323. 文书残卷

斯坦因原编：Samp. 未编号，英国国家图书馆东方文献部编号 Or. 8212/1786，残卷，5.2×6，正面 4 行，背面朱砂印。与 Samp. 040. 的文书粘贴在一起。见《英国国家图书馆斯坦因收集品中的新疆出土古藏文写本》，第 105 页。

三　达马沟（Dom.）no. 324～347

324. 文书残卷

斯坦因原编：Dom. 0128.，英国国家图书馆东方文献部编号 Or. 8212/1361，残卷，4.5×6.7，正面 4 行，背面 1 行。残余中间部分。正面第 1 行谈到了"烹饪"（byan po），正面第 1 行和第 3 行出现"食品"（tshal ma），正面第 2 行出现"营地"（nyin ra）。背面明显有 6 个字符，可能是由不同的人书写，字迹模糊不易辨认。藏文转写及注解见《英国国家图书馆斯坦因收集品中的新疆出土古藏文写本》，第 105 页；汉译《英国收藏新疆出土古藏文文书选译》，第 61 页。

325. 书信残卷

斯坦因原编：Dom. 0149.，英国国家图书馆东方文献部编号 Or. 8212/1366，残卷，2.8×7.3，正面 2 行，背面空白。残余书信的左边部分。与编号 326 可能是同一文书。藏文转写及注解见《英国国家图书馆斯坦因收集品中的新疆出土古藏文写本》，第 106 页。

326. 书信残卷

斯坦因原编：Dom. 0150.，英国国家图书馆东方文献部编号 Or. 8212/1366 bis，残卷，7.5×6，正面 4 行，背面空白。残余中间部分。可能是属于编号 325 的一部分。藏文转写及注解见《英国国家图书馆斯坦因收集品中的新疆出土古藏文写本》，第 106 页。

327. 书信残卷

斯坦因原编：Dom. 0151.，英国国家图书馆东方文献部编号 Or. 8212/1922，残卷，5×7.5，正面 3 行，背面空白。可能是书信残卷的左边部分。正面第 2 行 "mdo" 可能是人名部分。显然文书错与 Or. 8212/1265－6. 放在一起。藏文转写及注解见《英国国家图书馆斯坦因收集品中的新疆出土古藏文写本》，第 106 页。

328. 某人致芒扎书残卷

斯坦因原编：Dom. 0152.，英国国家图书馆东方文献部编号 Or. 8212/1923，残卷，12×7，正面 7 行，背面 1 行。仅残余文书的顶部和底部。正面第 1 行 "芒扎"（mang sgra）可能是收信人姓名，第 3 行提到人名 "赞热"（tsan ra），第 5 行说 "以米粟放贷"，文书末尾以短语 "送至" 结束，背面有两个字符 "da" 非常模糊，可能是书写练习。藏文转写及注解见《英国国家图书馆斯坦因收集品中的新疆出土古藏文写本》，第 106 页；汉译《英国收藏新疆出土古藏文文书选译》，第 113 页。

329. 索塔基寄侄儿书信残卷

斯坦因原编：Dom. 0155.，英国国家图书馆东方文献部编号 Or. 8212/1884，残卷，3.5×17，正面 3 行，背面空白。残余书信的左上部分。正面第 1 行是 "索塔基"（so mthav skyes）寄给侄儿 "道玛"（stag rma）的书信，正面第 2 行为 "问候即离开"。藏文转写及注解见《英国国家图书馆斯坦因收集品中的新疆出土古藏文写本》，第 107 页。

330. 文书残卷

斯坦因原编：Dom. 0160.，英国国家图书馆东方文献部编号 Or. 8212/1882，残卷，2×18，正面 3 行，背面空白。残余中间部分，文书顶部被切成一个弧形。正面第 1 行有 "悲伤成疾"，正面第 2 行出现一些人名如 "论·录扎"（blon klu sgra）和 "措桑"（mtsho bzang）。藏文转写及注解见《英国国家图书馆斯坦因收集品中的新疆出土古藏文写本》，第 107 页。

331. 文书残卷

斯坦因原编：Dom. 0161.，英国国家图书馆东方文献部编号 Or. 8212/1364，残卷，7.5×7.7，正面 6 行，背面空白。残余右上角，文书破坏严重，有许多小洞。正面第 1 行提到"于阗"（li yul），正面第 2 行"拉洛"（lha lod）和正面第 4 行"赞"（brtsan）可能是人名，正面第 3 行似乎出现"龙"（vbrug）这个词。藏文转写及注解见《英国国家图书馆斯坦因收集品中的新疆出土古藏文写本》，第 107 页。

332. 书信残卷

斯坦因原编：Dom. 0165.，英国国家图书馆东方文献部编号 Or. 8212/1883，残卷，2.5×14，正面 2 行，背面 2 行。残余左边部分。文书两边都是同一个笔迹。正面似乎是一封寄往"孔大人"（lord khong）书信的开头。背面可能是正面书信或另一封书信的落款署名。收件人姓名有部分是清晰的，出现"扎"（sgra）这个人名的部分。文书太残，不能进一步识别。背面第 2 行有"羊骨卜"（sog mo）。藏文转写及注解见《英国国家图书馆斯坦因收集品中的新疆出土古藏文写本》，第 107 页。

333. 书信残卷

斯坦因原编：Dom. 未编号 . a.，英国国家图书馆东方文献部编号 Or. 8212/1888，残卷，6.5×3，正面 4 行，背面空白。15 个小残片被放到一个封袋中，没有写编号。在封袋封口处写有读作"dom"的字。一个残片，似乎包括维吾尔文，但是文书太残无法确认。另外的 14 个残片都有藏文，在编目中被贴上 a－n（编号 333～346）的标签，其中，编号 342 背面有 1 个中文字符，其他所有藏文文书显然是书信残片，但它们似乎不是同一文书的残片。编号 333 是书信的左上角。正面第 4 行下面是文书的空白处，表明第 4 行是书信的最后一行。藏文转写及注解见《英国国家图书馆斯坦因收集品中的新疆出土古藏文写本》，第 108 页。

334. 书信残卷

斯坦因原编：Dom. 未编号 . b.，英国国家图书馆东方文献部编号 Or. 8212/1888，残卷，3.5×9，正面 3 行，背面空白。可能是一封书信的左下部分。参见编号 333。藏文转写及注解见《英国国家图书馆斯坦因收集品中的新疆出土古藏文写本》，第 108 页。

335. 文书残卷

斯坦因原编：Dom. 未编号 . c., 英国国家图书馆东方文献部编号 Or. 8212/1888，残卷，3×5.5，正面3行，背面空白。残余中间部分。仅有两个音节"grangs""dang"可辨读，参见编号333。藏文转写及注解见《英国国家图书馆斯坦因收集品中的新疆出土古藏文写本》，第108页。

336. 文书残卷

斯坦因原编：Dom. 未编号 . d., 英国国家图书馆东方文献部编号 Or. 8212/1888，残卷，3.5×4，正面2行，背面2行加反书1行。文书两边的字显然笔迹不同。背面第2行有"褶皱"一词。文书太残无法确认。参见编号333。藏文转写及注解见《英国国家图书馆斯坦因收集品中的新疆出土古藏文写本》，第108页。

337. 文书残卷

斯坦因原编：Dom. 未编号 . e., 英国国家图书馆东方文献部编号 Or. 8212/1888，残卷，3×5，正面2行，背面2行。文书两边显然是用同一种笔迹写成。每一边都只有一些音节可辨读。参见编号333。藏文转写及注解见《英国国家图书馆斯坦因收集品中的新疆出土古藏文写本》，第109页。

338. 书信残卷

斯坦因原编：Dom. 未编号 . f., 英国国家图书馆东方文献部编号 Or. 8212/1888，残卷，2×10.5，正面1行，背面空白。一个很长的条状纸的中间部分，上面仅有1行字，有"书信"等词。参见编号333。藏文转写及注解见《英国国家图书馆斯坦因收集品中的新疆出土古藏文写本》，第109页。

339. 文书残卷

斯坦因原编：Dom. 未编号 . g., 英国国家图书馆东方文献部编号 Or. 8212/1888，残卷，2.5×4.5，正面2行，背面空白。残余中间部分。文书一边仅有一些音节可辨读，正面第1行有"放置"一词。参见编号333。藏文转写及注解见《英国国家图书馆斯坦因收集品中的新疆出土古藏文写本》，第109页。

340. 书信残卷

斯坦因原编：Dom. 未编号 . h., 英国国家图书馆东方文献部编号

Or. 8212/1888，残卷，5×3.5，正面5行，背面空白。大概是一封书信的右上角，文书成三角形。参见编号333。藏文转写及注解见《英国国家图书馆斯坦因收集品中的新疆出土古藏文写本》，第109页。

341. 书信残卷

斯坦因原编：Dom. 未编号.i，英国国家图书馆东方文献部编号Or. 8212/1888，残卷，4.5×6，正面4行，背面空白。残余书信的中上部分。正面第1行似乎包括收件人姓名。参见编号333。藏文转写及注解见《英国国家图书馆斯坦因收集品中的新疆出土古藏文写本》，第110页。

342. 佛经残卷

斯坦因原编：Dom. 未编号.j，英国国家图书馆东方文献部编号Or. 8212/1888，残卷，4.5×4.5，正面4行，背面1行。残余正面文书的左上部分。每行仅保留开头的一些字符。背面大概是佛经残卷的部分。参见编号333。藏文转写及注解见《英国国家图书馆斯坦因收集品中的新疆出土古藏文写本》，第110页。

343. 文书残卷

斯坦因原编：Dom. 未编号.k，英国国家图书馆东方文献部编号Or. 8212/1888，残卷，4×4，正面2行，背面3行。残余左上角。正面第1行有一时间"牛（年）"为开头，正面第2行发现人名"玛协"（rma bzher）。背面大概是另一封书信的右上角。参见编号333。藏文转写及注解见《英国国家图书馆斯坦因收集品中的新疆出土古藏文写本》，第110页。

344. 书信残卷

斯坦因原编：Dom. 未编号.l，英国国家图书馆东方文献部编号Or. 8212/1888，残卷，2.5×4，正面3行，背面1行。残余中间部分。正面第2行有"取得"一词。背面第1行似乎出现人名"嘉协勒"（rgyal bzher legs）。参见编号333。藏文转写及注解见《英国国家图书馆斯坦因收集品中的新疆出土古藏文写本》，第110页。

345. 文书残卷

斯坦因原编：Dom. 未编号.m.，英国国家图书馆东方文献部编号Or. 8212/1888，残卷，4×4，正面1行，背面1行。文书两边仅有一些清晰的音节。背面和正面笔迹不同。参见编号333。藏文转写及注解见《英国国家图书馆斯坦因收集品中的新疆出土古藏文写本》，第111页。

346. 书信残卷

斯坦因原编：Dom. 未编号 . n.，英国国家图书馆东方文献部编号 Or. 8212/1888，残，4×5，正面 3 行，背面 1 行。大概残余书信的中间部分。正面第 1 行"尚节波"（rje po zha [ng]），"zhang"的字面意义为舅氏，可能是收件人头衔的部分，正面文书的笔迹是不同的。背面有一些字符可见，但是非常模糊。参见编号 333。藏文转写及注解见《英国国家图书馆斯坦因收集品中的新疆出土古藏文写本》，第 111 页。

347. 拉混书信残卷

斯坦因原编：Dom.（?）未编号 .，英国国家图书馆东方文献部编号 Or. 8212/1922 bis，残卷，3×11.7，正面 4 行，背面空白。残余书信的中上部分。正面第 1 行"拉混"（lha[-][h]on）可能是送件人姓名，正面第 2 行有"二者心安"，第 3 行有"前天"一词。藏文转写及注解见《英国国家图书馆斯坦因收集品中的新疆出土古藏文写本》，第 111 页。

四 卡达里克（Khad./Kha.）no. 348~351

348. 书信残卷

斯坦因原编：Khad. 029.1 - 8.，英国国家图书馆东方文献部编号 Or. 8212/1698，残卷，7.8×5.7，正面 5 行，背面空白。残余中上部分。文书似乎部分被烧过，与 7 个梵文残片一起放在封袋中。放在封袋中的便签标明编号 Khad. 029.1 - 8.，但是编号没有写在残卷上。斯坦因描述 Khad. 029. 为"这包（文书）仅有一些小残片"，大部分被压碎。通常这些文书都是婆罗米文的，但在某些情况下也有其他文字。残片太小，无法确定，某些残片显示有烧迹。（IA：1021）。藏文转写及注解见《英国国家图书馆斯坦因收集品中的新疆出土古藏文写本》，第 111 页。

349. 马年春释放于阗罪犯书

斯坦因原编：khad. 052；英国国家图书馆东方文献部编号 Or. 15000/256，11.6×28.4，正面完整，背面残卷。原本折于一长纸条里，有如现代的藏文书信；完好；常见草写楷书，正面 6 行加倒书 1 行，反面 6 行，甚模糊。内容涉及马年春二月初考核士兵，发现一个在"于阗南勒"（li nang gleg）的"布尚约巴山"（vbu zhang yol ba ri）做饭的名叫苏泽（so

btsas）的人，多次惹出麻烦，决定在于阗部队中将其处死。他的伙伴即
"巡吏"（tshug pon）等答应付四千五百"钱币"（dong tse）给他赎罪，如
违约，赎金将翻倍。倒书"于阗人苏南"（li su［na］ng）指印。英译见
《有关西域的藏文文献与文书》第二卷，第 252 页；汉译《敦煌西域古藏
文社会历史文献》，第 216～217 页。《敦煌西域出土的古藏文契约文书》
第 320～323 页；汉译本第 352～356 页。藏文转写及注解见《英国国家图
书馆斯坦因收集品中的新疆出土古藏文写本》，第 112 页；汉译《英国收
藏新疆出土古藏文文书选译》，第 25 页。

350. 于阗文藏文佛经

斯坦因原编：Kha. i. 158.，《古代和田》图版 212，完整，26×46，正
面 1 行加中文 28 行，背面于阗文 22 行。练习抄写落款署名的一行藏文被
写在汉文佛经文献的底部边缘。值得注意的是送件人姓名在收件人之前。
背面是于阗文佛经文献，是编号 Kha. i. 221 长卷的一部分。斯坦因的描述
似乎说明有更多于阗文佛经的文字。同时一行藏文也出现在 Kha. i. 221. 文
书的底部，在普散分类目录 251 附件 C47 中有描述，汉文写本是《大般涅
槃经》卷九的一部分。藏文转写及注解见《英国国家图书馆斯坦因收集品
中的新疆出土古藏文写本》，第 112 页。

351. 书信残卷

斯坦因原编：Kha. vi. 14. a.，英国国家图书馆东方文献部编号 Or.
15000/257，残卷：9.5×14，正面 5 行；12×4，正面 5 行；7×4，背面 2
行；5.8×4.8，正面 3 行。背面均空白。可能是一封书信的 4 个残片。第
一件残片正面第 4 行提到于阗官员"萨波彦别"（spa yan ber）。藏文转写
及注解见《英国国家图书馆斯坦因收集品中的新疆出土古藏文写本》，第
113 页；汉译《英国收藏新疆出土古藏文文书选译》，第 78 页。

五　牙通（Ile-dong.）no. 352～353

352. 文书残卷

斯坦因原编：Ile-dong. 024.，英国国家图书馆东方文献部编号 Or.
15000/258，残卷，1.5×4.5，正面 1 行，背面空白。文书正面有三四个字
母，如"la""ga"，非常模糊，难以辨认。因这个文书和别的文书放在一

起，质地看起来是纸，但应是很薄（比 1 毫米薄）的木片，因此这个残稿应该被重新整理在木简目录中。见《英国国家图书馆斯坦因收集品中的新疆出土古藏文写本》，第 113 页。

353. 书信残卷

斯坦因原编：Ile-dong. 025.，英国国家图书馆东方文献部编号 Or. 15000/259，残卷，6.1×10.2，正面 6 行，背面 5 行。包括两个不同的文书，两边各一个。正面大概残余一封书信的中间部分，正面第 2 行"未死之前……"，第 3 行"我之……"，第 4 行"已供奉，请赐予……"。背面仅残余一些短语，如背面第 2 行"3 钱（谷物）"，10 钱为 1 两。第 4 行可辨认出"来世"。背面似乎有个模糊的朱砂印记。藏文转写及注解见《英国国家图书馆斯坦因收集品中的新疆出土古藏文写本》，第 113 页；汉译《英国收藏新疆出土古藏文文书选译》，第 79 页。

六　巴拉瓦斯特（Bal.）no. 354

354. 书信残卷

斯坦因原编：Bal. 0166.，英国国家图书馆东方文献部编号 Or. 8212/1623，残卷，11.5×12，正面 7 行，背面空白。残余中上部分。纸张严重受损，有许多小洞。正面第 1 行结尾有"在……之前"（sngar），显示文书是第 3 种类型的书信。正面第 4 行"债务"（bu lon），第 5 行"大麦"（nas），第 6 行"出自唐……"（rgya nas）等可以辨认。见《英国国家图书馆斯坦因收集品中的新疆出土古藏文写本》，第 114 页。

七　克里雅（Ker.）no. 355

355. 有关寺院的文书

斯坦因原编：Ker.（？）未编号.，英国国家图书馆东方文献部编号 Or. 9615/12（于阗文），残卷，7×11，正面 5 行，背面空白。与 11 个于阗文残卷放置在同一封袋中。正面第 1 行提到"古仙神殿"（［gtsug］ lag khang vgu zhan）。藏文转写及注解见《英国国家图书馆斯坦因收集品中的新疆出土古藏文写本》，第 114 页。

八　斯文赫定（Har.）no. 356~357

356. 文书残卷

斯坦因原编：Har. 072. 12 - 19.，英国国家图书馆东方文献部编号 Or. 8212/1646，残卷，5.3×4.5，正面 1 行，背面 2 行（？）；3.5×4.5，正面 3 行，背面空白（？）。有两个残片，每一个残片只有一些音节。较大的一个残片可能是一封书信草稿的开头部分。背面似乎有一些藏文字符，因太模糊无法确定。较小的残片似乎是另外一封书信的部分，背面的涂写难以确认。由于上面没有编号，每个残片的编号没有被归类，由附着的线条判断，两个残片属于编号属于 Har. 072. 12. 至 Har. 072. 19.。编号为 Har. 的残卷见前面介绍和 IA：1051 56 的介绍。藏文转写及注解见《英国国家图书馆斯坦因收集品中的新疆出土古藏文写本》，第 114 页。

357. 雇用契约残卷

斯坦因原编 Har. 079. 16 - 19.，英国国家图书馆东方文献部编号 Or. 8212/1651，6.2×7，正面 5 行，背面空白。残余左上部分。文书开头是时间“虎年”。正面第 2 行提到“两天”，第 3 行包括“酬劳”（gla）。这就意味着这可能是一雇用契约，与编号 675 相似。这个残片与 3 个梵文残片被放在一个封袋中，有一标签标明其编号为 Har. 079. 16 - 19。编号 Har. 见 IA：1051 - 56。藏文转写及注解见《英国国家图书馆斯坦因收集品中的新疆出土古藏文写本》，第 115 页。

九　霍恩雷（Hoernle.）no. 358

358. 于阗僧侣名册

Hoernle：143a.，《古代和田》图版 206，完整，17×26，正面 7 行，背面于阗文 12 行。文书，于阗僧侣名册。看来有 16 个于阗僧侣的名字，为首的是一个名叫“名僧道吉嘉赞”（pan de ched po stag yi rgyal mtshan）。这些僧侣好像是负有向寺院交纳大麦的责任，而所交的大麦是作为治疗“大论·嘉桑”（ched po blon rgyal bzang）的费用。其中有一位被称作“诺素贝夏”（nog su ber zha）的僧侣负责集中并交付这些大麦。背面的和田

文献参见：贝利《和田文文献》KT2：68.，所记录的地点是于阗东部的
"六城"。藏文转写及注解见《英国国家图书馆斯坦因收集品中的新疆出土
古藏文写本》，第115页；汉译《英国收藏新疆出土古藏文文书选译》，第
66页。

十　斯坦因未编号（和田？）no.：359～360

359. 羊年契约残卷

斯坦因未编号（和田？），英国国家图书馆东方文献部编号 Or.8212/
1834c.，残卷，7×27.5，正面6行，背面5行。买卖契约文书。纸张严重
受损，出现很多小洞，两面的文字均十分模糊，浑浊不清。正面看来是一
件售卖贴身男仆的契约。第1行提示的时间是"羊年之春"，彼时正值"于
阗僧官赤丹"（li bla blon khri gdavm）和"都护论·巴协"（spyan blon dpal
bzher）在于阗召集会盟之际，证实此文书写于于阗地区。买者的名字可见到
一部分是"zha pong"，卖者的名字可在背面见到是"仲基"（khrom skyes）。
背面的第1行至第4行可能是正面契约的后半部，但已模糊难辨。藏文转写
及注解见《英国国家图书馆斯坦因收集品中的新疆出土古藏文写本》，第116
页；汉译《英国收藏新疆出土古藏文文书选译》，第48页。

360. 文书残卷

斯坦因未编号（和田？），英国国家图书馆东方文献部编号 Or.8212/
1629 bis，残卷，4×9，正面2行，背面3行于阗文。正面是一篇藏文文书
的中下部分，仅有一些音节可辨读。正面第2行似乎是文书的结尾。背面
3行于阗文部分清晰可见。藏文转写及注解见《英国国家图书馆斯坦因收
集品中的新疆出土古藏文写本》，第116页。

十一　米兰遗址（M. I.）no. 361～664

361. 某人致玉协大人书残卷

斯坦因原编：M. Ⅰ. frag. 1.，英国国家图书馆东方文献部编号 Or.
15000/260，残卷，0.5×10.5，正面1行，背面空白。残余1行的开头下
半部分，大概是书信的开头。有两个收件人姓名可辨读，如"玉协"

（g. yu bzher）大人和"录协"（klu bzher）大人。藏文转写及注解见《英国国家图书馆斯坦因收集品中的新疆出土古藏文写本》，第116页。

362. 文书残卷

斯坦因原编：M.Ⅰ.frag.2.，英国国家图书馆东方文献部编号 Or. 15000/261，残卷，4.3×3.7，正面3行，背面空白。残余中间部分，有3行可部分辨读，如"秋天"（ston rka）、"功绩"（yon tan）等。藏文转写及注解见《英国国家图书馆斯坦因收集品中的新疆出土古藏文写本》，第117页。

363. 写本残卷

斯坦因原编：M.Ⅰ.frag.3.，英国国家图书馆东方文献部编号 Or. 15000/262，残卷，3.3×14.5，正面1行，背面空白。残余一行写在一张纸条上，读为："应拉多（lha sto）的若松（ro sum）要求，将其挑出。"附在此处的注解和编号364表明，这两个残卷于1920年9月30号从大英博物馆移交到印度事务图书馆。藏文转写及注解见《英国国家图书馆斯坦因收集品中的新疆出土古藏文写本》，第117页。

364. 佛经残卷

斯坦因原编：M.Ⅰ.frag.4.，英国国家图书馆东方文献部编号 Or. 15000/263，残卷，7.0×6.0，正面5行，背面空白，残余中间部分。其文字和正面第3行的词汇"喇嘛"（bla ma）显示这是佛经，但是文书太残不能辨认。参见编号363。藏文转写及注解见《英国国家图书馆斯坦因收集品中的新疆出土古藏文写本》，第117页。

365. 契约文书

斯坦因原编：M.Ⅰ.i.7.，英国国家图书馆东方文献部编号 Or.15000/264，残卷，8.5×18，正面5行加印章加反书4行，背面4行。残余左上部分。两个性质不同的文书互相颠倒，被写在正面。5行文书大概是谷物出借的契约。正面第5行右边明显有一圆形朱砂印记，但是太模糊。反写的文书也提到"费用"（vbul bar），但应该不是契约。背面也同样提到谷物，因内容不清晰无法判定文书的性质。藏文转写及注解见《英国国家图书馆斯坦因收集品中的新疆出土古藏文写本》，第118页。

366. 通颊属员琛萨波噶上贡赤协书

斯坦因原编：M.Ⅰ.i.23.，英国国家图书馆东方文献部编号 Or.15000/

265，完整，8.5×31.5。右上方失落两行半文字，正面草写楷书 7 行，背面 8 行加倒书 1 行，正面和背面文书不同。正面是来自"朗迷"（lang myi）部落的"通颊"（mthong khyab）属员"琛萨波噶"（mtsing sa bor sgavi）致"贡赤协"（gung khri bzher）大人的信。其中提到来自朗迷部落的五六个成员，从父辈起就到通颊服役，然而近期未能收到佣金，故致信贡赤协，请求君王发出命令，指示"萨毗"（tshal byi）、"将军"（dmag pon）和"都护"（spyan）通知下属发放通颊属员的佣金。背面是"道勒"（stag legs）写给"论·基桑"（blon skyes bzang）的一封信。信的内容主要是有关某种药物的调制和用法，但未提及药物的名称。信中还提到地名"朵马"（mdo rma）。英译见《有关西域的藏文文献与文书》第二卷，第122、123、397、398 页；汉译《敦煌西域古藏文社会历史文献》第 117、343 页。藏文转写及注解见《英国国家图书馆斯坦因收集品中的新疆出土古藏文写本》，第 119 页；汉译《英国收藏新疆出土古藏文文书选译》，第 142、206 页。

367. 驿传文书

斯坦因原编：M.Ⅰ.ⅰ.24.，英国国家图书馆东方文献部编号 Or.15000/266，残卷，17.5×11。大幅撕裂，有墨迹；草写楷书，正面 18 行，背面 8 行，倒书 1 行；勉强能辨认。是有关弩支、小罗布等地的驿传文书残卷，其中提到的人名有"论·勒桑"（blon legs bzang）、"论·玛"（blon rma……），地名"德阿拉镇"（khrom der va ra）、"朵扎"（mdo sgra）、"录支"（klu rtse）、"下罗布"（nob shod）、"小罗布"（nob chuage）等。英译见《有关西域的藏文文献与文书》第二卷，第 156 页；汉译《敦煌西域古藏文社会历史文献》第 140 页。藏文转写及注解见《英国国家图书馆斯坦因收集品中的新疆出土古藏文写本》，第 120 页；汉译《英国收藏新疆出土古藏文文书选译》，第 133 页。

368. 佛经文献

斯坦因原编：M.Ⅰ.ⅰ.24.b.，英国国家图书馆东方文献部编号 Or.15000/267，残卷，9.5×10，正面 6 行，背面空白。是残余佛经文献的中上部分，有一些咒语，多是祷告文，属于显宗或密宗佛经文献。字体风格与编号 372 相似，但它们可能是不同的文献。藏文转写及注解见《英国国家图书馆斯坦因收集品中的新疆出土古藏文写本》，第 120 页。

369. 牛年借麦契残卷

斯坦因原编：M. Ⅰ. ⅰ.25.，英国国家图书馆东方文献部编号 Or. 15000/268，残卷，14×14，正面 13 行，背面 14 行。租借契约文书。正面的右上角是一份借麦契。第 1 行至第 3 行说"当我们计算装备以后，发现粮食严重短缺，于是决定借大麦"；第 7 行标注的时间为"牛年春二月"；第 8 行出现了"千户部落"（stong sde）和"军饷"（dmar srang）等名。背面是一件占卜文书，但书写潦草，内容难辨。藏文转写及注解见《英国国家图书馆斯坦因收集品中的新疆出土古藏文写本》，第 121 页；汉译《英国收藏新疆出土古藏文文书选译》，第 159～160 页。

370. 告身残卷

斯坦因原编：M. Ⅰ. ⅰ.25（a）+26+40.，英国国家图书馆东方文献部编号 Or. 15000/269，残卷。14.5×20。草写楷书，正面 14 行，背面 7 行。卷 25（a）是一件告身残卷，提到授予"论·赞松"（［blon］btsan sum）金字告身、虎皮绶带，授予"论·格协"（blon dge bzher）银字告身，以及分别授予"格桑孟勒"（dge bzang rmon legs）、"塔桑勒松"［sta（?）bzang legs sum］等十余人大红铜字告身、红铜字告身、小红铜字告身、小铜字告身，以及虎符、黄牛皮绶带等。卷中提到的地名有："噶瓦"（ska ba）、"道之上部"（stag gi stod）等。可见这是一件颁发于吐蕃本土的告身文书，其中涉及的人物均系吐蕃人，可能是由于其中有人已经入驻唐代的西域，为证明其身份将这件文书的副本带到了今南疆地方。英译见《有关西域的藏文文献与文书》第二卷，第 407 页；汉译《敦煌西域古藏文社会历史文献》，第 350、351 页。藏文转写及注解见《英国国家图书馆斯坦因收集品中的新疆出土古藏文写本》，第 121 页；汉译《英国收藏新疆出土古藏文文书选译》，第 150 页。

370. 文书残卷

斯坦因原编：M. Ⅰ. ⅰ.26.，英国国家图书馆东方文献部编号 Or. 15000/269，残卷，10.5×12，正面 12 行，背面 6 行。与文献 M. Ⅰ. ⅰ.25. a. 连接在一起。见《英国国家图书馆斯坦因收集品中的新疆出土古藏文写本》，第 122 页。

370. 文书残卷

斯坦因原编：M. Ⅰ. ⅰ.40.，英国国家图书馆东方文献部编号 Or. 15000/

269，残，8×6，正面 8 行，背面 4 行。与文献 M. I. j. 25. a. 连接在一起。见《英国国家图书馆斯坦因收集品中的新疆出土古藏文写本》，第 122 页。

371. 文书残卷

斯坦因原编：M. I. j. 25. b.，英国国家图书馆东方文献部编号 Or. 15000/270，残卷，7.5×5.5，正面 5 行，背面空白。残余中间部分。文书外观与编号 370 相似，但纸张质地不同。正面第 2 行"先前'扎'族之法律"。藏文转写及注解见《英国国家图书馆斯坦因收集品中的新疆出土古藏文写本》，第 122 页。

372.《无量寿经》残卷

斯坦因原编：M. I. j. 25. c. + d.，英国国家图书馆东方文献部编号 Or. 15000/271，一卷，残卷，14×21.5，正面 11 行，背面空白。两个残片连接在一起。重新整理的文书接近《大乘经——殊胜无量寿及无量智》的最后部分。与敦煌文书 P. t. 105，Ⅱ. 92 - 99. 只有很小的不同，大都一致，显然是出自编号 550 - 553 的一个不同手稿。藏文转写及注解见《英国国家图书馆斯坦因收集品中的新疆出土古藏文写本》，第 122 页。

372. 佛经文献

斯坦因原编：M. I. j. 25. d.，英国国家图书馆东方文献部编号 Or. 15000/271，13.5×17，正面 11 行，背面空白。与文献 M. I. j. 25. c. 连接在一起。见《英国国家图书馆斯坦因收集品中的新疆出土古藏文写本》，第 122 页。

373. 虎年契约残卷

斯坦因原编：M. I. j. 25. A.，英国国家图书馆东方文献部编号 Or. 15000/272，残卷，6×10.5，正面 5 行，背面 4 行。租借契约文书。残留中部。正面可能是一件借麦契。第 1 行的内容有关粮食的借贷，第 3 行的"巴卡哈"（bav khva hva）看来是一个人的名字。背面是一封信，但被斜角线划掉。藏文转写及注解见《英国国家图书馆斯坦因收集品中的新疆出土古藏文写本》，第 123 页；汉译《英国收藏新疆出土古藏文文书选译》，第 189 页。

374. 书信残卷

斯坦因原编：M. I. j. 25. B.，英国国家图书馆东方文献部编号 Or. 15000/273，残卷，6×9.5，正面 6 行，背面 5 行。残余中上部分。正面是一封书信，正面第 1 行有"是否平安……"，第 2 行有"受伤……"等语。背面大概是另一封书信。藏文转写及注解见《英国国家图书馆斯坦因收集品中的新疆出土古藏文写本》，第 123 页。

375. 桑沛致妥勒麦书残卷

斯坦因原编：M. I. j. 25. C.，英国国家图书馆东方文献部编号 Or. 15000/274，残卷，5.5×16，正面 5 行，背面 4 行加上一印记。书信残卷，残留左上部。正面是一封"桑沛"（sam spes）写给"妥勒麦"（tor leg smed）的信。背面的内容与正面的明显不同，大概是一件法律文书，其第 1 行说："要求参加将军（dmag pon）和都护（spyan）的会盟"云云。第 2 行至第 4 行的文字字体更小，更模糊。第 4 行以下可明显见到 4 枚圆形朱砂印记。藏文转写及注解见《英国国家图书馆斯坦因收集品中的新疆出土古藏文写本》，第 124 页；汉译《英国收藏新疆出土古藏文文书选译》，第 125、151 页。

376. 虎年契约残卷

斯坦因原编：M. I. j. 25. D.；E.，英国国家图书馆东方文献部编号 Or. 15000/275，残卷，4.5×10.5，正面 4 行，背面 3 行。两个残片显然出自相同的手稿：M. I. j. 25. D. 是文书左上角的组成部分，M. I. j. 25. E. 可能被放在它的右边。由于二者间有一缺口，两片文书没有连接在一起。正面以"虎年"（stagi lo）为文书开头，除有些不连贯的单词如"粮食"（vbras）、"赔偿"（mjal）之外，剩下的文字模糊不清，难以辨读。背面是另一封文书的右上部分，用不同的字迹写成，模糊不清，仅有一些短语可以拼读出来，如：背面第 2 行"鼠年"（byi ba lovi）。见《英国国家图书馆斯坦因收集品中的新疆出土古藏文写本》，第 124 页。

376. 文书残卷

斯坦因原编：M. I. j. 25. E.，英国国家图书馆东方文献部编号 Or. 15000/ 275，残卷，3.5×8.5，正面 3 行，背面 2 行。与文书 M. I. j. 25. D. 连在一起。见《英国国家图书馆斯坦因收集品中的新疆出土古藏文写本》，第 124 页。

377. 大尚论尚赞孙扎致小罗布节儿书残卷

斯坦因原编：M. I. j. 27.，英国国家图书馆东方文献部编号 Or. 15000/276，残卷。存去各半，6.5×16.5。楷书正面 4 行，字迹清晰，但不工整。是由"大尚论·尚赞孙扎"(zhang lon ched po zhang btsan sum sgras)发往小罗布节儿(nob chunguvi rtse rje)的一封信,其中提到丰盛的贡品等,应是他收到对方进贡礼品后的回复。信中还提到了小罗布"岸伦"(mngan slungs)。英译见《有关西域的藏文文献与文书》第二卷,第151页;汉译《敦煌西域古藏文社会历史文献》第137页。藏文转写及注解见《英国国家图书馆斯坦因收集品中的新疆出土古藏文写本》,第124页;汉译《英国收藏新疆出土古藏文文书选译》,第126页。

378. 蛇年冬契约残卷

斯坦因原编:M.Ⅰ.ⅰ.40.a.,英国国家图书馆东方文献部编号 Or. 15000/277,残卷,3.5×11.5,正面3行,背面3行。文书两边分别是性质不同的两个文书。正面可能是一个契约,正面第1行有一日期"蛇年冬月"([sbrul kyi?] lo dgun sla bring po),第2行有"手印"([phyag] rgya)一词。背面是第3种书信的问候语,背面第1行有"养病……",第3行有"平常……"等语。藏文转写及注解见《英国国家图书馆斯坦因收集品中的新疆出土古藏文写本》,第125页。

379. 文书残卷

斯坦因原编:M.Ⅰ.ⅰ.40.b.,英国国家图书馆东方文献部编号 Or. 15000/278,残卷,4.5×8,正面4行,背面空白。残余文书右边部分。正面第2行包括短语"使者的土地贫瘠"(pho nyavi zhing ngan—pa),第3行提到"黑牲畜或黑麦"等。藏文转写及注解见《英国国家图书馆斯坦因收集品中的新疆出土古藏文写本》,第125页。

380. 文书残卷

斯坦因原编:M.Ⅰ.ⅰ.40.c.,英国国家图书馆东方文献部编号 Or. 15000/279,残卷,1.5×8.5,正面1行,背面1行(?)。正面仅有1行残余一些字符。背面也许是一些元音符号。藏文转写及注解见《英国国家图书馆斯坦因收集品中的新疆出土古藏文写本》,第125页。

381. 雪卓官吏致论道贡大人书

斯坦因原编:M.Ⅰ.ⅰ.41.,英国国家图书馆东方文献部编号 Or.15000/280,残卷,9.5×13,右边残破,草写楷书,正面8行。是一封驻"雪卓"(shod vbro)的官员写给"论·道贡"(blon stag gung)等3人的信。其中提到的地名或部落名有"朗木"(snam)等。英译见《有关西

111

域的藏文文献与文书》第二卷，第 299 页；汉译《敦煌西域古藏文社会历史文献》，第 258 页。藏文转写及注见《英国国家图书馆斯坦因收集品中的新疆出土古藏文写本》，第 125 页；汉译《英国收藏新疆出土古藏文文书选译》，第 206 页。

382. 契约文书残卷

斯坦因原编：M. Ⅰ. ⅰ.0013.，英国国家图书馆东方文献部编号 Or. 15000/281，残卷，5.5×6.5，正面 6 行，背面 2 行加印章加 1 行。正面的文书非常模糊，每行仅有几个单词可辨读。正面第 2 行"借贷"（snga skyin），第 6 行"债务"（bu lon）等，表明该文书是借贷契约的一部分。然而正面第 1 行的短语"心情愉快"（thugs b[d]e），又是书信（与编号 521～631 相比较）的典型表达形式。背面最后两行部分清晰，但是字符无法辨认。文书底部有四五枚朱砂印记，非常明显，或许是另一契约文书的最后部分。盖章的下面有另一行小字，但是除了"gi"外，其余模糊不清。见《英国国家图书馆斯坦因收集品中的新疆出土古藏文写本》，第 126 页。

383. 某人致尚芒布支等书信残卷

斯坦因原编：M. Ⅰ. ⅰ.0051.，英国国家图书馆东方文献部编号 Or. 15000/282，书信残卷，10×9，正面 9 行。残留左上角。是一封致"尚·芒布支"（zhang po mang po rje）和"录桑"（klu bzang）的信。第 3 行有"千户长之田……突"（stong pon gyi zhing dor）一句。第 6 行见"千户"（stong ste）之名。藏文转写及注解见《英国国家图书馆斯坦因收集品中的新疆出土古藏文写本》，第 126 页；汉译《英国收藏新疆出土古藏文文书选译》，第 160 页。

384. 文书残卷

斯坦因原编：M. Ⅰ. ⅱ.1.a.，英国国家图书馆东方文献部编号 Or. 15000/283，残卷，1.5×5.5，正面 1 行，背面空白。非常小的残片。仅有 1 行保留，有"运输"一词。藏文转写及注解见《英国国家图书馆斯坦因收集品中的新疆出土古藏文写本》，第 126 页。

385. 某人致尚论道桑书残卷

斯坦因原编：M. Ⅰ. ⅱ.1.b.，英国国家图书馆东方文献部编号 Or. 15000/284，残卷，6×10.5，正面 4 行加一枚印记（？），背面 7 行（？）。契约文书残卷。两面笔迹不同。正面的左下角是一件契约文书，其中一句

"将偿还两倍"是契约文书术语。右下角盖有一圆形朱砂印记。背面残留的左上部属另一件文书，可能是一封书信，非常模糊，几不能辨。其中第1行"尚论·道桑"（zhang po blon stag bzang）看来是收信人的名字。藏文转写及注解见《英国国家图书馆斯坦因收集品中的新疆出土古藏文写本》，第127页；汉译《英国收藏新疆出土古藏文文书选译》，第190页。

386. 果祖致某人书残卷

斯坦因原编：M. Ⅰ. ⅱ.2.，英国国家图书馆东方文献部编号 Or. 15000/285，残卷，8×9.5，正面6行，背面空白。来自"果祖"（go gtsug）的书信的中上部分。正面第4行"赞拉娘"（btsan la nya）可能是人名，第5行出现度量衡的单位"升"（bre），第6行似乎在说："请立即派送！"藏文转写及注解见《英国国家图书馆斯坦因收集品中的新疆出土古藏文写本》，第127页。

387. 残卷

斯坦因原编：M. Ⅰ. ⅱ.2.a.，英国国家图书馆东方文献部编号 Or. 15000/286，5×17，空白。见《英国国家图书馆斯坦因收集品中的新疆出土古藏文写本》，第127页。

388. 残卷

斯坦因原编：M. Ⅰ. ⅱ.2.b.，英国国家图书馆东方文献部编号 Or. 15000/287，15.5×28，空白。见《英国国家图书馆斯坦因收集品中的新疆出土古藏文写本》，第127页。

389. 佛经文献？

斯坦因原编：M. Ⅰ. ⅱ.11.a.，英国国家图书馆东方文献部编号 Or. 15000/288，残卷，3.5×6.5，正面4行，背面空白。仅有一些音节能看清，如正面第2行的"和"（dang）、"大恩"（byas pa chen po）等。两行用红墨水书写，非常清晰。显然与编号390是出自同一个写本。见《英国国家图书馆斯坦因收集品中的新疆出土古藏文写本》，第128页。

390. 佛经文献？

斯坦因原编：M. Ⅰ. ⅱ.11.b.，英国国家图书馆东方文献部编号 Or. 15000/289，残卷，5×7.5，正面2行，背面空白。正面大量音节不清晰，可能是佛经文献的结尾。两行文书用红墨水书写，非常清晰，显然与编号389出自同一文书。虽然从内容上不能辨认，但写作风格表明其是宗教文献。

见《英国国家图书馆斯坦因收集品中的新疆出土古藏文写本》，第 128 页。

391. 文书残卷

斯坦因原编：M. I . ii . 14.，英国国家图书馆东方文献部编号 Or. 15000/290，残卷，4.5×3.5，正面 2 行，背面空白。仅有两个音节 "khim"（khrim）、"la" 可见。见《英国国家图书馆斯坦因收集品中的新疆出土古藏文写本》，第 128 页。

392. 书信残卷

斯坦因原编：M. I . ii . 20. a.，英国国家图书馆东方文献部编号 Or. 15000/291，残卷，1.5×5.5，正面 2 行，背面空白。仅余一些音节可见，可能是一封书信的开头。正面第 1 行有"内务官"（nang rje po）一词。藏文转写及注解见《英国国家图书馆斯坦因收集品中的新疆出土古藏文写本》，第 128 页。

393. 拉祖书信残卷

斯坦因原编：M. I . ii . 20. b.，英国国家图书馆东方文献部编号 Or. 15000/292，残卷，5.5×11.5，正面 4 行，背面空白。残存来自"拉祖"（Lha zung）的书信的中上部分。藏文转写及注解见《英国国家图书馆斯坦因收集品中的新疆出土古藏文写本》，第 128 页。

394. 罗布三城扛包人过所牒

斯坦因原编：M. I . ii . 40.，英国国家图书馆东方文献部编号 Or. 15000/293，完好。5×30；常见草写楷 3 行，清晰，印记一枚。是"论·潘波王（blon vphan po rjes）遣往"罗布三城"（nob mkhar sum）的扛包人的过所牒。其中提到有关征收什物、部众拖欠及盈余数字等事，以及"虎兵"（stag）、"怯台"（ka dag）、"玉桑拉扎基"（g. yu bzang lhag rtsa skyes）等名称。英译见《有关西域的藏文文献与文书》第二卷，第 136 页；汉译《敦煌西域古藏文社会历史文献》，第 128 页。藏文转写及注解见《英国国家图书馆斯坦因收集品中的新疆出土古藏文写本》，第 129 页；汉译《英国收藏新疆出土古藏文文书选译》，第 125 页。

395. 书信残卷

斯坦因原编：M. I . ii . 42.，英国国家图书馆东方文献部编号 Or. 15000/294，残卷，3×8.5，正面 3 行，背面空白。残余书信的右上角。由于纸张被毁，缺少送件人和收件人姓名。正面第 2 行提到"抄写员的权利",第 3 行提及"由此又……"等语。藏文转写及注解见《英国国家图书馆斯坦因收集品中的新疆出土古藏文写本》,第 129 页。

396. 书信残卷

斯坦因原编:M. Ⅰ. ⅱ. 43.,英国国家图书馆东方文献部编号 Or. 15000/295,残卷,4×15,正面 3 行,背面 3 行。正面是书信的右下角,靠右部边缘有一模糊的红墨水印可能是印记,纸张被毁缺少落款署名。正面第 1 行"默默祈祷不如心平气和……",第 2 行"心平气和好……"。背面是另一封书信的左下角部分,模糊不清。第 1 行"心情不畅……",第 3 行出现"当场"(spyan zigs)和"头盔"(rmog)等语。藏文转写及注解见《英国国家图书馆斯坦因收集品中的新疆出土古藏文写本》,第 129 页。

397. 残卷

斯坦因原编:M. Ⅰ. ⅲ.,英国国家图书馆东方文献部编号 Or. 15000/296,残卷,15.5×7,空白。见《英国国家图书馆斯坦因收集品中的新疆出土古藏文写本》,第 129 页。

398. 书信残卷

斯坦因原编:M. Ⅰ. ⅲ. 1.,英国国家图书馆东方文献部编号 Or. 15000/297,残卷,5.5×9,正面 3 行,背面空白。正面右下角是一篇关于谷物的文书。正面第 1 行有"半两",第 2 行有"半",第 3 行下面有一处空白。藏文转写及注解见《英国国家图书馆斯坦因收集品中的新疆出土藏文写本》,第 130 页。

399. 某人致向贝书

斯坦因原编:M. Ⅰ. ⅲ. 2.,英国国家图书馆东方文献部编号 Or. 15000/298,残卷。18.5×20.5。草写楷书,正面 6 行,其中 3 行字颠倒,笔迹不同,有印记一枚,是一封某人致"向贝"(shang spe)的信。其中提到的部落名或地名有"扎托"(ca sto)、"阿若"(va ro),人名还有"论·嘉斯"(blon rgyal zigs)、"色贡"(gsas kong)等。信中提到了对羊只的统计。英译见《有关西域的藏文文献与文书》第二卷,第 300 页;汉译《敦煌西域古藏文社会历史文献》,第 258 页。藏文转写及注解见《英国国家图书馆斯坦因收集品中的新疆出土古藏文写本》,第 130 页;汉译《英国收藏新疆出土古藏文文书选译》,第 207 页。

400. 书信残卷

斯坦因原编：M.Ⅰ.ⅲ.4.，英国国家图书馆东方文献部编号 Or.15000/299，残卷，7.5×5.5，正面 3 行，背面 5 行。正面 3 行清晰，是问候语。其下可能有较多的文字，但是已褪色。正面第 1 行"……坏……"，第 2 行"……心平气和……"。背面大概是另一封书信，但除了一些音节如"寂静"（vbrog）以外，其余非常模糊。藏文转写及注解见《英国国家图书馆斯坦因收集品中的新疆出土古藏文写本》，第 130 页。

401. 秋八月录祖赞致尚某某书

斯坦因原编：M.Ⅰ.ⅲ.5.，英国国家图书馆东方文献部编号 Or.15000/300，完整。3.5×32.5，草写楷书，正面 4 行，字小，部分模糊；背面 1 行，倒书 1 行。是"录祖赞"（klu vbrug brtsan）写给"尚"（zhang po）某某的一封信。内容为感谢前者的会见并赐给物品等。其中提到的人名还有"虎兵东赞"（stong rtsan），时间为秋八月十四日。英译见《有关西域的藏文文献与文书》第二卷，第 373、374 页；汉译《敦煌西域古藏文社会历史文献》，第 325 页。藏文转写及注解见《英国国家图书馆斯坦因收集品中的新疆出土古藏文写本》，第 131 页；汉译《英国收藏新疆出土古藏文文书选译》，第 208 页。

402. 祖德致勒嘉大人书

斯坦因原编：M.Ⅰ.ⅲ.21.，英国国家图书馆东方文献部编号 Or.15000/301，完整，15.5×16，正面 10 行。书信残卷。是"祖德"（gtsug ldem）致"勒嘉大人"（jo co legs ca）的一封信。开头是一般的问候语。寄信人说以其官方责任，将在征得"巴赞"（dpal rtsan）和"堪布多杰巴"（mkhan po rdo rje dpal）的同意后，尽快地将物品送给巴赞，并要求收物方出具一张收条。藏文转写及注解见《英国国家图书馆斯坦因收集品中的新疆出土古藏文写本》，第 131 页；汉译《英国收藏新疆出土古藏文文书选译》，第 209 页。

403. 文书残卷

斯坦因原编：M.Ⅰ.ⅲ.22.，英国国家图书馆东方文献部编号 Or.15000/302，残卷，20×15，正面 6 行加图画，背面空白。形状是一个大的圆形，其中有许多半径线条和一个较小的圆圈。圆形和半径空间线条交叉，构成许多空格。每一空格有一词，如"rug la""tig li""pya skang"

等短语。画的下面有 6 行，前 4 行形成一段，后 2 行为另一段或另一个文书的开头部分，但是非常模糊。藏文转写及注解见《英国国家图书馆斯坦因收集品中的新疆出土古藏文写本》，第 131 页。

404.《白伞盖经》残卷

斯坦因原编：M. Ⅰ. ⅳ. 9.，英国国家图书馆东方文献部编号 Or. 15000/303，7.5×5，正面 5 行加 1 行（补充）加 1 行（反书），背面 5 行。椭圆片，大概是一个六角形的对开本。正面是《白伞盖经》（gtsug tor gdugs dkar po）的中间部分，与敦煌文献 P. t. 23 以及《北京版大藏经》 nos. 202 - 205 比较一致。正面第 5 行下的空白处有一多余的文字，一个短语竖着写在右边空白处，两者系同一笔迹，但与主要写本的笔迹不同。背面是另一个佛经文献，笔迹与正面主体写本相同，短语“祈愿生在净土”反复出现 5 次。藏文转写及注解见《英国国家图书馆斯坦因收集品中的新疆出土古藏文写本》，第 132 页。

405. 名录残卷

斯坦因原编：M. Ⅰ. ⅳ. 10.，英国国家图书馆东方文献部编号 Or. 15000/304，残卷，7.5×10.5，常见草写楷书，正面 6 行，仅提到地名 “萨毗”（vsthal byi），职官名“将军”（dmag dpon），人名“论·芒斯芒孜”（blon mang zigs mang zig）、“董琛”（ldong phreng）、“卡曾”（kha vdzin）等。英译见《有关西域的藏文文献与文书》第二卷，第 125 页；汉译《敦煌西域古藏文社会历史文献》第 119 页。藏文转写及注解见《英国国家图书馆斯坦因收集品中的新疆出土古藏文写本》，第 132 页；汉译《英国收藏新疆出土古藏文文书选译》，第 123 页。

406. 书信残卷

斯坦因原编：M. Ⅰ. ⅳ. 19.，英国国家图书馆东方文献部编号 Or. 15000/305，残卷，8×5，正面 5 行，背面空白，残余左边部分，是寄给“白（jo co dpal）大人”的书信。正面第 3 行出现地名“怯台”（ka dag）。正面第 5 行底部出现空白，表明正面第 5 行是书信的最后一行。藏文转写及注解见《英国国家图书馆斯坦因收集品中的新疆出土古藏文写本》，第 133 页。

407. 宗教文书

斯坦因原编：M. Ⅰ. ⅳ. 24.，英国国家图书馆东方文献部编号

Or. 15000/306，残卷，6×7，正面7行，背面4行。残余一页的左边部分。正面是宗教文书，包括一些恶魔的名称。背面大概是备忘录，非常模糊，第3行说"给垂谐（khrus byas）穿衣"，第4行似乎提到"将贡献小麦、佛塔"。藏文转写及注解见《英国国家图书馆斯坦因收集品中的新疆出土古藏文写本》，第133页。

408. 残卷

斯坦因原编：M．Ⅰ．ⅳ．26.，英国国家图书馆东方文献部编号 Or. 15000/307，残卷，6.5×7，空白。见《英国国家图书馆斯坦因收集品中的新疆出土古藏文写本》，第133页。

409. 书信残卷

斯坦因原编：M．Ⅰ．ⅳ．34.a.，英国国家图书馆东方文献部编号 Or. 15000/308，残卷，3×2.8，正面3行，背面4行。残卷两边仅有一些不连贯的词汇。藏文转写及注解见《英国国家图书馆斯坦因收集品中的新疆出土古藏文写本》，第134页。

410. 书信残卷

斯坦因原编：M．Ⅰ．ⅳ．34.b.，英国国家图书馆东方文献部编号 Or. 15000/309，残卷，3×5.5，正面3行，背面2行。残余寄往"某某尊者"（dpal）的书信中上部分，寄件人姓名已丢失。正面第1行似乎是书信的开头，正面第1行"五天""心安"；背面第2行底部的空白表明背面此行是书信结尾。靠近背面底部似乎有朱砂印痕迹。背面第1行有"如所祈祷"等。藏文转写及注解见《英国国家图书馆斯坦因收集品中的新疆出土古藏文写本》，第134页。

411. 书信残卷

斯坦因原编：M．Ⅰ．ⅳ．47.，英国国家图书馆东方文献部编号 Or. 15000/310，残卷。残卷4×5，2.5×1.8：正面3行，背面1行；正面2行，背面空白。两个残片被粘贴在一起。它们显然来自不同文书，保存整理时被分开。两个残片除了"夏月"（dbyar sla）之外，仅存一些不连贯的音节。背面仅有一个字符的部分。藏文转写及注解见《英国国家图书馆斯坦因收集品中的新疆出土古藏文写本》，第134页。

412. 某人致论拉协大人书残卷

斯坦因原编：M．Ⅰ．ⅳ．51.，英国国家图书馆东方文献部编号

Or. 15000/311，残卷，4×9.5，正面 3 行，背面空白。残余书信左上角。书信是寄给"论·拉协大人"（jo bo ched po blon Lha bzher）的。第 3 行有"安泰""和善"等词；藏文转写及注解见《英国国家图书馆斯坦因收集品中的新疆出土古藏文写本》，第 135 页。

413. 文书残卷

斯坦因原编：M. Ⅰ.ⅳ.57.a. 英国国家图书馆东方文献部编号 Or. 15000/312，残卷，3.5×3.5，正面 3 行，背面 3 行。残余中上部分。文书两面可能用不同的笔迹书写而成。正面仅残余一些不连贯的音节，如正面第 2 行"小偷"（？）。背面第 2 行仅"mdo"可以拼读。藏文转写及注解见《英国国家图书馆斯坦因收集品中的新疆出土古藏文写本》，第 135 页。

414. 土地文书残卷

斯坦因原编：M. Ⅰ.ⅳ，57.b.，英国国家图书馆东方文献部编号 Or. 15000/313，残卷，6×6.5，常见草写楷书，正面 5 行，背面空白。是一份土地文书残卷，其中提到的部落名有"通颊"（mtong khyab）、"小突厥"（drug cun）等，地界的标志是"石界碑"（mtshams tho）。英译见《有关西域的藏文文献与文书》第二卷，第 274 页；汉译《敦煌西域古藏文社会历史文献》，第 237 页。藏文转写及注解见《英国国家图书馆斯坦因收集品中的新疆出土古藏文写本》，第 135 页；汉译《英国收藏新疆出土古藏文文书选译》，第 171 页。

415. 土地文书残卷

斯坦因原编：M. Ⅰ.ⅳ，57.c.，英国国家图书馆东方文献部编号 Or. 15000/314，残卷，10.5×5，常见草写楷书，正面 8 行，已经褪色。是一份土地文书残卷。其中提到的部落名有"七屯"（rtse vthon）、"那雪"（nag shod）、"阿骨赞"（rgod tshang）、"小突厥"（drug cun），专门术语有"王田"（rje zhing）等。英译见《有关西域的藏文文献与文书》第二卷，第 275 页；汉译《敦煌西域古藏文社会历史文献》，第 237、238 页。藏文转写及注解见《英国国家图书馆斯坦因收集品中的新疆出土古藏文写本》，第 135 页；汉译《英国收藏新疆出土古藏文文书选译》，第 172 页。

416. 勒春借麦契残卷

斯坦因原编：M. Ⅰ.ⅳ.57.d.，英国国家图书馆东方文献部编号 Or. 15000/315，残卷，10.5×12.5，正面 5 行，背面 4 行加一枚印记。契约文书残卷。时间为春正月十五日，是一份借大麦和小麦的契约，借方为"勒春"（legs bcung），所借物品为四驮大麦、三驮小麦。第4行以下的1行很模糊，明显出自不同手笔，很可能是背面文书的作者添加上去的。背面的字迹很模糊，难以辨认，但第1行的地名"小罗布"（nob chungu）却能识读出来。左下角能看出有一枚方形的朱砂印记。藏文转写及注解见《英国国家图书馆斯坦因收集品中的新疆出土古藏文写本》，第136页；汉译《英国收藏新疆出土古藏文文书选译》，第153页。

417. 文书残卷

斯坦因原编：M.Ⅰ.ⅳ.57.e.，英国国家图书馆东方文献部编号 Or.15000/316，残卷，3.5×7.5，正面3行，背面空白。残余文书右上角（？）。仅残存一些不连贯的音节，如 mchi、mo 等。见《英国国家图书馆斯坦因收集品中的新疆出土古藏文写本》，第136页。

418. 文书残卷

斯坦因原编：M.Ⅰ.ⅳ.58.，英国国家图书馆东方文献部编号 Or.15000/317，残卷，2×5，正面1行，背面1行（？）。正面残余人名"论·道协"（blon stag bzher）。背面有写字痕迹，但是非常模糊。藏文转写及注解见《英国国家图书馆斯坦因收集品中的新疆出土古藏文写本》，第136页。

419. 书信残卷

斯坦因原编：M.Ⅰ.ⅳ.63.a.，英国国家图书馆东方文献部编号 Or.15000/318，残卷，2.5×4.5，正面3行，背面空白。残余右边部分。仅有问候语部分清晰，字迹与编号420相似。藏文转写及注解见《英国国家图书馆斯坦因收集品中的新疆出土古藏文写本》，第136页。

420. 书信残卷

斯坦因原编：M.Ⅰ.ⅳ.63.b.，英国国家图书馆东方文献部编号 Or.15000/319，残卷，3×2，正面4行，背面3行。残余中上部分。每行仅有一两个音节清晰，正面书写风格与编号419相似。藏文转写及注解见《英国国家图书馆斯坦因收集品中的新疆出土古藏文写本》，第137页。

421. 文书残卷

斯坦因原编：M.Ⅰ.ⅳ.63.c.，英国国家图书馆东方文献部编号 Or.15000/320，残卷，2.5×6.5，正面1行，背面空白。残余左边部分，仅有一个短语，大概是随意涂写的。藏文转写及注解见《英国国家图书馆斯坦因收集品中的新疆出土古藏文写本》，第137页。

422. 文书残卷

斯坦因原编：M.Ⅰ.ⅳ.63.d.，英国国家图书馆东方文献部编号 Or.
15000/321，残卷，4×2，正面3行，背面空白。仅保留一些字符特征，如
"ga"。在弗兰克目录中没有，也许是编号错误。见《英国国家图书馆斯坦
因收集品中的新疆出土古藏文写本》，第137页。

423. 僧尼籍残卷

斯坦因原编：M.Ⅰ.ⅳ.67.，英国国家图书馆东方文献部编号
Or.15000/322，残卷，4×9，正面5行，背面3行。残留左下部分。是一
份僧尼籍，包括"尼姑朗氏拉姆央"（ban de mo rlang za lha mo dbyangs）、
"尼姑东丹玛"（ban de mo don ldan ma）等。第5行能见吐蕃官吏"尚论"
（zhang lon）的印记。藏文转写及注解见《英国国家图书馆斯坦因收集品
中的新疆出土古藏文写本》，第137页；汉译《英国收藏新疆出土古藏
文文书选译》，第174页。

424. 书信残卷

斯坦因原编：M.Ⅰ.ⅳ.86.b.，英国国家图书馆东方文献部编号 Or.
15000/323，残卷，4×12，正面2行，背面空白。残余中上部分，纸张底
部边缘被切成锯齿状。正面第2行"非常/眼前……"。藏文转写及注解见
《英国国家图书馆斯坦因收集品中的新疆出土古藏文写本》，第138页。

425. 文书残卷

斯坦因原编：M.Ⅰ.ⅳ.89.b.，英国国家图书馆东方文献部编号 Or.
15000/324，残卷，9×6，正面5行，背面空白。残余左边部分。正面第1
行"夏桑"（zhal bzang）、第3行"格桑"（dge bzang）可能是人名。藏文
转写及注解见《英国国家图书馆斯坦因收集品中的新疆出土古藏文写本》，
第138页。

426. 论嘉松协致成协书残卷

斯坦因原编：M.Ⅰ.ⅳ.90.；93.a.，英国国家图书馆东方文献部编号
Or.15000/325，残卷，3×13.5，正面2行加一枚印记。书信残卷，已撕裂
成两片，M.Ⅰ.ⅳ.90.为左半部，M.Ⅰ.ⅳ.93.a.为右半部，之间有不少的
文字脱落。残存2行文字，是"论·嘉松协"（blon rgyal sum bzher）致
"成协"（khrim bzher）的一封信，称收到了所借的大麦。藏文转写及注解

见《英国国家图书馆斯坦因收集品中的新疆出土古藏文写本》，第138页；汉译《英国收藏新疆出土古藏文文书选译》，第177页。

426. 残卷

斯坦因原编：M. Ⅰ. ⅳ. 93. a.，英国国家图书馆东方文献部编号 Or. 15000/325，残卷，3×14。参见文书 M. I. ⅳ. 90.。见《英国国家图书馆斯坦因收集品中的新疆出土古藏文写本》，第138页。

427. 兔年小罗布王田分配书

斯坦因原编：M. Ⅰ. ⅳ. 93. b.，英国国家图书馆东方文献部编号 Or. 15000/326，完整。10×8；已褪色；常见楷书，正面10行，倒书1行，印记一枚；背面1行，倒书1行，印记1枚。主要内容为：兔年夏将"小罗布"（nob chungu）王田划为5种，按官吏级别、耕田人数多少加以分配。田主及欲耕种者人数，根据主权与田作惯例，应登记于（户主）名下。任何人不得荒废田业，破坏田界。违制占田或使田业荒废者，将剥夺其田业，没收庄稼，按情节轻重治罪。各户耕田人数造成总册，交"日城"（mkhar ris）地界长官处。文书中还提到"大尚论·论格桑"（zhang lon ched po blon dge bzang）、"论·赞拉潘"（blon brtsan la vphan）、"节儿贝桑"（rtse rje dpe gzhan）、"朵贝"（mdo ber）等。英译见《有关西域的藏文文献与文书》第二卷，第139、140页；汉译《敦煌西域古藏文社会历史文献》，第130页。藏文转写及注解见《英国国家图书馆斯坦因收集品中的新疆出土古藏文写本》，第139页；汉译《英国收藏新疆出土古藏文文书选译》，第127～128页。

428. 残卷

斯坦因原编：M. Ⅰ. ⅳ. 94.，英国国家图书馆东方文献部编号 Or. 15000/327，残卷，18×27，空白。见《英国国家图书馆斯坦因收集品中的新疆出土古藏文写本》，第139页。

429. 佛经文献

斯坦因原编：M. Ⅰ. ⅳ. 131.，英国国家图书馆东方文献部编号 Or. 15000/328，8.5×14，完整，正面6行，背面7行。正面是佛经文献的中间部分，提到"金刚上师"（rdo rje slobs pon）。背面是祈愿文的开头，内容与正面文书可能相同，与敦煌文书 P. t. 269 相似，可与 P. t. 42、VP. 348 和《北京版大藏经》no. 134 相比较。藏文转写及注解见《英国国家图书馆斯坦因收集品中的新疆出土古藏文写本》，第 140 页。

430. 契约残卷

斯坦因原编：M．Ⅰ．ⅳ．132．，英国国家图书馆东方文献部编号 Or. 15000/329，残卷，7.5×31。正面草写楷书 1 行，字迹清晰但潦草，笔画较细。是一件关于财产的契约文书。其中提到的地点是在 "小罗布城的云宗孜"（nob chungu gyung drung rtser），部落名称为 "门"（men），人名有 "普祖"（spu tshugs）。英译见《有关西域的藏文文献与文书》第二卷，第 270 页；汉译《敦煌西域古藏文社会历史文献》第 234 页。藏文转写及注解见《英国国家图书馆斯坦因收集品中的新疆出土古藏文写本》，第 140 页；汉译《英国收藏新疆出土古藏文文书选译》，第 125 页。

431. 道都致库扎等书信残卷

斯坦因原编：M．Ⅰ．ⅳ．133．，英国国家图书馆东方文献部编号 Or. 15000/330，残卷，18.5×12，正面 11 行，背面 2 行。书信残卷。是 "道都"（stag vdus）致 "库扎"（sku sgra）、"玉协"（g. yu bzher）的一封信。其中第 6 行提到了一官吏名："俄本"（vog pon）。第 11 行为信的结尾，提到了 "送至……玉（sgyur）"。收信人的名字写在背面。藏文转写及注解见《英国国家图书馆斯坦因收集品中的新疆出土古藏文写本》，第 141 页；汉译《英国收藏新疆出土古藏文文书选译》，第 209 页。

432. 残卷

斯坦因原编：M．Ⅰ．ⅳ．133．bis．，英国国家图书馆东方文献部编号 Or. 15000/331，20×16，9.5×8，6×7。空白。见《英国国家图书馆斯坦因收集品中的新疆出土古藏文写本》，第 141 页。

433.《解脱经》残卷

斯坦因原编：M．Ⅰ．ⅳ．137．a．；b．+c．，英国国家图书馆东方文献部编号 Or. 15000/332，残卷，8.5×13，正面 5 行加反书 2 行；8.5×19，背面 5 行加反书 4 行。三个残片，c. 和 b. 被粘贴在一起，a. 和 c. 之间有一个缺口。新修复的写本是《解脱经》（so sor thar pavi mdo）的一页，与敦煌 VP5（vol. 72）foll. 19b10 – 20a3，VP8（vol. 12）foll. ka – 22b2 – 5 相一致；与 VP6（vol. 24）foll. 15［= pha］b2 – 16［= ba］a3，VP7（vol. 61）foll. 36.1 – 37.4 以及《北京版大藏经》no. 1031，Che 9b5 – 10a4 和《德格版大藏经》no. 2，11a2 – 11b2 也略有不同。附加注释用较小的字体书写在

行间。用于穿书的两个小孔打上了红圈。藏文转写及注解见《英国国家图书馆斯坦因收集品中的新疆出土古藏文写本》，第 142 页。

433. 残卷

斯坦因原编：M.Ⅰ.ⅳ.137.b.，英国国家图书馆东方文献部编号 Or. 15000/332，残卷，8.5×13，正面 5 行加反书 1 行，背面 5 行加反书 2 行。与文书 M.Ⅰ.ⅳ.137.a. 粘贴在一起。见《英国国家图书馆斯坦因收集品中的新疆出土古藏文写本》，第 142 页。

433. 残卷

斯坦因原编：M.Ⅰ.ⅳ.137.c.，英国国家图书馆东方文献部编号 Or. 15000/332，残卷，8×7，正面 5 行加反书 1 行，背面 5 行。与 M.Ⅰ.ⅳ. 137.a. 粘贴在一起。见《英国国家图书馆斯坦因收集品中的新疆出土古藏文写本》，第 142 页。

434. 文书残卷

斯坦因原编：M.Ⅰ.ⅵ.10.a.，英国国家图书馆东方文献部编号 Or. 15000/333，8×1.75。在弗兰克目录清单中列有，但是目前已丢失。据《弗兰克目录》：文书残稿，包括一些音节，"录扎"（klu sgra）显然是人名。见《英国国家图书馆斯坦因收集品中的新疆出土古藏文写本》，第 143 页。

435. 羊年节度使文书残卷

斯坦因原编：M.Ⅰ.ⅶ.78.，英国国家图书馆东方文献部编号 Or. 15000/334，残卷，4.5×10，正面 4 行，背面 1 行。文书残卷，残存文书的右上角。第 1 行提到在"羊年"（lug gi lo）举行了"节度使会盟"（khrom gyi vdun sa），第 2 行提到了"通颊千户"（mthong khyab stong sde）。背面 1 行为"小罗布"（nob chungu），应为收信地。藏文转写及注解见《英国国家图书馆斯坦因收集品中的新疆出土古藏文写本》，第 143 页；汉译《英国收藏新疆出土古藏文文书选译》，第 153 页。

436. 郭库致内务官年协书

斯坦因原编：M.Ⅰ.ⅶ.79.，英国国家图书馆东方文献部编号 Or. 15000/335，完整，9×27，正面 9 行加一枚印记。是一封完整的信，寄信人是"郭库"（rgod skug），收信人为"内务官年协"（nang jie gnyan bzher），信的内容涉及借贷偿还。由于文书的中部拼写有误，字迹模糊，难以辨读，内容细节不清。第 6 行和第 8 行存两枚圆形朱砂印记。藏文转写及

注解见《英国国家图书馆斯坦因收集品中的新疆出土古藏文写本》，第 143
页；汉译《英国收藏新疆出土古藏文文书选译》，第 162～163 页。

437. 查腊旃致和尚嘉赞书

斯坦因原编：M. Ⅰ. ⅶ. 80.，英国国家图书馆东方文献部编号 Or.
15000/336，完整，10×18，正面 10 行。书信残卷。这封信的纸张上画有
一道竖线和六道横线。寄信人是"查腊旃"（lcag la brtsan），收信人为
"和尚嘉赞"（ban de rgyal mtshan），内容涉及所借粮食的偿还，利息为小
米五升。藏文转写及注解见《英国国家图书馆斯坦因收集品中的新疆出土
古藏文写本》，第 144 页；汉译《英国收藏新疆出土古藏文文书选译》，第
178 页。

438. 名册残卷

斯坦因原编：M. Ⅰ. ⅶ. 81.，英国国家图书馆东方文献部编号 Or.
15000/337，残卷，15.5×13.5，正面 11 行，背面 19 行。文书残卷。正面
文书看来是一份存档的人员名单，涉及他们的主人或头领的名字，以及落
实到每一个人的粮食份额。第 2 行、第 3 行的一部分和第 6 行的中部直到
第 7 行用红墨水写成。背面是另一件文书，但字迹漫漶，难以辨认，故只
转写出一部分。第 11 行提到了驴、牛、羊及马等。第 17 行到第 18 行还提
到了大麦和水，有"五六人"（bzhi lnga tsam），可能是葬礼主持人。藏文
转写及注解见《英国国家图书馆斯坦因收集品中的新疆出土古藏文写本》，
第 144 页；汉译《英国收藏新疆出土古藏文文书选译》，第 175 页。

439. 文书残卷

斯坦因原编：M. Ⅰ. ⅶ. 81.，英国国家图书馆东方文献部编号 Or.
15000/337，残卷，5×13.5，正面 6 行，背面 6 行。先被粘贴在编号 438
背面，但是在保护过程中被拆开。显然系不同文书，两边所写文字模糊不
清，只是相关部分可清晰辨认。正面第 1 行"风"，正面第 2 行"病人肚
脐"，正面第 3 行"脚麻"，正面第 4 行"疮"。背面第 2 行"健康"，背面
第 5 行"品德高尚"。藏文转写及注解见《英国国家图书馆斯坦因收集品
中的新疆出土古藏文写本》，第 145 页。

440. 某人致内务官道道赞书残卷

斯坦因原编：M. Ⅰ. ⅶ. 82. a.，英国国家图书馆东方文献部编号 Or.
15000/338，残卷，7×9.5，正面 6 行，背面 6 行。书信残卷。正面是一封

写给"内务官道道赞"（nang rje po stag stag rtsan）的信的上半部分。背面是另一封信的右上半部分，写信人名叫"普蔡"（pu tsha），不过这一名字也可能是"孩儿"（bu tsha）的误写。藏文转写及注解见《英国国家图书馆斯坦因收集品中的新疆出土古藏文写本》，第145页；汉译《英国收藏新疆出土古藏文文书选译》，第163页。

441. 某人致勒赞书残卷

斯坦因原编：M.Ⅰ.ⅶ.82.b.，英国国家图书馆东方文献部编号 Or. 15000/339，残卷，2.5×12，正面2行，背面2行。残余右上角。正面第1行写明的收件人是一对"母子"（yum sras），正面第2行为"叩首……"。背面是一封致"内务官勒赞"（nang rje leg stsan）的书信的开头，第2行可理解为"致……信"。藏文转写及注解见《英国国家图书馆斯坦因收集品中的新疆出土古藏文写本》，第145页。

442. 文书残卷

斯坦因原编：M.Ⅰ.ⅶ.82.c.，英国国家图书馆东方文献部编号 Or. 15000/340，残卷，5×6.5，正面2行加一幅画，背面1行加反书2行。正面是一文书左下角，包括一幅画和落款署名的开头。背面残余左上角，是落款署名的开头，书信草稿的两行被颠倒书写在文书上。有"内大臣""大臣""之后"等词。藏文转写及注解见《英国国家图书馆斯坦因收集品中的新疆出土古藏文写本》，第146页。

443. 有关度量的文书

斯坦因原编：M.Ⅰ.ⅶ.82.d.，英国国家图书馆东方文献部编号 Or. 15000/341，残卷，10×10.5，正面8行，背面空白。残余右边部分，出现1厘米长的连续有规律的裂缝，文书很模糊。藏文转写及注解见《英国国家图书馆斯坦因收集品中的新疆出土古藏文写本》，第146页。

444. 《菩提经》残片

斯坦因原编：M.Ⅰ.ⅶ.82.e.，英国国家图书馆东方文献部编号 Or. 15000/342，残卷，6.5×15，正面7行，背面7行。大概是《菩提经》残片，损毁严重，部分书写无法辨认。可以拼读出正面第3行"一百零八以下"（brgya rtsa brgyad man cad），正面第5行"长寿灌顶"（tshe dbang），正面第6行和背面第2行"禅定"（thing nge vdzin），背面第3行"病体"（nad pavi lus）。藏文转写及注解见《英国国家图书馆斯坦因收集品中的新疆出土古藏文写本》，第 146 页。

445. 文书残卷

斯坦因原编：M. Ⅰ. ⅶ.82. f.，英国国家图书馆东方文献部编号 Or. 15000/343，残卷，9×6.5，正面 6 行，背面空白。残余中上部分。每行仅有一些不连贯的音节是可辨读的，如正面第 2 行似乎为"英雄"一语。藏文转写及注解见《英国国家图书馆斯坦因收集品中的新疆出土古藏文写本》，第 147 页。

446. 某人致论道桑等人书残卷

斯坦因原编：M. Ⅰ. ⅶ.83. a.，英国国家图书馆东方文献部编号 Or. 15000/344，残卷，12×9.5，正面 8 行，背面空白。大概是书信残卷，可看到人名如："东松"（stong sum）、"拉基"（lha skyes）、"论·道桑"（blon stag bzang）等。藏文转写及注解见《英国国家图书馆斯坦因收集品中的新疆出土古藏文写本》，第 147 页。

447. 书信残卷

斯坦因原编：M. Ⅰ. ⅶ.83. b.，英国国家图书馆东方文献部编号 Or. 15000/345，残卷，5.5×15.5，正面 4 行，背面空白。残余左上角，有落款署名和问候语。正面第 1 行寄件人名字部分可读，第 2 行有"如此祈祷后心情愉快"，第 3 行"很快看见面善者"，第 4 行"如可下命令则……"。藏文转写及注解见《英国国家图书馆斯坦因收集品中的新疆出土古藏文写本》，第 147 页；汉译《英国收藏新疆出土古藏文文书选译》，第 210 页。

448. 残卷

斯坦因原编：M. Ⅰ. ⅶ.84.，英国国家图书馆东方文献部编号 Or. 15000/346，4.5×27，7×20，10×17，等等 6 片，均空白。见《英国国家图书馆斯坦因收集品中的新疆出土古藏文写本》，第 147 页。

449. 书信残卷

斯坦因原编：M. Ⅰ. ⅶ.98. a.，英国国家图书馆东方文献部编号 Or. 15000/347，残卷，2×3，正面 1 行，背面空白。仅"政事"（chab srid）可辨读。可能与编号 450～452 出自同一文书。藏文转写及注解见《英国国家图书馆斯坦因收集品中的新疆出土古藏文写本》，第 147 页。

450. 书信残卷

斯坦因原编：M.Ⅰ.ⅶ.98.b.，英国国家图书馆东方文献部编号 Or. 15000/348，残卷，2×4，正面1行，背面空白。仅有一些不能辨读的字符痕迹，可能与编号449出自同一文书。见《英国国家图书馆斯坦因收集品中的新疆出土古藏文写本》，第148页。

451. 书信残卷

斯坦因原编：M.Ⅰ.ⅶ.98.c.，英国国家图书馆东方文献部编号 Or. 15000/349，残卷，2.5×5，正面1行，背面空白。残余中上部分，可能与编号449出自同一文书。藏文转写及注解见《英国国家图书馆斯坦因收集品中的新疆出土古藏文写本》，第148页。

452. 书信残卷

斯坦因原编：M.Ⅰ.ⅶ.98.f.，英国国家图书馆东方文献部编号 Or. 15000/350，残卷，4×7.5，正面2行，背面空白。残余中下部分。仅有一些不连贯的音节可辨读，可能与编号449出自同一文书。藏文转写及注解见《英国国家图书馆斯坦因收集品中的新疆出土古藏文写本》，第148页。

453. 契约文书

斯坦因原编：M.Ⅰ.ⅶ.98.d.，英国国家图书馆东方文献部编号 Or. 15000/351，残卷，4×3，正面3行，背面空白。编号453～460显然是同一文书的残片，大概是契约文书。每一残卷仅有一些音节，编号454是契约的左边部分，455是文书的上面部分，457和453是契约文书的中间部分，459、456、460和458构成最后两行。457有日期"冬"（dgun）。459包括"直接盖上红色章"（dngos［kyi］sug［rgyas］［b］tab pav），是从编号456、460和458中拼凑而成的。见《英国国家图书馆斯坦因收集品中的新疆出土古藏文写本》，第148页。

454. 契约残卷

斯坦因原编：M.Ⅰ.ⅶ.98.e.，英国国家图书馆东方文献部编号 Or. 15000/352，残卷，3.5×3，正面2行，背面空白。参见编号453。见《英国国家图书馆斯坦因收集品中的新疆出土古藏文写本》，第148页。

455. 契约残卷

斯坦因原编：M.Ⅰ.ⅶ.98.g.，英国国家图书馆东方文献部编号 Or. 15000/353，残卷，3.5×6.5，正面3行，背面空白。参见编号453。见

《英国国家图书馆斯坦因收集品中的新疆出土古藏文写本》，第 148 页。

456. 契约残卷

斯坦因原编：M. Ⅰ. ⅶ. 98. h.，英国国家图书馆东方文献部编号 Or. 15000/354，残卷，3.5×6，正面 2 行，背面空白。参见编号 453。见《英国国家图书馆斯坦因收集品中的新疆出土古藏文写本》，第 149 页。

457. 契约残卷

斯坦因原编：M. Ⅰ. ⅶ. 98. i.，英国国家图书馆东方文献部编号 Or. 15000/355，残卷，3.5×7，正面 3 行，背面空白。参见编号 453。见《英国国家图书馆斯坦因收集品中的新疆出土古藏文写本》，第 149 页。

458. 契约残卷

斯坦因原编：M. Ⅰ. ⅶ. 98. j.，英国国家图书馆东方文献部编号 Or. 15000/356，残卷，3.5×2.5，正面 2 行，背面空白。参见编号 453。见《英国国家图书馆斯坦因收集品中的新疆出土古藏文写本》，第 149 页。

459. 契约残卷

斯坦因原编：M. Ⅰ. ⅶ. 98. k.，英国国家图书馆东方文献部编号 Or. 15000/357，残卷，3.5×6.5，正面 2 行，背面空白。参见编号 453。见《英国国家图书馆斯坦因收集品中的新疆出土古藏文写本》，第 149 页。

460. 契约残卷

斯坦因原编：M. Ⅰ. ⅶ. 98. 1.，英国国家图书馆东方文献部编号 Or. 15000/358，残卷，2×2.5，正面 2 行，背面空白。参见编号 453。见《英国国家图书馆斯坦因收集品中的新疆出土古藏文写本》，第 149 页。

461. 残卷

斯坦因原编：M. Ⅰ. ⅶ. 98. m.，英国国家图书馆东方文献部编号 Or. 15000/359，残卷，5×5，正面为画，背面空白。正面是黑色的画，残缺严重，无法辨认。见《英国国家图书馆斯坦因收集品中的新疆出土古藏文写本》，第 149 页。

462. 密续文献

斯坦因原编：M. Ⅰ. ⅷ. 20.，英国国家图书馆东方文献部编号 Or. 15000/360，8.5×29.5，佛经文献，完整。佛经文献有一孔用于串联。可能是密续文献的开头。提到了很多神明，如"妙音女神"（sgra dbyangs dgyang can）、"吉祥天女"（bevu vdra dpal gyi lha mo vod gzer）和"大罗刹大肉食者"（srin mo chen mo sha za chen mo）；提到两条河流，"恒河"（gang ga）和"亚姆纳河"（yamuna）。藏文转写及注解见《英国国家图书馆斯坦因收集品中的新疆出土古藏文写本》，第150页。

463. 某人致吐谷浑官吏书残卷

斯坦因原编：M. I. viii. 21. a.，英国国家图书馆东方文献部编号 Or. 15000/361，残卷，4.5×11.5，草写楷书，正面5行，背面1行（？）。字迹不清。是一封信件残卷。在通常的感谢来函、问候身体健康等习惯用语之后，提到"吐谷浑向伦"（va zha shang lun）亲理事务等。英译见《有关西域的藏文文献与文书》第二卷，第33页；汉译《敦煌西域古藏文社会历史文献》，第25页。藏文转写及注解见《英国国家图书馆斯坦因收集品中的新疆出土古藏文写本》，第150页；汉译《英国收藏新疆出土古藏文文书选译》，第143页。

464. 佛经残卷

斯坦因原编：M. I. viii. 21. b.，英国国家图书馆东方文献部编号 Or. 15000/362，残卷，6×10.5，正面4行，背面4行。大概是佛经文献的右边部分。书写清楚，纸张很薄，以致墨水渗透到纸张的另一面。有"如何""研究""未死"等词。正面第4行"亦没有法性"。背面第1行"驻于此"，背面第2行"为……身，殊胜"，背面第3行"皆为法"，背面第4行"有何区别"。藏文转写及注解见《英国国家图书馆斯坦因收集品中的新疆出土古藏文写本》，第151页。

465. 书信残卷

斯坦因原编：M. I. viii. 21. c.，英国国家图书馆东方文献部编号 Or. 15000/363，残卷，3.5×8.5，正面2行，背面有1行。大概是书信的第1、第2行。背面似乎也有1行，但除了"二"（[g] nyis）、"祈愿"之外，其余太模糊。藏文转写及注解见《英国国家图书馆斯坦因收集品中的新疆出土古藏文写本》，第151页。

466. 书信残卷

斯坦因原编：M. I. viii. 21. d.，英国国家图书馆东方文献部编号 Or. 15000/364，残卷，4×10，正面4行，背面1行加反书1行。正面大概是书信的中下部分。正面第3行出现人名"玉扎"（g. yu sgra）。背面两个字符"las"和"vi"似乎互相倒写了，但是文书太模糊无法确认。藏文转写及注解见《英国国家图书馆斯坦因收集品中的新疆出土古藏文写本》，第151页。

467. 经济文书残卷

斯坦因原编：M.Ⅰ.ⅷ.21.e.，英国国家图书馆东方文献部编号 Or. 15000/365，残卷，7.5×16，正面5行，背面9行。有关粮食的经济文书残卷。正面是一件有关粮食的文书，左上角和右边部分已失落，空白部分被一根线条划去。文书中可见的地名有"萨毗"（tshal byi）、"且末"（chal chan）等，牲畜有牛、羊，度量衡为"升"（bre）。背面是另一件文书，有可能是一封信，"粮食"（stsang）一词在第7行可见到。其左边亦不能见，时间明显在正面文书之后。藏文转写及注解见《英国国家图书馆斯坦因收集品中的新疆出土古藏文写本》，第152页；汉译《英国收藏新疆出土古藏文文书选译》，第124页。

468. 某人致道道赞书信残卷

斯坦因原编：M.Ⅰ.ⅷ.21.f.，英国国家图书馆东方文献部编号 Or. 15000/366，残卷，6.5×18.5，正面4行，背面空白。残余书信的中间部分。书信是寄给"道道赞"（stag stag rtsan）的，正面第1行"致道道赞足下……"，第2行"……之足下/身体无恙乎？"，第3行"除稍加赐教外别无所赐"，第4行似乎出现"面团"（vbru zan）一词，显然是书信的最后一行。藏文转写及注解见《英国国家图书馆斯坦因收集品中的新疆出土古藏文写本》，第152页；汉译《英国收藏新疆出土古藏文文书选译》，第210页。

469. 文书残卷

斯坦因原编：M.Ⅰ.ⅷ.21.g.，英国国家图书馆东方文献部编号 Or. 15000/367，残卷，6.5×6.5，正面5行，背面空白。残余5行文书中间部分，四个朱砂圆圈用于间隔句子。正面第2行"不可以这样……"，第5行"三次祈祷……"。藏文转写及注解见《英国国家图书馆斯坦因收集品中的新疆出土古藏文写本》，第152页。

470. 借粮契残卷

斯坦因原编：M.Ⅰ.ⅷ.94.，英国国家图书馆东方文献部编号 Or. 15000/368，残卷，7×12，正面6行，背面4行。有关借贷粮食的契约文书残卷。残留文书的左上角，其中可见"玉玛"（yul rma）一名，其为借方或贷方因文书残缺而不详。背面看来为另一文书，但字迹非常模糊，难以辨认。其中只能见到人名"勒赞"（legs brtan）和土地的单位"突"（dor）。藏文转写及注解见《英国国家图书馆斯坦因收集品中的新疆出土古藏文写本》，第153页；汉译《英国收藏新疆出土古藏文文书选译》，第191页。

471. 文书残卷

斯坦因原编：M. Ⅰ. ⅷ. 94. a.，英国国家图书馆东方文献部编号 Or. 15000/369，残卷，3×7，正面2行，背面2行。用同样的字体写在文书两面，仅有一些可辨读。藏文转写及注解见《英国国家图书馆斯坦因收集品中的新疆出土古藏文写本》，第153页。

472. 《蓝衣殊圣金刚持仪轨》残卷

斯坦因原编：M. Ⅰ. ⅸ. 9.，英国国家图书馆东方文献部编号 Or. 15000/370，残卷，22×22.5，正面10行，背面18行。残余一页的中上部分。正面是《蓝衣殊圣金刚持仪轨》（vphag pa lag na rdo rje gos sngon po can gyi cho ga zhes bya bavi gzungs）的前半部分，与《北京版大藏经》no. 132正面第2行、《甘珠尔》续部Da函161页正面第8行至背面第6行一致。背面是另一件佛经文献，非常潦草，模糊，中间偏下一行由于纸张污损难以辨认。藏文转写及注解见《英国国家图书馆斯坦因收集品中的新疆出土古藏文写本》，第154页。

473. 阔昂支出历

斯坦因原编：M. Ⅰ. ⅸ. 10.，英国国家图书馆东方文献部编号 Or.15000/371，完整，7.5×28。有一孔，其余完好。褪色。草写楷书，正面4行。是"阔昂"（kho ngam）的什物支出历，其中记有：付"泽丹"（mdzes ldan）"三普尔"（pho re）羊毛；付"潘拉协"（vphan la bzher）两普尔；付"潘勒"（vphan legs）和"格崴"（dge bus）一普尔；付"玉东"（g. yu rton）大麦一驮另十五升；付"大罗布"（nob ched po）人（？）大麦"四驮"（khal）又半驮。英译见《有关西域的藏文文献与文书》第二卷，第155页；汉译《敦煌西域古藏文社会历史文献》，第139页。藏文转写及注解见《英国国家图书馆斯坦因收集品中的新疆出土古藏文写本》，第154页；汉译《英国收藏新疆出土古藏文文书选译》，第129页。

474. 佛经文献残卷

斯坦因原编：M. Ⅰ. ⅸ. 11.，英国国家图书馆东方文献部编号

Or. 15000/372，菩提，残卷，6×23，正面 4 行，背面 4 行。一页佛经，文献左右边缘被扯掉，剩下的也有部分损坏。右边边缘部分保留了用于串联的圆洞。内容是关于佛教概念的如："佛"（sangs rgyas）、"道"（lam）、"证悟"（rtags pa）等。藏文转写及注解见《英国国家图书馆斯坦因收集品中的新疆出土古藏文写本》，第 155 页。

475. 书信残卷

斯坦因原编：M.Ⅰ.ⅸ.12.a.，英国国家图书馆东方文献部编号 Or. 15000/373，残卷，4×6，正面 3 行，背面空白。13 个小残片被放在编号 M.Ⅰ.ⅸ.12. 之下，其中 10 个在这儿编号 M.Ⅰ.ⅸ.12.a. – j.，编号为 475 – 483。10 个残片似乎来自同一个手稿，大概是一封书信。在编号 475 的正面第 1 行可见收件人姓名部分。编号 480 提到"官宦之子或外甥、子"（dpon sras），即赞普后裔。编号 479 和 480 是书信的背面，很有可能是落款署名。残片 Frags. i. 和 j.（编号 483）被粘贴在一块。藏文转写及注解见《英国国家图书馆斯坦因收集品中的新疆出土古藏文写本》，第 155 页。

476. 书信残卷

斯坦因原编：M.Ⅰ.ⅸ.12.b.，英国国家图书馆东方文献部编号 Or. 15000/374，残卷，3×4，正面 2 行，背面空白。参见编号 475。藏文转写及注解见《英国国家图书馆斯坦因收集品中的新疆出土古藏文写本》，第 155 页。

477. 书信残卷

斯坦因原编：M.Ⅰ.ⅸ.12.c.，英国国家图书馆东方文献部编号 Or. 15000/374，残卷，3.5×4，正面 2 行，背面空白。参见编号 475。藏文转写及注解见《英国国家图书馆斯坦因收集品中的新疆出土古藏文写本》，第 155 页。

478. 书信残卷

斯坦因原编：M.Ⅰ.ⅸ.12.d.，英国国家图书馆东方文献部编号 Or. 15000/374，残卷，4×4.5，正面 3 行，背面空白。参见编号 475。有"前后""存在"等词。藏文转写及注解见《英国国家图书馆斯坦因收集品中的新疆出土古藏文写本》，第 156 页。

479. 书信残卷

斯坦因原编：M.Ⅰ.ⅸ.12.e.，英国国家图书馆东方文献部编号 Or.

15000/374，残卷，3×3.5，正面2行，背面1行。参见编号475。藏文转写及注解见《英国国家图书馆斯坦因收集品中的新疆出土古藏文写本》，第156页。

480. 书信残卷

斯坦因原编：M.Ⅰ.ix.12.f.，英国国家图书馆东方文献部编号 Or. 15000/374，残卷，2.5×4.5，正面2行，背面1行。参见编号475。正面第2行"官宦之子"（dpon sras）。藏文转写及注解见《英国国家图书馆斯坦因收集品中的新疆出土古藏文写本》，第156页。

481. 书信残卷

斯坦因原编：M.Ⅰ.ix.12.g.，英国国家图书馆东方文献部编号 Or. 15000/374，残卷，2.5×3，正面2行，背面空白。参见编号475。藏文转写及注解见《英国国家图书馆斯坦因收集品中的新疆出土古藏文写本》，第156页。

482. 书信残卷

斯坦因原编：M.Ⅰ.ix.12.h.，英国国家图书馆东方文献部编号 Or. 15000/374，残卷，3×2.5，正面3行，背面空白。参见编号475。藏文转写及注解见《英国国家图书馆斯坦因收集品中的新疆出土古藏文写本》，第156页。

483. 书信残卷

斯坦因原编：M.Ⅰ.ix.12.i.+j.，英国国家图书馆东方文献部编号 Or. 15000/374，残卷，4.5×6，正面4行，背面空白。参见编号475。正面第3行"赐予什么……"，第4行"见到……"。藏文转写及注解见《英国国家图书馆斯坦因收集品中的新疆出土古藏文写本》，第157页。

483. 书信残卷

斯坦因原编：M.Ⅰ.ix.12.j.，英国国家图书馆东方文献部编号 Or. 15000/374，与编号 M.I.ix.12.i. 的文书粘贴在一块儿。见《英国国家图书馆斯坦因收集品中的新疆出土古藏文写本》，第157页。

484. 契约残卷

斯坦因原编：M.Ⅰ.ix.12.k.，英国国家图书馆东方文献部编号 Or. 15000/374，残卷，2.5×3，正面2行，背面空白。编号484－486似乎是同一手稿的片段。编号484包括"在那时段"（dus der）。编号485有

"做"（bgyis）。这些是契约文书的常用表达式。藏文转写及注解见《英国国家图书馆斯坦因收集品中的新疆出土古藏文写本》，第 157 页。

485. 契约残卷

斯坦因原编：M.Ⅰ.ix.12.1.，英国国家图书馆东方文献部编号 Or. 15000/374，残卷，4×4，正面 3 行，背面空白。参见编号 484。藏文转写及注解见《英国国家图书馆斯坦因收集品中的新疆出土古藏文写本》，第 157 页。

486. 契约残卷

斯坦因原编：M.Ⅰ.ix.12.m.，英国国家图书馆东方文献部编号 Or. 15000/374，残卷，4.5×3.5，正面 1 行，背面空白。参见编号 484。藏文转写及注解见《英国国家图书馆斯坦因收集品中的新疆出土古藏文写本》，第 157 页。

487. 契约残卷

斯坦因原编：M.Ⅰ.ix.13.，英国国家图书馆东方文献部编号 Or. 15000/375，残卷，8×10，正面 5 行，背面空白。残余中下部分。正面第 2 行提到"薪资"，第 3 行提到"耕地""播种"；正面第 5 行下面有一空白。藏文转写及注解见《英国国家图书馆斯坦因收集品中的新疆出土古藏文写本》，第 158 页。

488. 兔年夏契约残卷

斯坦因原编：M.Ⅰ.ix.14.，英国国家图书馆东方文献部编号 Or.15000/376，残卷，4×8.5，正面 3 行，背面空白。大概是契约文书或法律文书的左上角。时间按十二生肖纪年方式来表达，"兔年夏"（yos bu lovi dbyar）；召集人姓名因纸张损毁而丢失。"rgo"可能是"rgod sar kyi sde"（"阿骨萨部落"）的开头。藏文转写及注解见《英国国家图书馆斯坦因收集品中的新疆出土古藏文写本》，第 158 页；汉译《英国收藏新疆出土古藏文文书选译》，第 191 页。

489. 分配土地文书

斯坦因原编：M.Ⅰ.x.002.，英国国家图书馆东方文献部编号 Or.15000/377，残卷，2×11，正面 3 行，背面空白。可能与土地分配有关，"一突"（dor）和"两个半突"土地在文书中被提及。藏文转写及注解见《英国国家图书馆斯坦因收集品中的新疆出土古藏文写本》，第 158 页。

490. 拉郭致基桑书信残卷

斯坦因原编：M.Ⅰ.ⅻ.5.，英国国家图书馆东方文献部编号
Or.15000/378，残卷，7×14，正面4行，背面空白，残余左边部分。书信
是"拉郭"（lha vgo）寄给"基桑"（skyes bzang）的。正面第2行出现另
一人名"嘉桑"（rgyal bzang）。纸张整洁但部分难以辨认。藏文转写及注
解见《英国国家图书馆斯坦因收集品中的新疆出土古藏文写本》，第158
页。

491. 佛经残卷

斯坦因原编：M.Ⅰ.ⅹⅲ.6.，英国国家图书馆东方文献部编号
Or.15000/379VP.vol.72，fol.73，贝叶残卷，14×69，正面11行，背面2
行。两个残片曾被粘贴在一块儿，有两个用于串联的洞，为一件佛经残卷
的正反面；现在被分开，放置在一大的名目下。它们曾被错误地同敦煌手
稿放在一起，虽然与敦煌写本有相同或相似的标题，但出处不同。正面第
1行和背面第2行出现标题"忏悔与祈祷"（vgyod tshangs dang smon lam），
与VP208.2，209-210，247，452.2；P.t.17，18，24，175-177有相同
或相似的标题。藏文转写及注解见《英国国家图书馆斯坦因收集品中的新
疆出土古藏文写本》，第159页。

492. 鼠年于同上参达大人书

斯坦因原编：M.Ⅰ.ⅹⅲ.12.，英国国家图书馆东方文献部编号 Or.
15000/380，完整，有墨迹，褪色，7.5×30，草写楷书。正面6行，印记
两枚；反面1行。是"于同"（yul mthong）向"参达"（btshan ta）和
"录扎"（klu sgra）大人的秉呈。信中提到已托"大罗布"（nob ched po）
巡吏转来年税，假如阁下收到，请发出收讫函。还提及一"普尔"（pho
re）于阗羊毛等货物，以及运输吏"论·拉桑"（blon lha bzang）。背面
署："大罗布（nob ched po）鼠年之税"。英译见《有关西域的藏文文献与
文书》第二卷，第152、153页；汉译《敦煌西域古藏文社会历史文献》，
第138页。藏文转写及注解见《英国国家图书馆斯坦因收集品中的新疆出
土古藏文写本》，第160页；汉译《英国收藏新疆出土古藏文文书选译》，
第129~130页。

493.《般若波罗蜜经》残卷

斯坦因原编：M.Ⅰ.ⅹⅲ.13.a.+b.，英国国家图书馆东方文献部编号

Or. 15000/381，frag（L，R），30×11.5，正面25，背面25行。M. I. ⅷ. 13. a. 和 b. 是同一手稿的片段，被粘贴在一起。因此重建的文书是《般若波罗蜜经》的一部分。正面与斯坦因敦煌文书 VP96 = Ch. 9. I. 45. （vol. 42）fol. 2b6 – 10 一致；与 VP97（vol. 38）foll. 25b1 – 28b1，VP102（vol. 63）foll. 16a1 – 18a4，和《北京版大藏经》no. 121，Ta280a3 – 280b2 有细微差别。背面与 VP96（vol. 42）fol. 3b3 – 8 一致；与 VP97（vol. 38）foll. 38a1 – 40b3 和《北京版大藏经》no. 121、Ta281b5 – 282a3. Cf. 651 文书有细微差别。藏文转写及注解见《英国国家图书馆斯坦因收集品中的新疆出土古藏文写本》，第 160 页。

493. 佛经残卷

斯坦因原编：M. I. ⅷ. 13. b.，英国国家图书馆东方文献部编号 Or. 15000/381，残卷，10×11.5，正面8行，背面9行。与文书 M. I. ⅷ. 13. a. 粘贴在一起。见《英国国家图书馆斯坦因收集品中的新疆出土古藏文写本》，第 161 页。

494. 拉旭致某人书信残卷

斯坦因原编：M. I. ⅷ. 001. a + b.，英国国家图书馆东方文献部编号 Or. 15000/382，残卷，5×8.5，正面3行，背面空白。9 个残片，放在文书 M. I. ⅷ. 001. a. – i. 下，其中这 5 个残片（a.– e.）似乎是同一个手稿的片段。编号 494 是残片 a 和 b 部分，编号 495 是 c 和 e 部分。虽然两个粘贴在一起的文书不能联系起来，它们的内容显然有联系。它们构成"拉旭"（lha phyug）寄给"……协"（……n bzher）的书信的开头部分，重建的文书在这儿能看到。残卷 d 是同一手稿的中间偏左部分，但是与编号 495 的位置关系是不确定的，将 d 单独作为与编号 496。藏文转写及注解见《英国国家图书馆斯坦因收集品中的新疆出土古藏文写本》，第 161 页。

494. 书信残卷

斯坦因原编：M. I. ⅷ. 001. b.，英国国家图书馆东方文献部编号 Or. 15000/382，与文书 M. I. ⅷ. 001. a 粘贴在一块儿。见《英国国家图书馆斯坦因收集品中的新疆出土古藏文写本》，第 161 页。

495. 书信残卷

斯坦因原编：M. I. ⅷ. 001. c. + e.，英国国家图书馆东方文献部编号 Or. 15000/382，残卷，8×5，正面6行，背面空白。参见编号 494。见

《英国国家图书馆斯坦因收集品中的新疆出土古藏文写本》，第 162 页。

495. 书信残卷

斯坦因原编：M．Ⅰ．ⅹⅲ．001.e.，英国国家图书馆东方文献部编号 Or. 15000/382，与文书 M．Ⅰ．ⅹⅲ．001.c. 粘贴在一块儿。见《英国国家图书馆斯坦因收集品中的新疆出土古藏文写本》，第 162 页。

496. 书信残卷

斯坦因原编：M．Ⅰ．ⅹⅲ．001.d.，英国国家图书馆东方文献部编号 Or. 15000/382，残卷，5×3，正面 4 行，背面空白。"借"（skyin）出现在正面第 3 行。参见编号 494。藏文转写及注解见《英国国家图书馆斯坦因收集品中的新疆出土古藏文写本》，第 162 页。

497. 文书残卷

斯坦因原编：M．Ⅰ．ⅹⅲ．001.f.，英国国家图书馆东方文献部编号 Or. 15000/383，残卷，12×9，正面 10 行，背面空白。纸张损毁严重，难以辨读。有"仔细地""不赞扬……"等词。大概与编号 498 和 499 是出于同一手稿，但有待进一步确定。藏文转写及注解见《英国国家图书馆斯坦因收集品中的新疆出土古藏文写本》，第 162 页。

498. 文书残卷

斯坦因原编：M．Ⅰ．ⅹⅲ．001.g.，英国国家图书馆东方文献部编号 Or. 15000/383，残卷，3.5×5.5，正面 3 行，背面空白。编号 498 和 499 似乎是同一手稿的片段，但在内容上不能连接起来。编号 498 中仅有一些音节如：kyang、vtshal 较为清晰。见《英国国家图书馆斯坦因收集品中的新疆出土古藏文写本》，第 162 页。

499. 文书残卷

斯坦因原编：M．Ⅰ．ⅹⅲ．001.h.，英国国家图书馆东方文献部编号 Or. 15000/383，残卷，6×4.5，正面 5 行，背面空白。大概与编号 498 是同一手稿。见《英国国家图书馆斯坦因收集品中的新疆出土古藏文写本》，第 163 页。

500. 书信残卷

斯坦因原编：M．Ⅰ．ⅹⅲ．001.i.，英国国家图书馆东方文献部编号 Or. 15000/384，残卷，3.5×6.5，正面 4 行，背面 1 行。残余中上部分。背面是落款署名。正面第 1 行和背面收件人姓名只有部分可见。藏文转写及注解见《英国国家图书馆斯坦因收集品中的新疆出土古藏文写本》，第163页。

501. 昂节致节夏书残卷

斯坦因原编：M.Ⅰ.ⅺⅴ.frag.1.，英国国家图书馆东方文献部编号Or.15000/385，残卷，8×14，正面6行，背面1行。文书残留中间部分。收件人和寄信人的名字残见于正面第1行和背面第1行，分别可见"节夏"（rjevi zha）和"昂节"（ng［sa?］ rje）等拼写。第3行可见到"（某人）正去大罗布（nob ched por）地方"等文字。第4行提到了要完成的使命云云。藏文转写及注解见《英国国家图书馆斯坦因收集品中的新疆出土古藏文写本》，第163页；汉译《英国收藏新疆出土古藏文文书选译》，第130页。

502. 法律文书

斯坦因原编：M.Ⅰ.ⅺⅴ.frag.2.，英国国家图书馆东方文献部编号Or.15000/386，残卷，2.5×9，正面1行，背面空白。残余中上部分。第1行有地名"小罗布"（nob cungu）。大概是法律文书的开头。藏文转写及注解见《英国国家图书馆斯坦因收集品中的新疆出土古藏文写本》，第163页。

503. 契约残卷

斯坦因原编：M.Ⅰ.ⅺⅴ.frag.3.，英国国家图书馆东方文献部编号Or.15000/387，残卷，10×14.5，正面5行加印记一枚，背面空缺。为粮食借贷文书，残留左下角部分。地名"噶那"（gnag）。借贷双方的名字皆因文书残缺不得而知，仅在第4行隐约可见证人的名字为"嘉斯勒赞"（rgyal zigs legs rtsan）。第5行所称"如大麦所值"云云，为此类借契的习惯用语，是一种固定的格式。此外，第4到第5行之间，隐约可见一枚朱砂印记。藏文转写及注解见《英国国家图书馆斯坦因收集品中的新疆出土古藏文写本》，第164页；汉译《英国收藏新疆出土古藏文文书选译》，第192页。

504. 书信残卷

斯坦因原编：M.Ⅰ.ⅺⅴ.frag.4.，英国国家图书馆东方文献部编号Or.15000/388，残卷，8×14，正面3行，背面空白。3个残片放在一块儿，其中一个为空白，另外两个文书显然是同一文书，为一封书信。原位于右边位置的一行被放置在左边位置正面第 3 行的左边。正面第 2 行有不完整的人名"拉大人……"（jo bo lha……）。藏文转写及注解见《英国国家图书馆斯坦因收集品中的新疆出土古藏文写本》，第 164 页，编号 504。

505. 契约文书残卷

斯坦因原编：：M. Ⅰ. ⅹⅳ. frag. 5.，英国国家图书馆东方文献部编号 Or. 15000/389，残卷，5×6，正面 4 行，背面 3 行。大概是文书的右下角。正面第 2 行除了"印章"（sug rgyas）这个词外，书写相当模糊，可能是契约文书的部分。见《英国国家图书馆斯坦因收集品中的新疆出土古藏文写本》，第 164 页。

506. 兔年纳象桑借契残卷

斯坦因原编：M. Ⅰ. ⅹⅳ. 24.，英国国家图书馆东方文献部编号 Or. 15000/390，残卷，6.3×15，右侧不完整。6 行，相当粗糙，方形楷书字体。是兔年"纳象桑"（snam sham bzang）的借契，还提到见证人"莫娘宫"（rmol nya gong）和"泽拉扎基"（rtsig lha rtsa skyes）、"党项西波"（myi nyag phyi spo）等。英译见《有关西域的藏文文献与文书》第二卷，第 304 页；汉译《敦煌西域古藏文社会历史文献》，第 263 页。《敦煌西域出土的古藏文契约文书》，第 305～306 页；汉译本第 336～337 页。藏文转写及注解见《英国国家图书馆斯坦因收集品中的新疆出土古藏文写本》，第 164 页；汉译《英国收藏新疆出土古藏文文书选译》，第 192 页。

507. 书信残卷

斯坦因原编：M. Ⅰ. ⅹⅳ. 25.，英国国家图书馆东方文献部编号 Or. 15000/391，残卷，10×13，正面 9 行，背面 7 行。残留书信的右半部分，上边线已不见。书信的开头部分为问候语，收信人因写本残缺不得而知。第 7 行能见到吐蕃官名"节儿"（tse rje）的字样。第 9 行以下空缺。背面为不同笔迹的另一封信，只能见到收信人名字的一部分"良波"（snyang po），而且文书的后半部分残缺。藏文转写及注解见《英国国家图书馆斯坦因收集品中的新疆出土古藏文写本》，第 165 页；汉译《英国收藏新疆出土古藏文文书选译》，第 154 页。

508. 契约残卷

斯坦因原编：M. Ⅰ. ⅹⅳ. 26，英国国家图书馆东方文献部编号

Or. 15000/392，残卷，4×9，正面3行，背面1行加印记一枚。残存左上角，背面可能是地址的形式，但不清晰，其中提及人名"角布"（vjo bo）、"聂赞"（myes rtsan）等。藏文转写及注解见《英国国家图书馆斯坦因收集品中的新疆出土古藏文写本》，第165页；汉译《英国收藏新疆出土古藏文文书选译》，第193页。

509. 书信残卷

斯坦因原编：M.Ⅰ.ⅹⅳ.27.，英国国家图书馆东方文献部编号 Or. 15000/393，残卷，11.5×11，正面7行，背面空白，残存右下部分，其中提到的物品有"大麦"（nas）。藏文转写及注解见《英国国家图书馆斯坦因收集品中的新疆出土古藏文写本》，第166页；汉译《英国收藏新疆出土古藏文文书选译》，第178页。

510. 书信残卷

斯坦因原编：M.Ⅰ.ⅹⅳ.28.a.，英国国家图书馆东方文献部编号 Or. 15000/394，残卷，8×18.5，正面6行，背面1行加原书1行。残留书信的左半部分，正面收信人的名字已不见。第2行提到了"向斯（shang zigs）的十驮（khal bchu）小麦和大麦"云云，第6行看来是文书的结尾部分。背面可能是写信人的名字"扎尼顿"（tsa myi ston）。藏文转写及注解见《英国国家图书馆斯坦因收集品中的新疆出土古藏文写本》，第166页；汉译《英国收藏新疆出土古藏文文书选译》，第179页。

511. 书信残卷

斯坦因原编：M.Ⅰ.ⅹⅳ.28.b，英国国家图书馆东方文献部编号 Or. 15000/395，残卷，5×6.5，正面4行，背面1行。可能残存上半部分，只有地址和问候语隐约可见，提及的人名有"玉协"（g.yu bzher）。藏文转写及注解见《英国国家图书馆斯坦因收集品中的新疆出土古藏文写本》，第166页；汉译《英国收藏新疆出土古藏文文书选译》，第211页。

512. 书信残卷

斯坦因原编：M.Ⅰ.ⅹⅳ.28.c.，英国国家图书馆东方文献部编号 Or. 15000/396，残卷，6.5×11.5，正面5行，背面空白。残余文书中下部分。大概与编号511属于相同的书信残卷的片段。写得模糊。除了正面第2行外，仅有一些不连贯的音节较为清晰。藏文转写及注解见《英国国家图书馆斯坦因收集品中的新疆出土古藏文写本》，第167页。

513. 猪年春买驴契残卷

斯坦因原编：M.Ⅰ.ⅹⅳ.57.，英国国家图书馆东方文献部编号 Or. 15000/397，残卷，7×22，正面 4 行加印记，背面 3 行。正面几近完整，仅右边失落，可能是一份有关牲口买卖的契约。第 1 行的开头部分注明了文书的日期是"猪年春"，接下来是两个人名"奔录孜"（bung klu gzigs）和"铁普"（thir pul）。第 2 行提到了交易的对象是一头山羊和一头幼驴，然后出现了另一个人名"敦尼拉协"（dun myi lha bzher）。第 3 行到第 4 行不是很清晰，好几处有修改的痕迹。不过，第 4 行可读出 2 个证人的名字："卧纳喜"（vo nal cung）和"蚌辰嘉夏"（bong phrang ja bzha）。两枚圆形的朱砂印记在底边清晰可见，另一枚被盖在右边沿上。背面是另一件文书，可能是一封信，明显晚于正面文书的年代。藏文转写及注解见《英国国家图书馆斯坦因收集品中的新疆出土古藏文写本》，第 167 页；汉译《英国收藏新疆出土古藏文文书选译》，第 193 ~ 194 页。

514. 借麦契残卷

斯坦因原编：M.Ⅰ.ⅹⅳ.58.a.，英国国家图书馆东方文献部编号 Or. 15000/398，残卷，11×18，正面 4 行加倒文 3 行及印记，背面 9 行及印记。此卷上写有 3 件契约文书。正面第 1 行到第 4 行是一件租借物品的契约，借方为"索安隆孔"（so ngan long kong），借出方是"卧纳孔琼"（vo nal rkong chung），涉及的物品不详，但数量为 3 件。3 行倒书为一件借麦契，但开头的部分文字已失缺。背面是一件粮食借契的中下部分，其中可见"潘孔"（phan kong）和"东孔"（ldong kong）为贷方，"卧纳查孔"（vo nal lha gong）和"嘉斯勒赞"（rgyal zigs legs rtsan）为证人。藏文转写及注解见《英国国家图书馆斯坦因收集品中的新疆出土古藏文写本》，第 168 页；汉译《英国收藏新疆出土古藏文文书选译》，第 180 页。

515. 藏德牙呈录曼书残卷

斯坦因原编：M.Ⅰ.ⅹⅳ.59.，英国国家图书馆东方文献部编号 Or. 15000/399，残卷，6.5×20。已褪色。为细小、潦草的楷书。正面 6 行。这是一位名叫"藏德牙"（rtsang lde ya）的妇女呈"录曼大人"（jo co klu sman）的信。开始为一段常见的嘱咐、询问之语，然后提到向路曼大人贡献了水和油。信中提到的地名有"瓜州"（kva cu）的"波刚"（po gams），以及"吉干山"（ji gnang）、"科懋功瓦"（khol mo gum ba）和

"扎喜颇热"（vdra zhi bal pho re）、"达秋达瓦"（dag chig dbul barb）等。
英译见《有关西域的藏文文献与文书》第二卷，第 65 页；汉译《敦煌西
域古藏文社会历史文献》第 50、51 页。藏文转写及注解见《英国国家图
书馆斯坦因收集品中的新疆出土古藏文写本》，第 168 页；汉译《英国收
藏新疆出土古藏文文书选译》，第 211 页。

516. 官府文书残卷

斯坦因原编：M. Ⅰ. ⅩⅣ. 61. a.，英国国家图书馆东方文献部编号 Or.
15000/400，残卷，7×13.5，正面 6 行，背面 5 行。残留左上半部分。可
见到的人名有"帕巴聂勒"（spasl ba myes slebs）、"道协克琼"（stag bzher
skyi khyugs）等；地名有"怯台"（ka dag）、"识匿"（sig nis）等。第 5
行可见到一个官吏的名称："上部之民吏"（stod gyi dbang blon）。背面的
文书被一条线划去，其中第 1 行是时间，第 3 行至第 5 行看来是一封信。
藏文转写及注解见《英国国家图书馆斯坦因收集品中的新疆出土古藏文写
本》，第 169 页；汉译《英国收藏新疆出土古藏文文书选译》，第 139 页。

517. 契约残卷

斯坦因原编：M. Ⅰ. ⅩⅣ. 61. b.，英国国家图书馆东方文献部编号 Or.
15000/401，残卷，8×16，正面 7 行，背面 6 行，字体较大而模糊。正面
和背面可能为一相同的契约文书，内容涉及羊及粮食。第 2 行和第 3 行提
到所剪毛皮的价值和人名"贝玛聂"（spus ma nyed），第 4 行提到了"十
五驮小麦"和"五驮大麦"的价值。背面第 2 行提到了"医者"（sman
pa）。藏文转写及注解见《英国国家图书馆斯坦因收集品中的新疆出土古
藏文写本》，第 169 页；汉译《英国收藏新疆出土古藏文文书选译》，第
194~195 页。

518. 契约残卷

斯坦因原编：M. Ⅰ. ⅩⅣ. 61. c.，英国国家图书馆东方文献部编号 Or.
15000/402，残卷，3×13。方形楷书，正面 2 行。是一件契约残卷，仅存
见证人"泽拉札基"（rtsig lha rtsa skyes）、"嘉斯勒"（rgyal zigs leg）、"东
孔"（ldong kong）等名字。英译见《有关西域的藏文文献与文书》第二
卷，第 406 页；汉译《敦煌西域古藏文社会历史文献》第 349 页。藏文转
写及注解见《英国国家图书馆斯坦因收集品中的新疆出土古藏文写本》，
第 170 页；汉译《英国收藏新疆出土古藏文文书选译》，第 195 页。

519. 书信残卷

斯坦因原编：M. I. ⅹⅳ. 61. d.，英国国家图书馆东方文献部编号 Or. 15000/403，残卷，4.5×7.5，正面 4 行，背面有章。文书中仅有部分音节清晰。正面第 2 行提到"刀具"，第 3 行似乎意为"建议出售"。背面有一明显的朱砂印迹。藏文转写及注解见《英国国家图书馆斯坦因收集品中的新疆出土古藏文写本》，第 170 页；汉译《英国收藏新疆出土古藏文文书选译》，第 212 页。

520. 书信残卷

斯坦因原编：M. I. ⅹⅳ. 61. e. ＋g.，英国国家图书馆东方文献部编号 Or. 15000/404，残卷，6.5×6.5，正面 7 行，背面 2 行。两个残片，属同一书信残卷的片段。背面似乎是落款署名，有一人名"论·芒松"（blon mang sum），或许是送信人，或许是收件人。藏文转写及注解见《英国国家图书馆斯坦因收集品中的新疆出土古藏文写本》，第 170 页；汉译《英国收藏新疆出土古藏文文书选译》，第 212 页。

520. 书信残卷

斯坦因原编：M. I. ⅹⅳ. 61. g.，英国国家图书馆东方文献部编号 Or. 15000/404，残卷，4×6.5，正面 5 行，背面 1 行。与文书 M. I. ⅹⅳ. 61. e. 粘贴在一块儿。见《英国国家图书馆斯坦因收集品中的新疆出土古藏文写本》，第 170 页。

521. 卖马契残卷

斯坦因原编：M. I. ⅹⅳ. 61. f.，英国国家图书馆东方文献部编号 Or. 15000/405，残卷，9.5×7，正面 10 行，背面 5 行，倒书 1 行。残存文书的右上角部分。第 1 行是问候语，第 2 行到第 10 行的内容涉及一马匹的买卖或租赁。第 2 行提到了马匹的价位；第 3 行提到了马匹、银两、小麦等；第 4 行说付给借出方云云；第 6 行出现了一个人名"玉勒"（g. yu legs）；第 8 行提到了六两银钱，可能是马匹的价格。背面大概是相同的一件文书，但模糊难辨。藏文转写及注解见《英国国家图书馆斯坦因收集品中的新疆出土古藏文写本》，第 171 页；汉译《英国收藏新疆出土古藏文文书选译》，第 195 页。

522. 契约残卷

斯坦因原编 M. I. ⅹⅳ. 62. a.，英国国家图书馆东方文献部编号

Or.15000/406，残卷，4×23.5，正面4行，背面3行。双面书写形式，字迹不清晰。正面第2行开头有一人名"录……"（klu……）出现，背面第3行可读出"春正月十五日"（dphyid sla vbring po tshes bcu lnga）。藏文转写及注解见《英国国家图书馆斯坦因收集品中的新疆出土古藏文写本》，第171页；汉译《英国收藏新疆出土古藏文文书选译》，第196页。

523. 派粮文书残卷

斯坦因原编：M.Ⅰ.ⅹⅳ.62.b.，英国国家图书馆东方文献部编号 Or.15000/407，残卷，4×7.5，正面5行，背面3行，倒书1行。正面大概是一封信，第4行提到了"大罗布"（nob ched po）。背面可能是一份粮食派发文书，第2行提到了"十一升（bre）又七普耳（phul）半大麦已分发给了每一个人"，第3行说到了要送给"塔色桑"（da gsas bsang）十八升大麦和小麦。藏文转写及注解见《英国国家图书馆斯坦因收集品中的新疆出土古藏文写本》，第172页；汉译《英国收藏新疆出土古藏文文书选译》，第131页。

524. 契约残卷

斯坦因原编：M.Ⅰ.ⅹⅳ.62.c.，英国国家图书馆东方文献部编号 Or.15000/408，残卷，4×7，正面5行，背面1行。正面是贷款契约文书的右半部分，但是从保留下来的文书中无法识别内容。背面仅有3个音节，显然是不同的文书。藏文转写及注解见《英国国家图书馆斯坦因收集品中的新疆出土古藏文写本》，第172页。

525. 书信残卷

斯坦因原编：M.Ⅰ.ⅹⅳ.62.d.，英国国家图书馆东方文献部编号 Or.15000/409，残卷，5×7.5，正面4行，背面2行加印章。正面是一封书信，"党杰"（ltang sbyal）可能是写信人姓名。背面似乎是不同的文书。在左上角有一明显的圆形朱砂印迹，有一空白。这可能是一个段落的结尾，下面显然还有2行多，但是模糊不清。藏文转写及注解见《英国国家图书馆斯坦因收集品中的新疆出土古藏文写本》，第172页。

526. 文书残卷

斯坦因原编：M.Ⅰ.ⅹⅳ.62.e.，英国国家图书馆东方文献部编号 Or.15000/410，残卷，8.5×4.5，正面10行，背面6行。正面是文书的左上部分。正面第2行出现人名"隆赤"（slung khri），第4行包括"生意团体"（tshong gi khyu），第 5 行是"对我的羊群"（bdagI lug khyur）。背面是另一文书的左下部分，由于书写模糊，辨认困难。藏文转写及注解见《英国国家图书馆斯坦因收集品中的新疆出土古藏文写本》，第 173 页。

527. 书信残卷

斯坦因原编：M. Ⅰ. ⅹⅳ. 62. f.，英国国家图书馆东方文献部编号 Or. 15000/411，残卷，4×8.5，正面 3 行，背面 3 行。正面是文书的中上部分。正面第 1 行给出时间"……年春末月"，第 2 行似乎提到官吏"额谢斯"（rngog phyel zigs）。在底部边缘有明显的上部特征，显示是文书的接续部分。背面是不同的文书，大概是第二封书信。背面第 1 行有人名，如"拉桑"（lha bzang），背面第 2 行"录责"（klu stsol）。文书似乎最初由 3 行组成。背面一定是写于正面文书之后。藏文转写及注解见《英国国家图书馆斯坦因收集品中的新疆出土古藏文写本》，第 173 页。

528. 文书残卷

斯坦因原编：M. Ⅰ. ⅹⅳ. 62. g.，英国国家图书馆东方文献部编号 Or. 15000/412，残卷，3.5×8，正面 4 行，背面空白。残余书信的中间部分。正面第 2 行提到"炯国王"（rgyal po skyong）。藏文转写及注解见《英国国家图书馆斯坦因收集品中的新疆出土古藏文写本》，第 174 页。

529. 文书残卷

斯坦因原编：M. Ⅰ. ⅹⅳ. 62. h.，英国国家图书馆东方文献部编号 Or. 15000/413，残卷，4.5×6，正面 5 行，背面空白。仅保留了一些音节。正面第 2 行"弥潘"（myi vpham）可能是人名。藏文转写及注解见《英国国家图书馆斯坦因收集品中的新疆出土古藏文写本》，第 174 页。

530. 经济文书残卷

斯坦因原编：M. Ⅰ. ⅹⅳ. 108. a.，英国国家图书馆东方文献部编号 Or. 15000/414，残卷，4.5×14，正面 2 行，背面空白。残余右下角。正面第 1 行似乎可理解为"收到半驮（khal）谷物"（？），第 2 行有"收到大麦送到琼森（cung srin）"之意。藏文转写及注解见《英国国家图书馆斯坦因收集品中的新疆出土古藏文写本》，第 174 页。

531. 文书残卷

斯坦因原编：M. Ⅰ. ⅹⅳ. 108. b.，英国国家图书馆东方文献部编号 Or. 15000/415，残卷，10×8，正面 8 行，背面空白。残余右边部分。写得模糊不清，尤其最上面那行。正面第 4 行为"获得"，正面第 5 行似乎提到"两头或三头驴"，第 6 行为"已抓捕"。藏文转写及注解见《英国国家图书馆斯坦因收集品中的新疆出土古藏文写本》，第 174 页。

532. 女奴契约文书

斯坦因原编：M. Ⅰ. ⅹⅳ. 108. c.，英国国家图书馆东方文献部编号 Or. 15000/416，残卷，4×7，正面 3 行，背面 3 行。大概是契约文书的上部分。与编号 533 确定是出自同一手稿，组成左下角，但系两个残卷，不能粘贴在一块儿。正面第 1 行包括残缺的日期。背面与正面的风格相同，大概是不同的文书。背面第 1 行"tsal"可能是地名"萨毗"（tshal［byi]），第 2 行提到"汉女"（rgya mo）。汉族女奴隶也出现在编号 533 的正面，正面和背面的文书可能有联系。藏文转写及注解见《英国国家图书馆斯坦因收集品中的新疆出土古藏文写本》，第 175 页。

533. 女奴契约残卷

斯坦因原编：M. Ⅰ. ⅹⅳ. 108. 1.，英国国家图书馆东方文献部编号 Or. 15000/417，残卷，6.5×8.5，正面 6 行，背面 2 行，残余左下角，怀疑与编号 532 出自同一手稿。正面第 3 行提到"汉族女奴隶"（rgya bran［mo]），第 6 行说附"莽勒"（rmang slebs）私章。背面是另一文书的最后两行，第 2 行出现官员名"论勒桑"（blon legs bzang）。参见编号 532。藏文转写及注解见《英国国家图书馆斯坦因收集品中的新疆出土古藏文写本》，第 175 页。

534. 阿骨赞士兵名录

斯坦因原编：M. Ⅰ. ⅹⅳ. 108. d.，英国国家图书馆东方文献部编号 Or. 15000/418，残卷，4×12，正面 4 行，背面 2 行，印记 1 枚。正面是一件文书的中间部分。第 1 行提到了"居于小罗布（nob chungu）的卡德禄"（ka lde khlu），第 2 行提到了"阿骨赞部落的十三个斥候"（so pa）。背面是另一件不同的文书，极像一件契约文书的最后两行。第 1 行提到了"没收"云云；第 2 行提到了"证人之印"，而印记依稀可见。英译见《有关西域的藏文文献与文书》第二卷，第 128 页；汉译《敦煌西域古藏文社会历史文献》，第 122 页。藏文转写及注解见《英国国家图书馆斯坦因收集品中的新疆出土古藏文写本》，第 176 页；汉译《英国收藏新疆出土古藏文文书选译》，第 147 页。

535. 书信残卷

斯坦因原编：M.Ⅰ.xⅳ.108.e.，英国国家图书馆东方文献部编号 Or. 15000/419，残卷，7.5×8.5，正面 6 行，背面 1 行。残余书信的上半部分，写给"绰勒大人"（jo mo khrom legs）。正面第 1 行是落款署名，第 2 行是问候语，第 3 行提到送信人的父亲和母亲。背面 1 行可能是地址。藏文转写及注解见《英国国家图书馆斯坦因收集品中的新疆出土古藏文写本》，第 176 页。

536. 经济文书残卷

斯坦因原编：M.Ⅰ.xⅳ.108.f.，英国国家图书馆东方文献部编号 Or. 15000/420，残卷，5×7.5，正面 5 行，背面 4 行，倒书 1 行。残留文书的中上部分。第 1 行是文书的时间，第 2 行包括一个叫作"下罗布"（nob shod）的地名。背面是另一件文书，内容与粮食有关，其中提到一个叫"论·勒桑"（blon legs bzang）的人。藏文转写及注解见《英国国家图书馆斯坦因收集品中的新疆出土古藏文写本》，第 177 页；汉译《英国收藏新疆出土古藏文文书选译》，第 169 页。

537. 文书残卷

斯坦因原编：M.Ⅰ.xⅳ.108.g.，英国国家图书馆东方文献部编号 Or. 15000/421，残卷，6.5×5.5，正面 4 行，背面 4 行。正面是文书的右下角。正面第 3 行包括"女人"（bu smad）。背面显然是不同的文书，仅有人名"嘉桑"（rgyal bzang）清晰。藏文转写及注解见《英国国家图书馆斯坦因收集品中的新疆出土古藏文写本》，第 177 页。

538. 书信残卷

斯坦因原编：M.Ⅰ.xⅳ.108.h.，英国国家图书馆东方文献部编号 Or. 15000/422，残卷，3×9，正面 3 行，背面 1 行。残余右边部分。背面大概是落款署名。"朗尚孜"（rlang zhang zig）可能是寄件人姓名。藏文转写及注解见《英国国家图书馆斯坦因收集品中的新疆出土古藏文写本》，第 177 页。

539. 契约残卷

斯坦因原编：M.Ⅰ.xⅳ.108.i，英国国家图书馆东方文献部编号 Or. 15000/423，残卷，4×6，正面 4 行加一枚章，背面 5 行。残余契约文书的中间部分。正面第 2 行给出了时间"五日"（tsheslnga），第 3 行和第 4 行有一圆形朱红色印迹。背面是不同的文书，背面第 3 行提到"谷物"
（stsang），其他都模糊不清。藏文转写及注解见《英国国家图书馆斯坦因
收集品中的新疆出土古藏文写本》，第 178 页。

540. 残卷

斯坦因原编：M.Ⅰ.ⅹⅳ.108.j.，英国国家图书馆东方文献部编号 Or.
15000/424，2×8.5，文书空白。见《英国国家图书馆斯坦因收集品中的新
疆出土古藏文写本》，第 178 页。

541. 书信残卷

斯坦因原编：M.Ⅰ.ⅹⅳ.108.k.，英国国家图书馆东方文献部编号 Or.
15000/425，残卷，8×8.5，正面 7 行，背面 2 行。残余书信的中间部分，
书写模糊不清。正面第 3 行提到"地方会议"（bkav gros），第 5 行似乎出
现"大麦"（nas）和"绵羊"（lug），第 7 行人名"玉珍"（g.yu sgras）
可以拼读出来。背面有一大的正面渗透过来的朱红色斑点。藏文转写及注
解见《英国国家图书馆斯坦因收集品中的新疆出土古藏文写本》，第 178
页，编号 541；汉译《英国收藏新疆出土古藏文文书选译》，第 197 页。

542. 蛇年嘉斯勒赞等复论芒支书

斯坦因原编：M.Ⅰ.ⅹⅳ.109.，英国国家图书馆东方文献部编号 Or.
15000/426，完整，18.5×29，有墨迹，褪色。正面草写楷书 10 行，字大，
印记一枚；背面 14 行，倒书 1 行，印记一枚，字大，不工整，倒书文字较
小，字迹工整。正面是"嘉斯勒赞"（rgyal zigs legs rtsan）和"孜拉扎"
（rtsig lha rtsa）等对"论·芒支"（blon mang zi gs）来函以及蛇年夏"卓
摩岭"（gtsos mo gling）、"军帐会议"（khrom gyi vdun su）急件的答复。
提到了官府属民"登波勒囊"（steng bor legs snang）转运牦牛的事宜，其
中规定了转运数量、交付时期，转交地点为"小罗布"（nob chungur），以
及货物价格以及对违约的惩处等内容，并提到了"突厥"（hor）。文书末
尾还盖有嘉孜勒赞、孜拉扎的印章和手印。背面是秋七月十日送抵"小罗
布"（nob chungur）、"节儿"（rtse rje）冲协桑孔的信，发信人为"录支"
（klu rtse）地方官吏蔡陆·衮察禄玛德等。信中讲述了运送者达卡瓦洛与
弩支兵士巴蔡等发生冲突的经过，并请求追查此事。信中，还提到了小罗
布四镇、论·勒桑、论·玛蔡等地名和官吏姓名，并盖有运送者达卡瓦洛
的手印。英译见《有关西域的藏文文献与文书》第二卷，第 141、142、

137、138 页；汉译《敦煌西域古藏文社会历史文献》第 129、131、132 页。《敦煌西域出土的古藏文契约文书》第 283~285 页；汉译本第 310~313 页。藏文转写及注解见《英国国家图书馆斯坦因收集品中的新疆出土古藏文写本》，第 179 页；汉译《英国收藏新疆出土古藏文文书选译》，第 134~135、152 页。

543. 契约残卷

斯坦因原编：M.Ⅰ.ⅹⅳ.110.，英国国家图书馆东方文献部编号 Or.15000/427，残卷，9×17，正面 7 行，背面 2 行。正面是佛经残卷的右边部分。正面第 4 至 7 行是关于起因和影响。背面是乱写的或是不同的手稿，可以拼读作"孔囊（khong snang）借出六升（bre）大麦给撒取尧（se kyo yo）"。藏文转写及注解见《英国国家图书馆斯坦因收集品中的新疆出土古藏文写本》，第 180 页。

544. 文书残卷

斯坦因原编：M.Ⅰ.ⅹⅳ.111.，英国国家图书馆东方文献部编号 Or.15000/428，4.5×33，空白。见《英国国家图书馆斯坦因收集品中的新疆出土古藏文写本》，第 180 页，编号 544。

545. 蛇年借粮契残卷

斯坦因原编：M.Ⅰ.ⅹⅳ.112.，英国国家图书馆东方文献部编号 Or.15000/429，残卷，18×10，正面 15 行加印记，背面 11 行加印记。这是两件出自不同手笔的契约文书残卷。正面是一件蛇年借粮契的左半部分，提到的人名有"玛拉旦"（ma la rten）、"莽东"（rmang rton）、"卡丹"（kha bstand）、"拉辛"（lha sbyin），涉及的物品为大麦。背面可能是一件雇工契的右半部分，可见人名："木录索"（dmu klu gso）、"录杂"（klu stsa）、"角香孜"（co byang gzigs）等。两边均留有圆形的朱砂印记。藏文转写及注解见《英国国家图书馆斯坦因收集品中的新疆出土古藏文写本》，第 181 页；汉译《英国收藏新疆出土古藏文文书选译》，第 181、197 页。

546. 契约残卷

斯坦因原编：M.Ⅰ.ⅹⅳ.113.，英国国家图书馆东方文献部编号 Or.15000/430，残卷，14×18.5。常见草写楷书，正面 8 行，印记一枚。是一份残缺的关于借大麦的契约文书，所借大麦为"三蕃升"。契约规定了归还的时间，并约定届时如未还清，将双倍偿还，或占有借方的行装和大麦。契约的见证人"羌茹齐突"（vgreng ro khyi［th］ug）和"拉札基"（lha rtsa skyes）。英译见《有关西域的藏文文献与文书》第二卷，第 61页；汉译《敦煌西域古藏文社会历史文献》第 47 页。《敦煌西域出土的古藏文契约文书》第 303～304 页；汉译本第 334～335 页。藏文转写及注解见《英国国家图书馆斯坦因收集品中的新疆出土古藏文写本》，第 181 页；汉译《英国收藏新疆出土古藏文文书选译》，第 182 页。

547. 分配粮食名录

斯坦因原编：M.Ⅰ.ⅹⅳ.114.，英国国家图书馆东方文献部编号 Or.15000/431，残卷，10×24.5，正面 8 行加倒书 1 行及印记，背面 4 行加印记若干。文书近乎完整，但纸张破损、污渍严重。正面是一份分配粮食的名单，内容包括分粮人的阶层，如"农民"（zhing pa）和一种特殊身份的亦耕亦战者——"屯田者"（so zhing pa）等，名字分别为："莽索"（rmang gzod）、"则贡"（rtses kong）、"聂孜"（myes gzig）、"录索"（klu gso）、"斜波仁"（dphyas po rin）、"额阿诺仁"（rnga nog rin）等，以及他们各自所分粮食的数量。背面看来是一件有关卖驴的契约，其中出售者的名字叫"那升升"（nen tsheng tsheng），第 3 行为证人的名字，其中一人为"和尚"（ban de）。藏文转写及注解见《英国国家图书馆斯坦因收集品中的新疆出土古藏文写本》，第 182 页；汉译《英国收藏新疆出土古藏文文书选译》，第 176 页。

548. 田亩册残卷

斯坦因原编：M.Ⅰ.ⅹⅳ.115.，英国国家图书馆东方文献部编号 Or.15000/432，残卷，7×13，正面 7 行，背面 6 行。正面是一件借物契，日期为"龙年夏"（vbru gi lovi dbyar），人名有"德录索"（lde klu gso）、"东扎嘉"（stong gras gcal），但所借物不详，归还日期为当年秋七月。背面的文书显然出于同一人之手，为一件田亩册，其中提到的人名有"论·道孜"（blon stag gzigs），以及"王田"（rje zhing）和吐蕃统治时期特有的田亩单位"突"（dor）。《敦煌西域出土的古藏文契约文书》第 301～302 页；汉译本第 332～333 页。藏文转写及注解见《英国国家图书馆斯坦因收集品中的新疆出土古藏文写本》，第 182 页；汉译《英国收藏新疆出土古藏文文书选译》，第 172、198 页。

151

549. 契约残卷

斯坦因原编 M．Ⅰ．ⅹⅳ.116.，英国国家图书馆东方文献部编号 Or.15000/433，残卷，7×29，正面 6 行，背面空白，残存下半部分。提及人名"俄德"（vog gtad）、"芒松杰"（mang sum rje），物品有"大麦"（nas）、"粟"（khre）、"酥油"（mar）等。藏文转写及注解见《英国国家图书馆斯坦因收集品中的新疆出土古藏文写本》，第 183 页；汉译《英国收藏新疆出土古藏文文书选译》，第 182 页。

550. 佛经残卷

斯坦因原编：M．Ⅰ．ⅹⅳ.169.a.，英国国家图书馆东方文献部编号 Or.15000/434，残卷，27×22，正面 18 行，背面 1 行。编号 550~553 是来自同一卷的正面，编号 550 和 553 构成第一列开头。梵文标题（在编号 550 的正面第 1 行）由于纸张受损，似乎丢失。编号 551 和 552 形成 2 列和 3 列。每列似乎最初有 18 行。编号 550 背面仅有两个音节，"芒嘉"（mang rgyal）可能是抄写员的名字。编号 551 背面也有相同的字迹。藏文转写及注解见《英国国家图书馆斯坦因收集品中的新疆出土古藏文写本》，第 183 页。

551. 佛经残卷

斯坦因原编：M．Ⅰ．ⅹⅳ.169.b.，英国国家图书馆东方文献部编号 Or.15000/435，残卷，24×23，正面 17 行，背面 2 行加 1 行。正面来自编号 550 的附加部分。在编号 550 正面第 18 行和编号 551 正面第 1 行之间有一行缺失。编号 551 正面第 17 行和 18 行似乎由于纸张损毁而缺失。编号 Ch.73.XIV. 用铅笔写在编号 551 和 552 的背面。藏文转写及注解见《英国国家图书馆斯坦因收集品中的新疆出土古藏文写本》，第 184 页。

552. 佛经残卷

斯坦因原编：M．Ⅰ．ⅹⅳ.169.c.，英国国家图书馆东方文献部编号 Or.15000/436，残卷，24×14，正面 17 行，背面空白。佛经残卷，是编号 551 的附加部分。由于纸张损毁，正面第 18 行似乎缺失。藏文转写及注解见《英国国家图书馆斯坦因收集品中的新疆出土古藏文写本》，第 185 页。

553. 佛经残卷

斯坦因原编：M．Ⅰ．ⅹⅳ.169.d.，英国国家图书馆东方文献部编号 Or.15000/437，残卷，10×3.5，正面 7 行，背面空白。参见编号 550。藏

文转写及注解见《英国国家图书馆斯坦因收集品中的新疆出土古藏文写
本》，第 185 页。

554. 汉文《孔子备问书》残卷

斯坦因原编：M. Ⅰ. ⅹⅳ. 169. e.，英国国家图书馆东方文献部编号
Or. 15000/438，残卷，11.5×6.5，正面汉文 4 行，背面空白。汉文残卷与
藏文写本（编号 550~553）放在一起，因此包括介绍目录，可能写在藏文
文书边缘或背面。藏文转写及注解见《英国国家图书馆斯坦因收集品中的
新疆出土古藏文写本》，第 185 页。

555. 马年春借粮契残卷

斯坦因原编：M. Ⅰ. ⅹⅴ. 1.，英国国家图书馆东方文献部编号
Or. 15000/439，残卷，6×31，正面 5 行，背面 6 行。是在一张长方条纸两
边书写的两件不同的文书，均近乎完整，仅底边失缺。正面是一件借粮契
的上部分，字迹不清，尤其是前 3 行难以辨认。第 1 行给出的日期是马年
春"论·芒孜"（mang zig）和"论·噶赞"（gal tsan）等召开"节度使会
盟"（khrom gyi vdun sa）之时，第 4 至第 5 行是典型的契约文书的表达词
汇。背面是一封信的上半部分，写信者为"桑党"（sam stang），收信者是
"赞协大人"（jo cho rtsang bzher），其中提及人名"玉玛"（g. yu dmar）、
"麻克扎"（vbal khyi brag）和"向尖"（shang sbyan），官名"岸本"
（mngan）。藏文转写及注解见《英国国家图书馆斯坦因收集品中的新疆出
土古藏文写本》，第 186 页；汉译《英国收藏新疆出土古藏文文书选译》，
第 155、166 页。

556. 文书残卷

斯坦因原编：M. Ⅰ. ⅹⅵ. frag. 1. + frag. 3.，英国国家图书馆东方文献部
编号 Or. 15000/440，残卷，8.5×10.8，正面 5 行，背面空白。两个残片属
同一个手稿，被粘贴在一块儿。文书重组成谷场文书的右下角。字迹模糊不
清。正面第 3 行似乎出现"田地"（zhing dor），第 5 行"种子"（sa bon）。
藏文转写及注解见《英国国家图书馆斯坦因收集品中的新疆出土古藏文写本》，
第 186 页。

556. 文书残卷

斯坦因原编：M. Ⅰ. ⅹⅵ. frag. 3.，英国国家图书馆东方文献部编号
Or. 15000/440，残卷，4×5.5，正面 2 行，背面空白。同文书 M. I. xvi.

frag. 1. 粘贴在一块儿。见《英国国家图书馆斯坦因收集品中的新疆出土古藏文写本》，第 186 页。

557. 德论致某人书

斯坦因原编：M. Ⅰ. ⅹⅵ. 19 + frag. 2.，英国国家图书馆东方文献部编号 Or. 15000/441，残卷，9 × 25，模糊，左下角失落。正面圆体书 6 行，背面方形草写楷书 5 行。正面信件提到的人名有"向曼"（shang smon）、"孔囊"（khong snang）、"贡色"（gung gsas）、"俄姆夏苏"（rnga mo sha su）等。背面是"德论"（bde blon）致米兰吐蕃首领一封信，信中提到一个年轻的"仆人"（na bran?）袭击了"萨毗"（tshal byi）的"司法吏"（khrim bon），今后应采取保护措施。英译见《有关西域的藏文文献与文书》第二卷，第 124 页；汉译《敦煌西域古藏文社会历史文献》第 118 页。藏文转写及注解见《英国国家图书馆斯坦因收集品中的新疆出土古藏文写本》，第 187 页；汉译《英国收藏新疆出土古藏文文书选译》，第 167 ~ 168 页。

557. 文书残卷

斯坦因原编：M. Ⅰ. ⅹⅵ. frag. 2.，英国国家图书馆东方文献部编号 Or. 15000/441，残卷，3.5 × 3，正面 2 行，背面空白。同文书 M. I. xvi. 19. 粘贴在一块儿。藏文转写及注解见《英国国家图书馆斯坦因收集品中的新疆出土古藏文写本》，第 187 页。

558. 文书残卷

斯坦因原编：M. Ⅰ. ⅹⅵ. frag. 4.，英国国家图书馆东方文献部编号 Or. 15000/442，残卷，5.5 × 5.5，正面 1 行，背面空白。仅有音节"田地"（zhing）可见。见《英国国家图书馆斯坦因收集品中的新疆出土古藏文写本》，第 187 页。

559. 文书残卷

斯坦因原编：M. Ⅰ. ⅹⅵ. frag. 5.，英国国家图书馆东方文献部编号 Or. 15000/443，残卷，7.5 × 6.5，正面 6 行，背面空白。扯毁严重且脏。书写模糊不清。仅有一些音节如正面第 3 行"混合"（bsd[o]ngs nas），第 5 行"当年冬天"（lan vdi dgun）可以拼读出来。见《英国国家图书馆斯坦因收集品中的新疆出土古藏文写本》，第 187 页。

560. 牲畜买卖契约残卷

斯坦因原编 M. Ⅰ. ⅹⅵ. 1，英国国家图书馆东方文献部编号 Or. 15000/

444，残卷，5×13，正面 4 行，背面空白。提及人名"怒勒赞"（nub legs brtsan）、"协娘赞"（bzher nya brtsan），以及"银两"（dmar srang）等。英译见《敦煌西域出土的古藏文契约文书》第 292 页；汉译本第 321 页。藏文转写及注解见《英国国家图书馆斯坦因收集品中的新疆出土古藏文写本》，第 188 页；汉译《英国收藏新疆出土古藏文文书选译》，第 198 页。

561. 书信残卷

斯坦因原编：M.Ⅰ.ⅹⅵ.2.，英国国家图书馆东方文献部编号 Or.15000/445，残卷，7×11.5，正面 6 行，背面空白。残余文书上中部分。正面第 1 行有两个收件人姓名是清晰的。第 2～4 行是问候语，第 2 行收件人似乎被称作"拉香炯协"（lha byang cub phyogs）。藏文转写及注解见《英国国家图书馆斯坦因收集品中的新疆出土古藏文写本》，第 188 页。

562. 某人致舅舅拉扎书信残卷

斯坦因原编 M.Ⅰ.ⅹⅵ.20.，英国国家图书馆东方文献部编号 Or.15000/446，残卷，6.5×11，正面 6 行，背面空白。残存左上部分。书信是寄给"舅舅拉扎"（zhang zhang lha sgra）的。有一些人名出现，如："雅布"（ya bir）、"苏白"（sru dpal）、"库丁"（vkhu steng）。物品如"大麦""粟"等。藏文转写及注解见《英国国家图书馆斯坦因收集品中的新疆出土古藏文写本》，第 188 页；汉译《英国收藏新疆出土古藏文文书选译》，第 183 页。

563. 神话图卷

斯坦因原编：M.Ⅰ.ⅹⅵ.21.，英国国家图书馆东方文献部编号 Or.15000/447，残卷，6.5×11，正面图画，背面空白。正面右上角是一幅神话内容的图画，有蛇、三瓣花、四瓣花、池塘、八瓣莲花、石头上的鸟和其他装饰物。见《英国国家图书馆斯坦因收集品中的新疆出土古藏文写本》，第 188 页。

564. 契约残卷

斯坦因原编：M.Ⅰ.ⅹⅵ.22.，英国国家图书馆东方文献部编号 Or.15000/448，残卷，4.5×26。已经褪色，四边皆有不规则的破裂。正面 4 行，背面 3 行，草写楷书字体，部分笔画细微。是"七屯部落"（rtse vthon gyi sde）的"多格莽基"（tor vgu rmang skyes）向"郎赤列"

（rlang khri slebs）借大麦的契约，归还的时间是蛇年秋八月二十日，地点"大罗布"（nob chen por）。英译见《有关西域的藏文文献与文书》第二卷，第 467 页；汉译《敦煌西域古藏文社会历史文献》第 399 页。《敦煌西域出土的古藏文契约文书》第 215～216 页；汉译本第 230～231 页。藏文转写及注解见《英国国家图书馆斯坦因收集品中的新疆出土古藏文写本》，第 189 页；汉译《英国收藏新疆出土古藏文文书选译》，第 148 页。

565. 某人致冲基书信残卷

斯坦因原编 M. I. ⅹⅵ. 009.，英国国家图书馆东方文献部编号 Or. 15000/449，残卷，7×15.5，正面 2 行，背面 5 行。残存中间一部分，字迹不清晰，是写给"冲基"（khrom skyes）的一封信的残卷，提到的人名还有"录玛"（klu rma）等。藏文转写及注解见《英国国家图书馆斯坦因收集品中的新疆出土古藏文写本》，第 189 页；汉译《英国收藏新疆出土古藏文文书选译》，第 213 页。

566. 书信残卷

斯坦因原编 M. I. ⅹⅵ. 0010.，英国国家图书馆东方文献部编号 Or. 15000/450，残卷，4×22，正面 4 行，背面空白。残存右下部分，提及的人名如"道卓"（stag brod）、"桑果"（bzang kog）。藏文转写及注解见《英国国家图书馆斯坦因收集品中的新疆出土古藏文写本》，第 189 页；汉译《英国收藏新疆出土古藏文文书选译》，第 213～214 页。

567. 书信残卷

斯坦因原编 M. I. ⅹⅵ. 0011. a.，英国国家图书馆东方文献部编号 Or. 15000/451，残卷，4×16.5，正面 3 行，背面空白。本卷与编号 568 可能是同一个写本，提到"大尚论·论……"（zhang lon ched po blon）。藏文转写及注解见《英国国家图书馆斯坦因收集品中的新疆出土古藏文写本》，第 190 页；汉译《英国收藏新疆出土古藏文文书选译》，第 214 页。

568. 土地登记清册

斯坦因原编：M. I. ⅹⅵ. 0011. b.，英国国家图书馆东方文献部编号 Or. 15000/452，残卷，10×13.5，正面 6 行，背面空白。参见编号 567。正面第 4 行可以理解为"一片土地……是在贝它陂（pe ta phyi）"。仅有相对清楚的和可判读部分。藏文转写及注解见《英国国家图书馆斯坦因收集品中的新疆出土古藏文写本》，第 190 页。

569. 书信残卷

斯坦因原编：M.Ⅰ.ⅹⅵ.0012.，英国国家图书馆东方文献部编号 Or.15000/453，残卷，3×10.5，正面 3 行，背面 3 行。大概是一封书信的中间部分。背面是用不同的笔迹写的不同的文书，书写模糊不清。正面第 1 行"寄出"，正面第 2 行"寄出……"，正面第 3 行"非常满意"。藏文转写及注解见《英国国家图书馆斯坦因收集品中的新疆出土古藏文写本》，第 190 页。

570. 文书残卷

斯坦因原编：M.Ⅰ.ⅹⅵ.0013.，英国国家图书馆东方文献部编号 Or.15000/454，残卷，7.5×9.5，正面 3 行，背面空白。有一处空白位于靠近顶部边缘的两行和底部边缘之间。在中间部分有一朱砂红点。正面第 2 行有"到了鸟苑"（bya vu ling）。藏文转写及注解见《英国国家图书馆斯坦因收集品中的新疆出土古藏文写本》，第 190 页。

571. 佛经残卷

斯坦因原编：M.Ⅰ.ⅹⅸ.007.，英国国家图书馆东方文献部编号 Or.15000/455，残卷，13.5×24，正面 8 行，背面 8 行。文书的左右两边边缘有红色垂直线痕迹。正面文书是竖写的佛经风格，而背面是草书风格。正面类似或大概属于编号 572 及 574～576 正面，背面是另一件密宗佛经残卷。藏文转写及注解见《英国国家图书馆斯坦因收集品中的新疆出土古藏文写本》，第 191 页。

572. 佛经残卷

斯坦因原编：M.Ⅰ.ⅹⅸ.008.，英国国家图书馆东方文献部编号 Or.15000/456，14×17，正面 8 行，背面 8 行。每一残片两面都有用红墨水书写的 4 行文书。与编号 571 风格相似，与类似的敦煌文献（例如 VP449：27～33，P.t.66：7～14）有些许不同，但大致相符，是编号 574 的正面的接续。编号 575 和 576 是同一文书的片段，编号 571 和 577 也可能属于同一文书。背面与正面相比，书写多草书风格，是另一佛经，可能是编号 574 的背面的接续。背面第 1 行提到"红发"（dbu skra dmar）和"三眼"（spyan gsum）。藏文转写及注解见《英国国家图书馆斯坦因收集品中的新疆出土古藏文写本》，第 192 页。

573. 佛经残卷

斯坦因原编：M.Ⅰ.ⅹⅸ.009.，英国国家图书馆东方文献部编号 Or. 15000/457，8×24，空白。残卷为有 6 个洞的长条纸，似乎是被剪下后再折叠。编号 571、572、574～577 被放置在一块儿。见《英国国家图书馆斯坦因收集品中的新疆出土古藏文写本》，第 192 页。

574. 佛经残卷

斯坦因原编：M.Ⅰ.ⅹⅸ.0010.，英国国家图书馆东方文献部编号 Or. 15000/458，残卷，9×13，正面 5 行，背面 6 行。六角形的两个残片。正面的一段与敦煌文书（例如 VP449：33～37，P66：14～19）相符，是编号 572 正面的接续和编号 575 正面的继续。背面是另一佛经，是编号 575 背面的接续和编号 572 背面的继续。藏文转写及注解见《英国国家图书馆斯坦因收集品中的新疆出土古藏文写本》，第 193 页。

575. 佛经

斯坦因原编：M.Ⅰ.ⅹⅸ.0011.，英国国家图书馆东方文献部编号 Or. 15000/459，完整，7×24，正面 4 行，背面 4 行。呈六角形。正面类似敦煌文书（例如 VP449：38～41，P66：20～24），是编号 574 正面的接续和编号 576 正面的接续。背面是另一个佛经，是编号 576 背面的接续和编号 574 背面的接续。藏文转写及注解见《英国国家图书馆斯坦因收集品中的新疆出土古藏文写本》，第 193 页。

576. 佛经残卷

斯坦因原编：M.Ⅰ.ⅹⅸ.0012.，英国国家图书馆东方文献部编号 Or. 15000/460，残卷，9×14，正面 4 行，背面 5 行。左半部分的一段保留了另一段的小的剩余部分。正面类似敦煌文书（例如 VP449：42～44，P66：24～26），是编号 575 正面的接续。正面第 4 行可能是另一佛经的开头。背面是另一佛经，是编号 575 背面的接续。藏文转写及注解见《英国国家图书馆斯坦因收集品中的新疆出土古藏文写本》，第 194 页。

577. 佛经残卷

斯坦因原编：M.Ⅰ.ⅹⅸ.0013.，英国国家图书馆东方文献部编号 Or. 15000/461，残卷，7×15，正面 4 行，背面 4 行。右半部分一段，风格与编号 571、572、574～576 相似。正面与类似的敦煌文书位置不同。另一佛经残卷在背面被提及，类似编号 571 背面。编号 571 和 577 大概属于同一手稿，但是他们是否属于编号572、574~576，不能确认。藏文转写及注解见《英国国家图书馆斯坦因收集品中的新疆出土古藏文写本》，第194页。

578. 某人致赞松书

斯坦因原编：M．Ⅰ．xxi．1.，英国国家图书馆东方文献部编号Or.15000/462，残卷，8×27，右边残缺。草写楷书，正面7行。是某人写给"赞松"（btsan sum）的一封信，信中提到的人名还有"巴协贝窘"（dpal bzher rbeg chung），地名有"芒斯"（mang zigs）。物品有山羊、绵羊、羊毛、奶渣等。英译见《有关西域的藏文文献与文书》第二卷，第377、378页；汉译《敦煌西域古藏文社会历史文献》第327、328页。藏文转写及注解见《英国国家图书馆斯坦因收集品中的新疆出土古藏文写本》，第195页；汉译《英国收藏新疆出土古藏文文书选译》，第183~184页。

579. 某人致大尚论书残卷

斯坦因原编：M．Ⅰ．xxi．2.，英国国家图书馆东方文献部编号Or.15000/463，残卷，7.5×23，正面6行，背面空缺。正面是一件文书的右半部分，左下角缺失。是某人致"大尚论"（zhang lon ched po）的一封信，第6行提到"尚论·达格"扎察（zhang lon da gi bsgra atshal），物品有小麦和大麦。正面第2行提到"……白色两克半/十二升肉"，正面第3行提到"大尚论所得赐礼"，正面第4行提到和尚"巴吉拉"（dpal gyi lhas）、"白色两克半……"，正面第5行提到"……2克小麦，肉……"。藏文转写及注解见《英国国家图书馆斯坦因收集品中的新疆出土古藏文写本》，第195页。

580. 书信残卷

斯坦因原编M．Ⅰ．xxi．3.，英国国家图书馆东方文献部编号Or.15000/464，残卷，5.5×20，正面6行，背面6行。残存契约的右半部，由于纸张损害，文字不清晰。正面第1行"想来心情愉快（？）"正面第2行"……先后……"，正面第5行"给拉桑（lha bzang）送了一铜锅……"。背面第1行"……听闻……"，背面第2行"做出命令似的/我非常……"，背面第4行"父子一向心情愉快，政治……"，背面第5行"入眼所见"。藏文转写及注解见《英国国家图书馆斯坦因收集品中的新疆

出土古藏文写本》，第 195 页；汉译《英国收藏新疆出土古藏文文书选
译》，第 215 页。

581. 文书残卷

斯坦因原编：M.Ⅰ.ⅹⅹⅰ.002.，英国国家图书馆东方文献部编号 Or.
15000/465，残卷，2×9，正面 2 行，背面空白。正面仅有一些模糊不清的
字符。见《英国国家图书馆斯坦因收集品中的新疆出土古藏文写本》，第
196 页。

582. 帕珠致某人书信残卷

斯坦因原编：M.Ⅰ.ⅹⅹⅰ.003.，英国国家图书馆东方文献部编号 Or.
15000/466，残卷，6.5×9.5，正面 4 行，背面空白。书信来自"帕珠"
（dpal grub）。正面第 2 行提到"大权"，第 3～4 行太残不能拼读。藏文转
写及注解见《英国国家图书馆斯坦因收集品中的新疆出土古藏文写本》，
第 196 页，编号 582。

583. 牛年春租马契

斯坦因原编：M.Ⅰ.ⅹⅹⅲ.009.，英国国家图书馆东方文献部编号 Or.
15000/467，残卷。7×30；常见楷书体，字迹模糊，正面 7 行，背面 7 行
（笔法不同）。正面是札额空格租郎珠勒闲马匹的契约，主要文字称，牛年
春，"论·赞苏协"（blon btsan sug bzher）、"论·芒斯"（blon mang zigs）、
"论·巴桑"（blon dpal bzang）等在突厥（dru gu）会盟时，一名被称作
"札额空格"（tsa rngu khong rgad）的骑队官吏，租了"郎珠勒"（rlang
vbrug legs）的一匹马，租金定为 6 两银钱。马匹如有闪失，将赔付 30 两。
背面是一封"珠勒"（vbrug legs）致"论·道桑"（blon stag bzang）的信，
内容亦涉及马匹。英译见《有关西域的藏文文献与文书》第二卷，第 273
页；汉译《敦煌西域古藏文社会历史文献》第 236 页。藏文转写及注解见
《英国国家图书馆斯坦因收集品中的新疆出土古藏文写本》，第 196 页；汉
译《英国收藏新疆出土古藏文文书选译》，第 144～145、199 页。

584. 契约残卷

斯坦因原编：M.Ⅰ.ⅹⅹⅲ.0010.，英国国家图书馆东方文献部编号
Or. 15000/468，残卷，5.5×10.5，正面 5 行，背面 5 行加印记若干，字
迹很难辨认。正面第 1 行可辨读出"大罗布"（nob chen po）云云。第 2
行和第 5 行均出现了"两个月的补给"。背面的文字看来是正面文书的一

部分，但难以辨认。提及人名“邦嘎”（bang ka），地名“大罗布”（nob chen po），以及两枚圆形的朱砂印记。藏文转写及注解见《英国国家图书馆斯坦因收集品中的新疆出土古藏文写本》，第197页；汉译《英国收藏新疆出土古藏文文书选译》，第132页。

585. 契约残卷

斯坦因原编 M. Ⅰ. xxiii.0011.，英国国家图书馆东方文献部编号 Or. 15000/469，残卷，8×18，正面6行，背面5行，印记一枚。正反面为两件不同的契约：正面可能是一个粮食借契；背面是卖牛契，可见“益南”（dbyi rnan）、“拉向”（gla shang）、“莫娘宫”（rmol nya gong）、“崩托”（pong tho）等卖方和担保人的签章。英译见《敦煌西域出土的古藏文契约文书》第288~289、307~308页；汉译本第317~318页、第338~339页。藏文转写及注解见《英国图书馆藏斯坦因收集品中的新疆出土古藏文写本》，第197页，编号585；汉译《英国收藏新疆出土古藏文文书选译》，第200页。

586. 契约残卷

斯坦因原编 M. Ⅰ. xxiv.0029.，英国国家图书馆东方文献部编号 Or. 15000/470，残卷，8×24，正面7行，背面空白，左上角失落，是一件关于粮食的借契，提及人名“莫才捷”（mon tshe skye）、“孔塔”（kon tavi）、“严布·弄波俺东”（mnyan spevu nung po ngan sdong），部落名“回鹘”（hor），物品“大麦”（nas）。英译见《有关西域的藏文文献与文书》第二卷，第120页，仅译1行；汉译《敦煌西域古藏文社会历史文献》第116页。《敦煌西域出土的古藏文契约文书》第299~230页；汉译本第329~331页。藏文转写及注解见《英国国家图书馆斯坦因收集品中的新疆出土古藏文写本》，第198页；汉译《英国收藏新疆出土古藏文文书选译》，第169页。

587. 司法文书残卷

斯坦因原编：M. Ⅰ. xxiv.0030.，英国国家图书馆东方文献部编号 Or. 15000/471；残卷，5×11。右侧底下撕裂，已褪色，有污渍。正面6行，第6行仅存部分元音。匀称的草写楷书字体。提及“尚论司法吏论·道协”（zhang lon zhal ce pa blon stag bzher）。英译见《有关西域的藏文文献与文书》第二卷，第336页；汉译《敦煌西域古藏文社会历史文献》第295页。藏文转写及注解见《英国国家图书馆斯坦因收集品中的新疆出土古藏文写本》，第 198 页；汉译《英国收藏新疆出土古藏文文书选译》，第 168 页。

588. 契约残卷

斯坦因原编：M.Ⅰ.xxiv.0034.，英国国家图书馆东方文献部编号 Or. 15000/472，残卷，8×11.5，正面 9 行，背面 7 行。第 2 行大意为 "依照契约的规定，如未及时偿还或偿还不足" 云云；第 4 行出现了吐蕃 统治敦煌时期常见的官吏 "节儿"（rtse rje）一名，并提到 "因为我等被 骗" 等。看来这是一件偿付纠纷的申述文书，出现人名 "朗孔麦"（lang khong sme）。背面是一件内容不同的文书，与借贷有关。但因其字迹模糊 而难以辨读，且借贷双方的名字皆因纸张的破损不得而知。藏文转写及注 解见《英国国家图书馆斯坦因收集品中的新疆出土古藏文写本》，第 199 页；汉译《英国收藏新疆出土古藏文文书选译》，第 156 页。

589. 书信残卷

斯坦因原编：M.Ⅰ.xxiv.0035.，英国国家图书馆东方文献部编号 Or. 15000/473，残卷，4.5×8.5，正面 3 行，背面空白。大概是一封书 信。仅有两个音节清晰。可能与编号 590 属于同一个手稿，但是没有粘贴 在一块儿。见《英国国家图书馆斯坦因收集品中的新疆出土古藏文写本》，第 199 页。

590. 书信残卷

斯坦因原编 M.Ⅰ.xxiv.0036.，英国国家图书馆东方文献部编号 Or. 15000/474，残卷，5×20。正面 6 行，背面空白。残片与编号 589 可能属 于同一写本，提及人名 "孔默"（khong smo）、"拉基"（lha skyes）、"道 列"（stag slebs）、"向曲"（shang gchug）等。藏文转写及注解见《英国国 家图书馆斯坦因收集品中的新疆出土古藏文写本》，第 199 页；汉译《英 国收藏新疆出土古藏文文书选译》，第 215 页。

591. 契约残卷

斯坦因原编 M.Ⅰ.xxiv.0039.，英国国家图书馆东方文献部编号 Or. 15000/475，残卷，4.5×10，正面 6 行，背面 5 行。正面残存写本的中上 部分，背面残存一个不同的关于粮食写本的中下部分，提及人名 "若斯"（ro gzi），物品 "大麦"（nas）。藏文转写及注解见《英国国家图书馆斯坦 因收集品中的新疆出土古藏文写本》，第 200 页；汉译《英国收藏新疆出土古藏文文书选译》，第 185 页。

592. 小罗布某地土地册

斯坦因原编：M. I. XXV. 001.，英国国家图书馆东方文献部编号 Or. 15000/476，残卷，16.5×27，四周皆残破。草写楷书，正面 14 行。是小罗布某地的一卷土地册。其中提到的地名或部落名有"那雪"（nag shod）。提到的职官名或术语有"将军"（dmag pon）、"都护"（spyan）、"札论"（dgra blon）、"岸本"（mngan）、"茹本"（rud pon）、"和桂"（rgod）、"突"（dor），人名有"那初布"（gnag vphru bo）、"卡桑"（kha bzangs）、"巴赞"（spa brtsan）等。英译见《有关西域的藏文文献与文书》第二卷，第 348、349 页；汉译《敦煌西域古藏文社会历史文献》第 306、307 页。藏文转写及注解见《英国国家图书馆斯坦因收集品中的新疆出土古藏文写本》，第 200 页；汉译《英国收藏新疆出土古藏文文书选译》，第 173~174 页。

593. 契约残卷

斯坦因原编 M. I. XXV. 002.，英国国家图书馆东方文献部编号 Or. 15000/477，残卷，5.5×5.5，正面 3 行加印记一枚，背面 4 行。正面是残存契约的一部分，大概是契约文书的中下部分（最末 3 行），仅见"证人盖印"（dpang rgyas bthab）等字。背面是一个不同的文书的片段，第 1 行"sman"可能是"药品"，第 2 行"gpeg"可能是人名的部分。藏文转写及注解见《英国国家图书馆斯坦因收集品中的新疆出土古藏文写本》，第 201 页；汉译《英国收藏新疆出土古藏文文书选译》，第 200 页。

594. 通颊借麦契残卷

斯坦因原编：M. I. XXV. 003.，英国国家图书馆东方文献部编号 Or. 15000/478，残卷，3.5×13.5，正面 3 行，背面 1 行，为一件借契中上部分。第 2 行到第 3 行为典型的契约表达方式，借出方为"通颊部落的东成"（Thong kyab kyi sde/ldong pring）。背面的文字为契约的继续，可辨读出所借物为大麦。藏文转写及注解见《英国国家图书馆斯坦因收集品中的新疆出土古藏文写本》，第 201 页；汉译《英国收藏新疆出土古藏文文书选译》，第 142~143 页。

595. 蛇年契约残卷

斯坦因原编 M. I. XXVi. 16.，英国国家图书馆东方文献部编号 Or.

15000/479，残卷，3.5×9，正面3行，背面空白。残存契约的一部分。有
"蛇（年）""画押"；人名"俄董贡"（ngan ldong kong）可能是债务人。
藏文转写及注解见《英国国家图书馆斯坦因收集品中的新疆出土古藏文写
本》，第201页；汉译《英国收藏新疆出土古藏文书选译》，第201页。

596. 节儿论致论道桑大人书

斯坦因原编：M. I . XXvii . 18＋008.，英国国家图书馆东方文献部编
号 Or. 15000/480，两个残卷。前者4×14，方形楷书，正面3行；后者8×
14.5，方形楷书，正面4行，外添1行，背面1行。是一封驻小罗布的
"节儿论"（rtse rje blon）某某写给"论·道桑大人"（jo co blon stag
bzang）的信。其中提到的部落或地名有"卓"（vbrog）。英译见《有关西域
的藏文文献与文书》第二卷，第298页；汉译《敦煌西域古藏文社会历史文
献》第257页。藏文转写及注解见《英国国家图书馆斯坦因收集品中的新疆
出土古藏文写本》，第202页；汉译《英国收藏新疆出土古藏文文书选译》，
第156～157页。

597. 论丹斯致尼坡书残卷

斯坦因原编：M. I . XXvii . 19.，英国国家图书馆东方文献部编号 Or.
15000/481，10.5×30，正面7行加印记若干，背面8行加印记。正面是一
封近乎完整的信件，写信人是"论·丹斯"（blon bstan zigs），收信人是
"尼坡"（smyi por）、"帕么"（phag sme）等。右下边被裁去，纸张多处破
损，字迹亦不清晰，故难以辨读。可见数枚圆形朱砂印记。背面为一件买
卖马匹的契约，明显写于正面文书之前，但辨读仍然困难，但可见时间为
"牛年夏"（glang gi lovi dbyard），涉及的人名有"论·朵桑"（blon mdo
bzang）、"论·赞巴"（blon brtsan ba）、"论·赞协"（blon btsan bzher）、
"论·道协"（blon stag bzher）等，地名有"库察"（khu tsab）、"玛拉"
（mag la）。藏文转写及注解见《英国国家图书馆斯坦因收集品中的新疆出
土古藏文写本》，第202页；汉译《英国收藏新疆出土古藏文文书选译》，
第202、216页。

598. 文书残卷

斯坦因原编：M. I . XXvii . 20.，英国国家图书馆东方文献部编号 Or.
15000/482.，残卷，9.5×9.5，正面8行，背面空缺。为一件申述文书的
中下部分，其中第2行可见一人名"吉左"（skyi tso）；第3行可见一官吏

名称"都护"（spyan），第 7 行有"粟田"（khre zhing）一名。藏文转写及注解见《英国国家图书馆斯坦因收集品中的新疆出土古藏文写本》，第 203 页；汉译《英国收藏新疆出土古藏文文书选译》，第 217 页。

599. 买牛契残卷

斯坦因原编：M.Ⅰ.XXⅦ.21.，英国国家图书馆东方文献部编号 Or. 15000/483.，残卷，14×21，正面 13 行，背面空缺。左半部分和上中部分失缺，写信人和收信人的名字皆因纸张缺损不得而知。其内容与耕牛的买卖有关，其价格为"27 两银"（dngul srang），卖方请求买方偿付云云。藏文转写及注解见《英国国家图书馆斯坦因收集品中的新疆出土古藏文写本》，第 203 页；汉译《英国收藏新疆出土古藏文文书选译》，第 182 页。

600. 羊年契约残卷

斯坦因原编 M.Ⅰ.XXⅦ.002.，英国国家图书馆东方文献部编号 Or. 15000/484，残卷，6.5×31.5，正面 4 行，背面 1 行。撕裂严重，左边缘被撕下。提到的人名有"波姜"（pog rkyang）、"萨奥拉赞"（sa vor lha brtsan）、"道祖桑"（stag gtsug bzang）、"嘉勒"（rgyal legs）、"巴协道赞"（dpal bzher stag brtan）、"色拉赞"（gsas la brtsan）等，时间为"羊年"（lug g[i] lo）。藏文转写及注解见《英国国家图书馆斯坦因收集品中的新疆出土古藏文写本》，第 204 页；汉译《英国收藏新疆出土古藏文文书选译》，第 202~203 页。

601. 书信残卷

斯坦因原编 M.Ⅰ.XXⅦ.003.，英国国家图书馆东方文献部编号 Or. 15000/485，残卷，8.5×8，正面 8 行，背面 1 行。残存右半部分，非常模糊。由于纸张被毁，送件人和收件人的名字之间有残缺。背面仅几个字符隐约可见。藏文转写及注解见《英国国家图书馆斯坦因收集品中的新疆出土古藏文写本》，第 204 页；汉译《英国收藏新疆出土古藏文文书选译》，第 217 页。

602. 兔年夏契约残卷

斯坦因原编 M.Ⅰ.XXⅦ.004.，英国国家图书馆东方文献部编号 Or. 15000/486，残卷，5.5×20，正面 5 行加印记，背面 6 行。正面左下方的可能是粮食契约的一部分，两枚圆形朱砂印章可见，人名有"论·尖斯"（blon bcan zigs）、"朗拉协"（rlang lha bzher）、"朗拉基"（rlang lha skyes）

等；背面似乎是一个不同写本右上角的一部分，字迹不清晰，不能辨认，隐约可见"兔年夏……"等字。藏文转写及注解见《英国国家图书馆斯坦因收集品中的新疆出土古藏文写本》，第 205 页；汉译《英国收藏新疆出土古藏文文书选译》，第 202 ~ 203 页。

603. 某人致赞协大人书残卷

斯坦因原编：M．Ⅰ．xxvii．005.，英国国家图书馆东方文献部编号 Or. 15000/487，残卷。为两件残卷拼合，1.3×9.5、1.4×10。正面 1 行加 1 行，背面 1 行加 1 行。弗兰克目录中描述此残卷："藏文写本文书，是两个文书，有两行，文书不完整，此两行文书书写相对（即上面一行从左至右书写，下面一行从右至左书写）。"实际上是一个文书被扯成两片，每片文书的行数都不完整。正面第 1 行"赞协大人"（co bo btsan bzher）可能是收件人。藏文转写及注解见《英国国家图书馆斯坦因收集品中的新疆出土古藏文写本》，第 205 页。

604. 书信残卷

斯坦因原编：M．Ⅰ．xxvii．006.，英国国家图书馆东方文献部编号 Or. 15000/488，残卷，4.5×7，正面 4 行，背面 3 行。残余中间部分。文书两边似乎都包括书信。正面文书大概是背面文书的继续。藏文转写及注解见《英国国家图书馆斯坦因收集品中的新疆出土古藏文写本》，第 205 页。

605. 书信残卷

斯坦因原编 M．Ⅰ．xxvii．007.，英国国家图书馆东方文献部编号 Or. 15000/489，残卷，5×7.5，正面 4 行，背面空白。残存一封信的左下角，提及"父母"（pha ma）等内容。藏文转写及注解见《英国国家图书馆斯坦因收集品中的新疆出土古藏文写本》，第 206 页；汉译《英国收藏新疆出土古藏文文书选译》，第 218 页。

606. 蛇年邦查巴琼等上节儿书

斯坦因原编：M．Ⅰ．xxviii．002.，英国国家图书馆东方文献部编号 Or. 15000/490，完整，褪色，撕裂，33×27.5。草写楷书行，正面 19 行，潦草，有模糊的印文 5 枚。是蛇年春正月某日，"邦查巴琼"（pang tshab rbeg chung）、"东昌扎伍孔"（ldong phrang spra vu kong）等致"节儿论·鞠局"（rtse rje blon ju cug）、"尚论·姜波叶玛"（zhang blon skyang po dbye rma）等的申诉书。主要讲述了邦查巴琼、东昌巴伍孔两个承运者与雇佣者之间在大罗布发生的纠纷。涉及的地名有："小罗布"（Nob chungu）、"大罗布"（nob ched po）。族名、官名和人名有："突厥"（hor）、"上司"（bla）、"节儿"（rtse rje）、"千户"（stong sde）、"羌茹录旦"（vgreng ro klu brtan）、"库道琼"（khu stag chung）；农民"勒鲁措赞"（legs rum mtsho brtsan）、"郑珠贝"（vbring vbrug spe）；突厥人"拉勒"（dru gu lha legs）等。英译见《有关西域的藏文文献与文书》第二卷，第150页；汉译《敦煌西域古藏文社会历史文献》第136页。藏文转写及注解见《英国国家图书馆斯坦因收集品中的新疆出土古藏文写本》，第206页；汉译《英国收藏新疆出土古藏文文书选译》，第146页。

607. 空白编号

斯坦因原编：M. I. XXVii.002.a.，英国国家图书馆东方文献部编号Or. 15000/491I. O，8×28，空白。见《英国国家图书馆斯坦因收集品中的新疆出土古藏文写本》，第206页。

608. 佛经残卷

斯坦因原编：M. I. XXVii.002.b.，英国国家图书馆东方文献部编号Or. 15000/492，残卷，7×13.5，正面6行，背面空白。为佛经对开纸的中下部分的一边。弗兰克目录不包括手稿上的便签编号 M. I. xxviii.002.，由于斯坦因已经给出编号606，目前编号的分配如此。藏文转写及注解见《英国国家图书馆斯坦因收集品中的新疆出土古藏文写本》，第207页，编号608。

609. 佛经残卷

斯坦因原编：M. I. XXViii.003.，英国国家图书馆东方文献部编号Or. 15000/493，残卷，12×16.5，正面2行加6行，背面9行加10行。残余文书可能是文书的中间部分。正面文书被两条竖线分开，正面的一部分被保留下来。左侧页正面有2行，右侧页正面有6行，楷体，很可能属于编号610和611正面的佛经，与《楞伽经》一致。背面也是2行，草书风格。背面文书中下面10行中第5行提到"法相"（chos gyI mtshan nyid），第10行提到"身语意的法性"（sku gsung thugs gyi rang bzhin）。藏文转写及注解《英国国家图书馆斯坦因收集品中的新疆出土古藏文写本》，第207页。

610. 佛经残卷

斯坦因原编：M. Ⅰ. xxviii.004. +005. a.，英国国家图书馆东方文献部编号 Or.15000/494，残卷，23 × 30.5，正面 13 行，背面 20 行。M. I. xxviii. 005. a.（两个小残片）拼合到 M. I. I. xxviii.004. 的中间，弥补了漏掉的正面第 5 至第 7 行。密宗佛经，草书书写。背面，编号 610 是右页，编号 611 是左页。藏文转写及注解见《英国国家图书馆斯坦因收集品中的新疆出土古藏文写本》，第 208 页。

610. 佛经残卷

斯坦因原编：M. Ⅰ. xxviii.005. a.，英国国家图书馆东方文献部编号 Or.15000/494，两个小残卷：3 × 2.5，正面 1 行，背面 3 行；3.5 × 2，正面 2 行，背面 3 行。两个小残卷与文书 M. I. xxviii.004. 粘贴在一起。见《英国国家图书馆斯坦因收集品中的新疆出土古藏文写本》，第 209 页。

611. 佛经残卷

斯坦因原编：M. Ⅰ. xxviii.004.，英国国家图书馆东方文献部编号 Or.15000/494，残卷，23 × 31，正面 8 行，背面 21 行。编号 611 与编号 610 是同样的出土号。它们或许是同一卷。编号 611 正面是右页，编号 610 正面是左页。密宗佛经，草书风格。背面，编号 611 是左页，编号 610 是右页。藏文转写及注解见《英国国家图书馆斯坦因收集品中的新疆出土古藏文写本》，第 210 页。

612. 向宗呈内务官论道桑书

斯坦因原编：M. Ⅰ. xxviii.005.，英国国家图书馆东方文献部编号 Or. 15000/495，残卷完整，5.5 × 27。正面楷书 5 行，清晰。是"向宗"（shang rdzong）呈"内务官"（nang rje po）"论·道桑"（blon stag bzang）、"论·朵协"（blon mdo bzher）的记事牌，称其已抵达"榆林"（byevu ling），并报告了护卫掉队、缺乏农具、饮水短缺等事宜。英译见《有关西域的藏文文献与文书》第二卷，第 165 页；汉译《敦煌西域古藏文社会历史文献》第 146 页。藏文转写及注解见《英国国家图书馆斯坦因收集品中的新疆出土古藏文写本》，第 211 页；汉译《英国收藏新疆出土古藏文文书选译》，第 164 页。

613. 信使戎录等过所文书

斯坦因原编：M. Ⅰ. xxviii.0036.，英国国家图书馆东方文献部编号

Or. 15000/496，残卷，8×25。左面顶端盖一枚手印，正面 8 行为清晰、规范的正楷字。是由"论·措协"和"论·拉协"在冬十二月某日盖印发出的信使戎录，"力夫董真"和"突古""护卫"等的过所文书。戎录等分别来自"上卓部落"（tsog stod gyi sed）的"穆杰波"和"南纳部落"（nyan ranvi sde）的"彭拉古"。文书规定被流放者除了去"萨毗之小罗布"（tshal byivi nob chungu）以外，可以远至瓜州（kva cu）、姑臧（khar tsan）等地；并规定了戎录一行在上部地方和牧区（vbrog slungs）的食物配给，及与驿站"笼官"（slungs）、士兵联络的方法。英译见《有关西域的藏文文献与文书》第二卷，第 51、52 页；汉译《敦煌西域古藏文社会历史文献》第 40、41 页。藏文转写及注解见《英国国家图书馆斯坦因收集品中的新疆出土古藏文写本》，第 211 页；汉译《英国收藏新疆出土古藏文文书选译》，第 138 页。

614. 莽拉基致达协大人书

斯坦因原编：M.Ⅰ.XXX.8.，英国国家图书馆东方文献部编号 Or. 15000/497，完整，8×28，楷书。正面 9 行，倒书 1 行；反面 5 行，笔迹与正面相异，工整、紧凑，部分文字难以辨认，倒书 1 行。正面是"仲孔"（khrom kong）致"则刚扎"（sgre gang sgra）的申诉书。内容涉及人畜疾病、财产抵押、军事情报、后勤补给等。涉及的地名有："嘎卡城"（skal vkhar）、"朵"（mdo）、"郎贡"（nang gong）、"思麻"（smad）、"纳雪"（nob shod）、"莽迥"（rmang cung）等；官名和人名有："上司"（zho co）、"论·赤玛"（blon khri rma）、"论·芒斯"（blon mang zigs）等。背面是"莽拉基"（rmang la skyes）与"道勒"（stag slebs）致"达协大人"（jo co zla bzher）的一封信，涉及的地名有"下罗布"（nob shod），人名有"莽迥"（rmang cung）、"才甲斯纳"（tshe spyan zigs sna）等。英译见《有关西域的藏文文献与文书》第二卷，第 147、148 页；汉译《敦煌西域古藏文社会历史文献》第 135 页。藏文转写及注解见《英国国家图书馆斯坦因收集品中的新疆出土古藏文写本》，第 212 页；汉译《英国收藏新疆出土古藏文文书选译》，第 136~137 页。

615. 库察致嘉协书

斯坦因原编：M.Ⅰ.XXX.001.，英国国家图书馆东方文献部编号 Or. 15000/498.，完整，9.5×30，正面 10 行，背面 9 行加倒书 1 行。是一封

"库察"（khu tshab）和"拉扎"（la tsa）写给"嘉协"（rgyal bzher）、
"贡协"（kon bzher）、"拉协"（lha bzher）等人的信，其中第 7 行提到了
"千户"（stong sde）一名。纸面上有许多缺失和污渍，书写亦模糊不清，
难以解读。背面是一封"玉基"（yul skyes）写给"朵玛"（jo bo mdo
rma）和"道扎"（stag sgra）大人的信，几近完整，共有 6 行。由于纸张
破损和书写模糊，亦难解读。在第 6 行可见到"怯台"（ka dag）这一地
名。藏文转写及注解见《英国国家图书馆斯坦因收集品中的新疆出土古藏
文写本》，第 213 页；汉译《英国收藏新疆出土古藏文文书选译》，第 139
页；汉译《英国收藏新疆出土古藏文文书选译》，第 161 页。

616. 佛经残卷

斯坦因原编：M.Ⅰ.xxxii.4.，英国国家图书馆东方文献部编号
Or.15000/499，完整，7×24.5，正面 5 行，背面 4 行。正面和背面是相同
的风格，两面都有红线。正面描述一圣者肉体和精神之"神圣"形象，
如：鼻、嘴、舌、喉。上面属于"大日如来"（Vairocana）像，下面属于
"观世音菩萨"（Avalokitesvara）像。藏文转写及注解见《英国国家图书馆
斯坦因收集品中的新疆出土古藏文写本》，第 214 页。

617. 书信残卷

斯坦因原编：M.Ⅰ.xxxii.5.a.，英国国家图书馆东方文献部编号 Or.
15000/500，残卷，6.5×6.5，正面 5 行，背面 2 行。左半部分是一封书
信，写给"贡协大人"（jo bo gung bzher）等人。正面第 4 行提到地名"罗
布"（nob）。背面是落款"于小罗布"［nob（?）chungu］。藏文转写及注
解见《英国国家图书馆斯坦因收集品中的新疆出土古藏文写本》，第 214
页。

618. 佛经残卷

斯坦因原编：M.Ⅰ.xxxii.5.b.，英国国家图书馆东方文献部编号 Or.
15000/501，残卷，8.5×11，正面 6 行，背面 3 行。藏文转写及注解见
《英国国家图书馆斯坦因收集品中的新疆出土古藏文写本》，第 215 页。

619. 书信残卷

斯坦因原编：M.Ⅰ.xxxii.5.c.，英国国家图书馆东方文献部编号 Or.
15000/502，残卷，5×14，正面 5 行，背面空白。大概是一封书信的中间
部分。由于纸张损毁，落款署名未见。正面第 2 行有"某神于吾极有益

……"，正面第 3 行有"教敕传于年神"，正面第 4 行有"尚论……"。藏文转写及注解见《英国国家图书馆斯坦因收集品中的新疆出土古藏文写本》，第 215 页。

620. 佛经残卷

斯坦因原编：M. I. XXXII. 5. d.，英国国家图书馆东方文献部编号 Or. 15000/503，残卷，5×5.5，正面 4 行，背面空白。书写风格与编号 625 和 626 接近，大概是同一手稿的不同片断；也类似于编号 621~624 的正面，但是编号 621~624 有背面文书，因此可能是不同手稿。藏文转写及注解见《英国国家图书馆斯坦因收集品中的新疆出土古藏文写本》，第 215 页。

621. 佛经残卷

斯坦因原编：M. I. XXXII. 5. e.，英国国家图书馆东方文献部编号 Or. 15000/504，残卷，5×4.5，正面 4 行，背面 3 行。写在背面的是佛经的右上部分，正面是草书风格。背面第 2 行有咒语，与编号 622~624 是相同的手稿。藏文转写及注解见《英国国家图书馆斯坦因收集品中的新疆出土古藏文写本》，第 216 页。

622. 佛经残卷

斯坦因原编：M. I. XXXII. 5. h.，英国国家图书馆东方文献部编号 Or. 15000/505，残卷，7.5×4，正面 6 行，背面 5 行。3 个小残片（编号 622~624）有相同的编号 M. I. xxxii. 5. h.。编号 622 和 623 写在两边。背面内容有关密宗，右上角为佛经风格，正面多为草书风格。编号 624 仅有一些不连贯的音节，背面较为清晰，显然属于编号 622 和 623 的背面，正面书写似乎褪色。3 个残片似乎属于相同的文书残稿编号 621。藏文转写及注解见《英国国家图书馆斯坦因收集品中的新疆出土古藏文写本》，第 216 页。

623. 佛经残卷

斯坦因原编：M. I. XXXII. 5. h.，英国国家图书馆东方文献部编号 Or. 15000/505，残卷，8×8，正面 6 行，背面 5 行。参见编号 622。见《英国国家图书馆斯坦因收集品中的新疆出土古藏文写本》，第 216 页，编号 623。

624. 佛经残卷

斯坦因原编：M. I. XXXII. 5. h.，英国国家图书馆东方文献部编号 Or. 15000/505，残卷，3×4.5，正面空白，背面 2 行。参见编号 622。见《英国国家图书馆斯坦因收集品中的新疆出土古藏文写本》，第 217 页。

625. 佛经残卷

斯坦因原编：M.Ⅰ.xxxii.5.f.，英国国家图书馆东方文献部编号 Or.15000/506，残，4×3.5，正面3行，背面空白。仅包括一些音节，可能与编号620和626出自同一手稿。见《英国国家图书馆斯坦因收集品中的新疆出土古藏文写本》，第217页。

626. 佛经残卷

斯坦因原编：M.Ⅰ.xxxii.5.g.，英国国家图书馆东方文献部编号 Or.15000/507，残卷，5×4，正面5行，背面空白。大概与编号620和625出自同一手稿。藏文转写及注解见《英国国家图书馆斯坦因收集品中的新疆出土古藏文写本》，第217页。

627. 某人致东协大人书

斯坦因原编：M.Ⅰ.xxxii.5.i.，英国国家图书馆东方文献部编号 Or.15000/508，残卷，4.5×9，正面4行，背面空白。是一封寄给"东协大人"（jo bo stong bzher）的书信的左上角。正面第2行收件人似乎也是"大人父子"（jo bo yab sras）。书写风格与编号630相似，但是不能证实。藏文转写及注解见《英国国家图书馆斯坦因收集品中的新疆出土古藏文写本》，第217页。

628. 文书残卷

斯坦因原编：M.Ⅰ.xxxii.5.k.，英国国家图书馆东方文献部编号 Or.15000/509，残卷，2×8，正面1行，背面空白。残存部分日期如"兔年春"（yos bu lovi dphyid［o］）。藏文转写及注解见《英国国家图书馆斯坦因收集品中的新疆出土古藏文写本》，第217页。

629. 书信残卷

斯坦因原编：M.Ⅰ.xxxii.5.1.，英国国家图书馆东方文献部编号 Or.15000/510，残卷，15×3.5，正面14行，背面3行。书信的中间部分每行仅保留一些字符，有几个不连贯的音节，如："心"（thug［s］）、"方向"（phyogs）等，可以拼读出来。藏文转写及注解见《英国国家图书馆斯坦因收集品中的新疆出土古藏文写本》，第218页。

630. 某人致录嘉书信残卷

斯坦因原编 M.Ⅰ.xxxii.5.m，英国国家图书馆东方文献部编号 Or.15000/511，残卷，18.5×20，正面18行，背面1行。残存信件的中间部分，似可与编号 627 拼接。残存的左上角可能是邮封的一部分，是唐代以后的遗物。残存书信的中间部分。正面第 1 行为致"录嘉"（klu rgyal），第 2 行提到"切协母子"（che zhe chen mo yum sras），第 5 行提到"指出所述之教敕"，第 7 行提到"让吾之恶仆得以净化"，并提到家奴、牲畜等。内容似乎在背面第 1 行结束。藏文转写及注解见《英国国家图书馆斯坦因收集品中的新疆出土古藏文写本》，第 218 页；汉译《英国收藏新疆出土古藏文文书选译》，第 218 ~ 219 页。

631. 蛇年秋借酥油契残卷

斯坦因原编 M. I . XXXiv.11.，英国国家图书馆东方文献部编号 Or. 15000/512，残卷，6.5×23.5，写本左右两边均失落，正面 6 行，背面 5 行加印记。背面是蛇年借酥油契，提到的人物有"色森"（gsas seng），物品有酥油、大麦，时间为蛇年秋九月。藏文转写及注解见《英国国家图书馆斯坦因收集品中的新疆出土古藏文写本》，第 219 页；汉译《英国收藏新疆出土古藏文文书选译》，第 187 页。

632. 书信残卷

斯坦因原编：M. I . XXXiv.12.，英国国家图书馆东方文献部编号 Or. 15000/513，残卷，2.5×12，正面 4 行，背面 2 行加印章（？）。正面是一封书信，寄给"拉珠大人"（jo co lha vbrul）。该残卷用小的文字书写，很多地方书写难以辨认。背面有一鸟型图案和一个大的正方形黑色印章（？）的部分，背面 2 行大概是一吐蕃刻印。藏文转写及注解见《英国国家图书馆斯坦因收集品中的新疆出土古藏文写本》，第 219 页。

633. 文书残卷

斯坦因原编：M. I . XXXiv.001.，英国国家图书馆东方文献部编号 Or. 15000/514，残卷，3×12，正面 3 行，背面空白。不能辨认文书性质。写在厚纸上。腐烂严重，模糊可见 3 行文字，但不清晰，无法阅读。背面似乎有字符痕迹。见《英国国家图书馆斯坦因收集品中的新疆出土古藏文写本》，第 219 页。

634. 契约残卷

斯坦因原编：M. I. xl.001.，英国国家图书馆东方文献部编号 Or. 15000/515.，残卷，5.5×15，正面 7 行，背面空白。严重虫蚀，字迹不清。只能见到人名"论·道桑"（blon stag bzang）、"姜旬斯"（cang byon zigs)、"赞勒"（btsan legs）；涉及的物品为"粟五驮"（khre khal lnga）；地名可见"小罗布"（nob chungu）。藏文转写及注解见《英国国家图书馆斯坦因收集品中的新疆出土古藏文写本》，第 220 页；汉译《英国收藏新疆出土古藏文文书选译》，第 132 页。

635. 契约文书残卷

斯坦因原编：M. I. xl. 002.，英国国家图书馆东方文献部编号 Or. 15000/516，残卷，5×12.5，正面 3 行加印章，背面 4 行。正面很可能是一契约文书的中下部分。正面第 2 行两个人名部分清晰。正面第 3 行是印章印迹，有 4 个或 5 个圆形朱砂印记是清晰的。背面是比正面更大字体的文书。背面第 2 行似乎说"小麦和大麦作为工钱"。因此，这可能是一份雇用契约，但是太残，不能确定。藏文转写及注解见《英国国家图书馆斯坦因收集品中的新疆出土古藏文写本》，第 220 页。

636. 薪资文书残卷

斯坦因原编：M. I. xl. 003.，英国国家图书馆东方文献部编号 Or. 15000/517，残卷，4×27，正面 4 行，背面 4 行。文书两边的顶部和底部都被扯掉。正面字号较大，清晰。背面是标准尺寸的字号；显然与正面的文书不同，大概是一封书信，但是太模糊，不能辨别。正面第 2 行为"以前所做均未得到酬劳"。藏文转写及注解见《英国国家图书馆斯坦因收集品中的新疆出土古藏文写本》，第 220 页。

637. 某人致舅舅书信残卷

斯坦因原编：M. I. xl. 004.，英国国家图书馆东方文献部编号 Or. 15000/518，残卷，3.5×7，正面 2 行，背面 2 行。残余中上部分。收件人姓名或送件人姓名有部分清晰。背面第 2 行提到日期"第一个秋月的十五号"。与编号 638 可能是同一书信残卷的部分。正面第 1 行出现标题名字"舅舅昂"（zhang zhang [sngang?]）的部分，大概是收件人。文书 637 可能是文书 638 的延续。背面另一封书信的最后两行部分清晰，仅可见一些不连贯的音节，如"gtad"。在编号 638 的背面发现了相同文书的另一残片。藏文转写及注解见《英国国家图书馆斯坦因收集品中的新疆出土古藏文写本》，第 221 页。

638. 书信残卷

斯坦因原编：M. I. xl. 005.，英国国家图书馆东方文献部编号 Or.

15000/519，残卷，6×4.5，正面4行，背面4行。大概是一封书信的中上部分。正面第1行标题和收件人名字有部分是清晰的。没有其他实质的音节可辨读。背面另一文书的后四行有部分可辨读。仅有一些音节如背面第3行"派往"（gtang pa）和第4行"此文字……"（yige vdi ni……）是清晰的。大概与编号637属于同一手稿，可参见编号637。见《英国国家图书馆斯坦因收集品中的新疆出土古藏文写本》，第221页。

639. 佛经残卷

斯坦因原编：M. I. xli. 007.，英国国家图书馆东方文献部编号 Or. 15000/520，残卷，15×7，正面3行加一幅画，背面空白。文书包括2行书写的字和一幅墨画的部分，其他可能是莲花瓣和一金刚杵。同时可见模糊的红线痕迹。藏文转写及注解见《英国国家图书馆斯坦因收集品中的新疆出土古藏文写本》，第221页。

640. 鸡年春书信残卷

斯坦因原编：M. I. xli. 008.，英国国家图书馆东方文献部编号 Or. 15000/521，残卷，10×8，正面5行，背面空白。残余左上角。正面第1行给出日期"鸡（bya）年春"。第1~3行证明这是第一类的一封书信，或为官方急件。藏文转写及注解见《英国国家图书馆斯坦因收集品中的新疆出土古藏文写本》，第221页。

641. 书信残卷

斯坦因原编：M. I. xli. 009.，英国国家图书馆东方文献部编号 Or. 15000/522，残卷，3.5×9.5，正面4行，背面4行。正面大概是一封书信的左边部分。文书顶部和底部边缘丢失。正面第2行有"运输人员"（skyevu ka 为 sgyevu ka）和人名的一部分。背面除了第3行之外，其余不清晰。藏文转写及注解见《英国国家图书馆斯坦因收集品中的新疆出土古藏文写本》，第222页。

642. 法律文书残卷

斯坦因原编：M. I. xli. 0010.，英国国家图书馆东方文献部编号 Or. 15000/523，残卷，7×14，正面8行，背面6行。虫蛀严重。书写不清晰。"依据"（khong ta）、"逻辑"（gtan tshigs）这几个术语表明正面是法律文书。背面大概是不同的文书，可能是一封契约，模糊不能辨认，仅仅背面第1行"证人印章"（dpang rgya）和"判决"（zhal che）可辨。藏文转写及注解见《英国国家图书馆斯坦因收集品中的新疆出土古藏文写本》，第222页。

643. 文书残片

斯坦因原编：M. I. xli. 0011.，英国国家图书馆东方文献部编号 Or. 15000/524，残卷，3×2.5，正面2行，背面印章（？）大概是一个文书的6个小残片。一些字符："s""gy""mkha""i"，以及背面2个圆形朱砂印迹可见。见《英国国家图书馆斯坦因收集品中的新疆出土古藏文写本》，第222页。

644. 契约残卷

斯坦因原编 M. I. xlii. 11.，英国国家图书馆东方文献部编号 Or. 15000/525，残卷，2.2×14.7，正面2行加倒书1行，背面1行。正面残存契约的最下面一行及一枚手指印，背面同样残存契约的最下面一行及三枚手指印，一个具有苯波风格的"卐"章得见。藏文转写及注解见《英国国家图书馆斯坦因收集品中的新疆出土古藏文写本》，第223页；汉译《英国收藏新疆出土古藏文文书选译》，第204页。

645. 书信残卷

斯坦因原编：M. I. xlii. 12.，英国国家图书馆东方文献部编号 Or. 15000/526，残卷，5×9，正面3行，背面空白。大概是一封书信的右边部分。由于纸张损毁，文字难以辨认。正面第1行可能为："祈祷永远平安"（rtag du dbe bar smon de mchi[d]）。见《英国国家图书馆斯坦因收集品中的新疆出土古藏文写本》，第223页。

646. 佛经残卷

斯坦因原编：M. I. xlii. 001.，英国国家图书馆东方文献部编号 Or. 15000/527，残卷，7×8，正面7行，背面7行。一页（佛经）的左半部分的前后两边的佛经残卷。背面的书写风格与正面不同。背面1~4行字符小，背面5~7行字较大，字体较粗。正面第5行出现"四大洲之宇宙"（gling bzhi pavivjig rten）。藏文转写及注解见《英国国家图书馆斯坦因收集品中的新疆出土古藏文写本》，第223页。

647. 色拉孜致嘉协大人书

斯坦因原编：M. I. xlii. 002.，英国国家图书馆东方文献部编号 Or. 15000/528，完整，11×26，正面6行，背面1行加倒书1行。是一封"色拉孜"（gsas la gzigs）致"嘉协大人"（jo co rgyal bzher）的信。虽几近完整，但虫蚀严重。背面可能是收信人的名字，模糊不清。其中提到的物品有"粟"。藏文转写及注解见《英国国家图书馆斯坦因收集品中的新疆出土古藏文写本》，第 224 页；汉译《英国收藏新疆出土古藏文文书选译》，第 188 页。

648. 和尚致内务官论玛协书

斯坦因原编：M. I. xliv. 6.，英国国家图书馆东方文献部编号 Or. 15000/529，残卷。19×27。左右两端有部分残，草写楷书，正面 16 行，局部潦草；背面 4 行，其中 2 行倒书。是 4 名和尚写给"大内务官论·玛协"（nang jie po chen po blon rma bzher）的一封信件。报告言及初临"小罗布"（nob chungu）时，财物管理混乱，拟选员接管等。4 名执事和尚中 3 人的名字分别为："世尊佛"（bcom ldan vdas）、"德娘勒"（sde nya legs）、"泽阳"（tshe yangs），另一人不详，其名字最后一个音节为"brtan"。英译见《有关西域的藏文文献与文书》第二卷，第 414 页；汉译《敦煌西域古藏文社会历史文献》第 354~355 页。藏文转写及注解见《英国国家图书馆斯坦因收集品中的新疆出土古藏文写本》，第 224 页；汉译《英国收藏新疆出土古藏文文书选译》，第 165 页。

649. 羊年复小罗布军帐大尚论书

斯坦因原编：M. I. xliv. 7.，英国国家图书馆东方文献部编号 Or. 15000/530，完整，9×31。正面楷书 9 行，字迹工整；有红色纳印六至七枚，背面 1 行。是羊年"论·答蔡"等对"小罗布军帐"（khrom nob chungur）"大尚论论·巴桑"（zhang lon chen po blon dpal bzang）来文之答复。内容涉及一个署名"普扎"（phu tsab）的汉人的契约纠纷。文中提到了"阿骨赞"（rgod tsang）地区，官吏"论·道扎"（blon stag sgra），节儿"论·道道赞"（rtse rje blon stag stag rtsan），"论·巴桑"（blon dpal bzang）……节儿"论·格协拉珠赞"（blon dge bzher lha vbrug brtsan），营田吏"道桑拉贝"（stag bzang lha spe）、"东真朵贡"（ldong phreng mdo gong）等的签署并盖手印。背面有普扎的印签。英译见《有关西域的藏文文献与文书》第二卷，第 144 页；汉译《敦煌西域古藏文社会历史文献》第 133 页。《敦煌西域出土的古藏文契约文书》第 159~161 页；汉译本第 165~168 页。藏文转写及注解见《英国国家图书馆斯坦因收集品中的新疆出土古藏文写本》，第 225 页；汉译《英国收藏新疆出土古藏文文书选译》，第 158 页。

650. 曲昂节致录扎书

斯坦因原编：M. I. xliv. 8.，英国国家图书馆东方文献部编号 Or. 15000/531.，残卷，9×24。正面 6 行，背面空缺。是一封"曲昂节"（chos lnga rje）致"录扎"（klu sgra）的信。除右边被裁去外，其余完整。书写像是一种漫不经心的草书，内容涉及雇用一头牛一个半月的工钱，牛的主人是"录丹"（klu brtan），另外还提到人名"朵冲协"（vdor khrom bzher）、"祖桑结"（gtsug bzang rgyus）。藏文转写及注解见《英国国家图书馆斯坦因收集品中的新疆出土古藏文写本》，第 225 页；汉译《英国收藏新疆出土古藏文文书选译》，第 219 页。

651. 《般若波罗蜜经》残卷

斯坦因原编：M. I. xliv. 9.，英国国家图书馆东方文献部编号 Or. 15000/532，残卷，13.5×11.5。正面 10 行，背面 11 行。大概是文书的中间部分。似乎是《般若波罗蜜经》的一部分，与编号 493 比较尚未被确定。藏文转写及注解见《英国国家图书馆斯坦因收集品中的新疆出土古藏文写本》，第 226 页。

652. 契约残卷

斯坦因原编：M. I. xliv. 0010.，英国国家图书馆东方文献部编号 Or. 15000/533，残卷，4.5×18，正面 3 行，背面空白。纸张损毁严重，书写被抹掉，仅有一些音节清晰。正面第 3 行提到"手印"（[sug] rgya）和见证人"东真朵贡"[ldong bren（?）mdo gong] 的手印。藏文转写及注解见《英国国家图书馆斯坦因收集品中的新疆出土古藏文写本》，第 226 页。

653. 书信残卷

斯坦因原编：M. I. xliv. 0011.，英国国家图书馆东方文献部编号 Or. 15000/534，残卷，3×6，正面 2 行，背面空白。大概是一封书信或请愿书。仅 2 行，每行有 4 个音节被保留。正面第 2 行下空白处表明正面第 2 行是最后一行。藏文转写及注解见《英国国家图书馆斯坦因收集品中的新疆出土古藏文写本》，第 226 页。

654. 谷物文书残卷

斯坦因原编：M. I. xliv. 0012.，英国国家图书馆东方文献部编号 Or.

15000/535，残卷，12.5×6，正面 11 行，背面空白。残余中间部分。纸张非常薄，损毁严重，仅 6 行部分可以辨认。正面第 5 行有"奴隶"（bran）一词，第 7 行似乎提到"一驮"（［khal］）、"八升"（bre）谷物。书写风格与编号 657 相似。藏文转写及注解见《英国国家图书馆斯坦因收集品中的新疆出土古藏文写本》，第 227 页。

655. 上镇致城镇官吏的密封文书

斯坦因原编：M. I. xliv. 0013.，英国国家图书馆东方文献部编号 Or. 15000/536，残卷，撕裂，9×22，草写楷书。正面 4 行，字迹较大。是一封从上（东?）镇致大尚论等城镇官人的密封文告，内容因文书过残而不详。提到的地名有"四镇"（mkhar bzhi）、"大罗布"（nob ched po）、"小罗布"（nob chungu），官名有"大尚论"（zhang lon ched po）等。英译见《有关西域的藏文文献与文书》第二卷，第 146 页；汉译《敦煌西域古藏文社会历史文献》第 134 页。藏文转写及注解见《英国国家图书馆斯坦因收集品中的新疆出土古藏文写本》，第 227 页；汉译《英国收藏新疆出土古藏文文书选译》，第 159 页。

656. 佛经残卷

斯坦因原编：M. I. xliv. 0014.，英国国家图书馆东方文献部编号 Or. 15000/537，残卷，5.5×9，正面 6 行，背面 6 行。对开佛经残卷的中间部分。这儿所见正面写本是从图版复制的，然而背面写本是抄录的。藏文转写及注解见《英国国家图书馆斯坦因收集品中的新疆出土古藏文写本》，第 228 页。

657. 文书残卷

斯坦因原编：M. I. xliv. 0015.，英国国家图书馆东方文献部编号 Or. 15000/538，残卷，7×13。正面 5 行，背面 4 行。左边部分扯毁严重，书写模糊。正面第 2 行提到称号"康地土侯"（khams kyi dbang po）"论嘉噶丹旭"（blon rgya ［gnasu ［g］dan bzhugs）。书写风格与编号 654 相似，但是字体稍大。背面似乎有 4 行，但是除了一些音节外，其余模糊难辨。藏文转写及注解见《英国国家图书馆斯坦因收集品中的新疆出土古藏文写本》，第 228 页。

658. 文书残卷

斯坦因原编：M. I. xliv. 0016.，英国国家图书馆东方文献部编号 Or.

15000/539，残卷，3.5×8。正面3行，背面1行。左边部分仅有一些不连贯的音节可辨认。正面第2行末尾的词语可能是"祈祷"（amon larn）。背面仅有一个音节 mchis（？）略微清晰。藏文转写及注解见《英国国家图书馆斯坦因收集品中的新疆出土古藏文写本》，第229页。

659. 契约残卷

斯坦因原编：M. I. xliv. 0017. a.，英国国家图书馆东方文献部编号 Or. 15000/540，残卷，5×7。正面3行加印章，背面空白。大概是一个契约的最后3行。正面第1行提到"一驮大麦"。正面第2行给了日期"马年冬"（rtavi lovi dgun）。正面第3行的右边一圆形朱砂印迹较为清晰。藏文转写及注解见《英国国家图书馆斯坦因收集品中的新疆出土古藏文写本》，第229页。

660. 佛经残卷

斯坦因原编：M. I. xliv. 0017. b.，英国国家图书馆东方文献部编号 Or. 15000/541，残卷，11×7，正面2行加一幅画，背面空白。残留中上部分，包括画的一些片段，画之间的两行藏文可能是防治疾病的咒语或护身符。藏文转写及注解见《英国国家图书馆斯坦因收集品中的新疆出土古藏文写本》，第229页。

661. 书信残卷

斯坦因原编：M. I. xliv. 0018. a.，英国国家图书馆东方文献部编号 Or. 15000/542，残卷，8.5×6.5，正面8行，背面空白。残余中上部分。可见正面第1行"论·古伦"（blon dgu lhun）、第4行"道赞阳协"（stag tsang yang bzhe[r]）等人名。编号662可能出自同一残稿的右边部分。藏文转写及注解见《英国国家图书馆斯坦因收集品中的新疆出土古藏文写本》，第229页。

662. 书信残卷

斯坦因原编：M. I. xliv. 0018. b.，英国国家图书馆东方文献部编号 Or. 15000/543，残卷，7×5.5，正面6行，背面空白。残余书信中上部分，正面第1行是问候语。编号661可能是相同残稿的左边部分。藏文转写及注解见《英国国家图书馆斯坦因收集品中的新疆出土古藏文写本》，第230页。

663. 文书残卷

斯坦因原编：M. I. Iviii. 0014.，英国国家图书馆东方文献部编号 Or.

15000/544，残卷，2×17，正面2行，背面3行。仅保留了正面文书的第1行；背面第3行似乎是文书的结尾。模糊，不可辨认。背面第2行"像……"，背面第3行"遮住住地……"藏文转写及注解见《英国国家图书馆斯坦因收集品中的新疆出土古藏文写本》，第230页。

664. 文书残卷

斯坦因原编：M. I. Iviii. 0015.，英国国家图书馆东方文献部编号Or. 15000/545，残卷，4×3，正面4行，背面3行。正面仅有一些音节可辨认，如："stag""bcol""po la"。背面不清晰。根据弗兰克的研究，还有两个较小的残片，其中一个残片包括两个音节"lta bza[ng]"，但是现在遗失了。见《英国国家图书馆斯坦因收集品中的新疆出土古藏文写本》，第230页。

十二　哈拉和卓（Kao.）no. 665

665. 文书残卷

斯坦因原编：Kao. Ⅲ.（?），《古代和田》图版205，残卷，8.3×4.8，正面4行，背面空白。与编号205的于阗文手稿放在一起（它们被预先一起放在标题为"中亚杂文3/1"的盒子中）。有一个编号为"Kao. Ⅲ."的条子在盘中，但是不能确定这个条子是不是这个手稿的编号说明。顶部和底部边缘部分保留。左右两边被扯掉。4行文字部分可见。最后1行下面是一空白处。正面第1行"夏五月"（sla bring po）和第2行"最后一月"（tha chungs）勉强可以拼读。藏文转写及注解见《英国国家图书馆斯坦因收集品中的新疆出土古藏文写本》，第230页。

十三　吐峪沟（Toy.）no. 666～671

666. 书信残卷

斯坦因原编：Toy. Ⅰ. ii. 05. e. 3＋09. h. 1.，英国国家图书馆东方文献部编号Or. 8212/1375＋1377，残卷，9×9.2（9×7），正面7行，背面6行中文。保存过程中两个残片被粘贴在一起。一藏文文书写在汉文佛经残卷的背面。这个被重组的藏文文书大概是一封信的右半部分。背面是汉文佛经残片，可以辨认出是《大般若波罗蜜多经》卷 188 的一部分。藏文转写及注解见《英国国家图书馆斯坦因收集品中的新疆出土古藏文写本》，第 231 页。

666. 文书残卷

斯坦因原编：Toy. Ⅰ.ⅱ.09.h.1.，英国国家图书馆东方文献部编号 Or. 8212/1377，残卷，7.3×7.5，正面 7 行，背面中文 5 行。与文书 Toy. I. ii. 05. e. 3 粘贴在一起。见《英国国家图书馆斯坦因收集品中的新疆出土古藏文写本》，第 231 页。

667. 谷物文书残卷

斯坦因原编：Toy. Ⅰ.ⅱ.05.e.5.，英国国家图书馆东方文献部编号 Or. 8212/1375bis，残卷，3.5×1.8，正面 2 行，背面中文 2 行。文书一面为藏文文书，另一面为汉文文书。在藏文文书一面，仅有一些音节如"bre"可辨认，笔迹显然与编号 666 不同。背面似乎为汉文佛经残卷的部分，仅有两个字"拙"和"颂"勉强能见。见《英国国家图书馆斯坦因收集品中的新疆出土古藏文写本》，第 231 页。

668. 文书残卷

斯坦因原编：Toy. Ⅰ.ⅱ.09.h.2.＋3.，英国国家图书馆东方文献部编号 Or. 8212/1799＋1376，残卷，11.5×19.5（5×11.5），正面 2 行加中文 6 行，背面 1 行。在重组过程中两个残片被粘贴在一起。这份文书是被重组的文书。正面保留 6 竖行汉文佛经残卷。2 行藏文写在汉文文书行间，明显是后来附加的。背面那行藏文很显然与正面字迹相同。藏文转写及注解见《英国国家图书馆斯坦因收集品中的新疆出土古藏文写本》，第 231 页。

668. 文书残卷

斯坦因原编：Toy. Ⅰ.ⅱ.09.h.3.，英国国家图书馆东方文献部编号 Or. 8212/1376，残卷，11.5×8，正面 2 行加中文 6 行，背面空白。与文书 Toy. Ⅰ.ⅱ.09.h.2. 粘贴在一块儿。见《英国国家图书馆斯坦因收集品中的新疆出土古藏文写本》，第 231 页。

669. 军事文书残卷

斯坦因原编：Toy. Ⅱ.ⅰ.02.d.＋ⅱ.01.e.2.，英国国家图书馆东方文献部编号 Or. 8212/1800＋1391，残卷，9.5×16.5（6×5.8），正面 7 行，

背面6行中文。在保存过程中两个残片被粘贴在一起。重组的文书依然是残片。正面第2行、第5行出现"奔"（vphongs），这是军事职务的一种。正面第3行、第4行、第6行可以辨认出"矛"（mdung）。正面第4行有"可以汇于几曲河（skyi chu）"一句。此文书内容可能涉及编队。背面汉文佛经残卷是《佛说佛地经》的一部分。藏文转写及注解见《英国国家图书馆斯坦因收集品中的新疆出土古藏文写本》，第232页。

669. 文书残卷

斯坦因原编：Toy. II. ii. 01. e. 2.，英国国家图书馆东方文献部编号Or. 8212/1391，残卷，9.5×14.5，正面7行，背面6行中文。文书残卷。背面是汉文佛经残卷。该文书残卷与文书Toy. II. i. 02. d. 粘贴在一起。见《英国国家图书馆斯坦因收集品中的新疆出土古藏文写本》，第232页。

670. 粮食文书残卷

斯坦因原编：Toy. IV. ii. 071.，英国国家图书馆东方文献部编号Or. 8212/1900 bis，残卷，3×5，正面3行，背面1行。为较小的残片。正面第1行"……升大麦"和第2行"供应品"被提及。藏文转写及注解见《英国国家图书馆斯坦因收集品中的新疆出土古藏文写本》，第232页。

671. 佛经残卷

斯坦因原编：Toy. IV. v. 05. 1.，英国国家图书馆东方文献部编号Or. 8212/1807，残卷，2.5×5.8，正面2行，背面空白。为印本或印章的左上部分。日期可能比吐蕃时期稍晚（12～14世纪）。藏文转写及注解见《英国国家图书馆斯坦因收集品中的新疆出土古藏文写本》，第232页。

十四　小城堡（H. B.）no. 672～673

672. 佛经咒语残卷

斯坦因原编：H. B. iii. 2.，英国国家图书馆东方文献部编号Or. 8212/1387，两个残卷。7.5×3.5，正面4行，背面空白；3.8×4，正面3行，背面空白。发现于吐鲁番盆地东南角的佛塔基座附近。在德国收集品（BTT：编号49）、大谷收集品（《大谷文书》：编号6027～6070）以及马洛夫收藏品中也有发现。藏文转写及注解见《英国国家图书馆斯坦因收集品中的新疆出土古藏文写本》，第 233 页。

673. 佛经咒语残卷

斯坦因原编：H. B. ịv. 1.，英国国家图书馆东方文献部编号 Or. 15000/546，9.3 × 10（印刷：9.2 × 7），正面 7 行，背面空白。不是印本，而是印在纸张上的印痕。可与编号 672 相比较。藏文转写及注解见《英国国家图书馆斯坦因收集品中的新疆出土古藏文写本》，第 233 页。

十五　黑水城（K. K.）no. 674

674. 医药文书残卷

斯坦因原编：K. K. Ⅱ. 0279. sss.，英国国家图书馆东方文献部编号 Or. 8212/1914，残卷，13 × 8.5（印迹尺寸：9.8 × 7.5），正面 6 行，背面空白。与编号 672 和 673 一样，大概是"咒语"（Yedharmā）的印迹。原始的文书似乎被分成左右两部分，仅有右边部分保存下来。正面 1 行是左边部分最后一行的延续。正面第 1 行提到"帝释天"（lhavI dbang po brgya byin），第 2 行包括"巨痛"（gser zug chen po），第 3 行"经验，感觉"（nyama su myong）。印本大概晚于吐蕃时期。藏文转写及注解见《英国国家图书馆斯坦因收集品中的新疆出土古藏文写本》，第 233 页，编号 674。

十六　斯坦因未编号（若羌?）no. 675 ~ 679

675. 契约文书残卷

斯坦因未编号，英国国家图书馆东方文献部编号 Or. 8212/1629，残卷，8 × 9，正面 7 行，背面空白。中下部分。由于纸张受损不能清晰辨认。在一些地方出现红点。"工钱"（gla）和正面第 2 行"白天"（zhag du）及第 5 行"见证人印章"（dpang rgya），表明这是一雇用契约，与编号 357 相似。正面第 4 行、第 6 行的"mkhan"可能是"堪布"（mkhan po），即大智者、大学问者，第 7 行出现"和尚"（ban de），可能是雇主或者证人。藏文转写及注解见《英国国家图书馆斯坦因收集品中的新疆出土古藏文写本》，第 234 页。

676. 论扎多致某人书残片

斯坦因未编号，英国国家图书馆东方文献部编号 Or. 8212/1834b，残卷，4×7，正面 3 行，背面空白。5 个藏文残片和 1 个中文残片放在写有编号 Or. 8212/1834 的袋中，5 个藏文残片和 1 个中文残片无位置编号，在袋中两个纸条上写有编号 "LA. VI. ii. 0221－227" 和 "Centre xv"，但是似乎都不是藏文残片的编号。3 个残片被粘贴在一块儿（编号 677）。一个残片似乎写于阗（＝编号 359）。编号 676 是最小的残片，可能是一封书信的中上部分。正面第 1 行 "论·扎多"（blon dgrav sdog）可能是写信人。藏文转写及注解见《英国国家图书馆斯坦因收集品中的新疆出土古藏文写本》，第 234 页。

677. 书信残卷

斯坦因未编号，英国国家图书馆东方文献部编号 Or. 8212/1834a，残卷，12×15，正面 9 行，背面空白。在重新整理过程中 3 个小残片被粘贴在一块。重组的手稿大概是一封书信的中下部分。可能与编号 676 属于同一文书，与编号 676 是同一编号。藏文转写及注解见《英国国家图书馆斯坦因收集品中的新疆出土古藏文写本》，第 234 页。

678. 书信残卷

斯坦因未编号，英国国家图书馆东方文献部编号 Or. 8212/1865，残卷，11.8×8.5，正面 11 行，背面空白。2 个残片被粘贴在一块儿，可能是一封书信的中下部分。书写混乱，不能清晰辨认。正面第 1 行提到 "感谢"，第 8 行包括 "议事"，第 6 行出现人名 "格协"（dge bzher），第 10 行出现人名 "拉巴"（lha dpal）。藏文转写及注解见《英国国家图书馆斯坦因收集品中的新疆出土古藏文写本》，第 235 页。

679. 谷物文书残卷

斯坦因未编号，英国国家图书馆东方文献部编号 Or. 8212/1865bis，残卷，5.3×6.7，正面 4 行，背面 4 行。正面和背面显然属于相同的文书。正面可能是背面文书的继续。正面第 1 行 "十五升大麦"（nas bre bco lnga），背面第 3 行 "谷物 3 升"（stsang bred sum），第 4 行为 "官员" "mngan"，表明这是有关收集粮食贡物的文书。藏文转写及注解见《英国国家图书馆斯坦因收集品中的新疆出土古藏文写本》，第 235 页，编号 679。

十七 安得悦（E. i. ）no. 680 ~ 702

680. 《佛说大乘稻秆经》

斯坦因原编号：E. i .12.，英国国家图书馆东方文献部编号 Or. 8212/168，残卷，6.5×22，正面5行，背面空白。其藏文原文为 "vPhags pa sa luvi ljang pa zhes bya ba theg pa chen povi mdo"。还原为梵文是 "Śālistamba-nāma-mahāyāna-sūtra"。左页边空白处有标明页码的 "二" (gnyis) 字，右边边缘被扯掉了。这是发现于安得悦的佛经写本残卷。编号680到693均是同一经卷的残卷。有关它们来源方面的更为详细的叙述，见《古代和田》第425、427、549、556以及图版117。藏文转写及注解见《英国国家图书馆斯坦因收集品中的新疆出土古藏文写本》，第236页。

681. 《佛说大乘稻秆经》

斯坦因原编号为：E. i .18.，英国国家图书馆东方文献部编号 Or. 8212/168，残卷，6.5×12，正面5行加1行，背面空白。与文书 E. i. 32. a. 粘贴在一块儿。见《英国国家图书馆斯坦因收集品中的新疆出土古藏文写本》，第236页，编号681。

681. 《佛说大乘稻秆经》

斯坦因原编号：E. i .32. a. +18.，英国国家图书馆东方文献部编号 Or. 8212/168，两件写本可拼接在一起，残卷，6.5×35，正面5行加1行，背面空白。其藏文原文和还原为梵文均同编号680。藏文转写及注解见《英国国家图书馆斯坦因收集品中的新疆出土古藏文写本》，第236页。

682. 《佛说大乘稻秆经》

斯坦因原编号：E. i .34. a. 。英国国家图书馆东方文献部编号 Or. 8212/168，残卷，左边边缘被扯掉。6.5×23.5，正面5行，背面空白。其藏文原文和还原为梵文均同编号680。藏文转写及注解见《英国国家图书馆斯坦因收集品中的新疆出土古藏文写本》，第237页。

683. 《佛说大乘稻秆经》

斯坦因原编号：E. i .22. +27. b. ；23.，英国国家图书馆东方文献部编号 Or. 8212/168，接近完整，两件写本拼接成左半边，虽然 E. I. 23. 是此页的右半部分，但是两者之间仍有空隙。6.5×21，6.5×24，正面5行，背面空白。其藏文原文和还原为梵文均同编号680。藏文转写及注解见《英国国家图书馆斯坦因收集品中的新疆出土古藏文写本》，第237页。

684.《佛说大乘稻秆经》

斯坦因原编号：E. ｊ. 28. b.，英国国家图书馆东方文献部编号 Or. 8212/168，残卷，残余中间部分。6.5×6.5，正面5行，背面空白。其藏文原文和还原的梵文均同编号680。藏文转写及注解见《英国国家图书馆斯坦因收集品中的新疆出土古藏文写本》，第237页。

685.《佛说大乘稻秆经》

斯坦因原编号：E. ｊ. 28. a.；31. a. +37.；34. b.，英国国家图书馆东方文献部编号 Or.8212/168，残卷，同一页分割为4个残卷。E. ｊ. 31. 和 E. ｊ. 37 连接在一起，另外两个残卷没有连接。6.5×6.5，6.5×8.5×6.5，正面5行；5行；4行，背面空白。其藏文原文和还原为梵文均同编号680。藏文转写及注解见《英国国家图书馆斯坦因收集品中的新疆出土古藏文写本》，第238页。

686.《佛说大乘稻秆经》

斯坦因原编号：E. ｊ. 26. +27. a；35.；32. b.，英国国家图书馆东方文献部编号 Or.8212/168，接近完整，E. ｊ. 26. 和 E. ｊ. 27. a. 连接在一块，E. ｊ. 35. 和 E. ｊ. 32.6. 几乎连接在一块，单在正面第1行有一个小的间隙。一个星号（＊）应该加在编号［E.i.］26. 上。在盘中从残卷中区分出来。已编号的 E. ｊ. 26. 在编号688中。6.5×10，6.5×8，6.5×24，均正面5行，背面空白。其藏文原文和还原为梵文均同编号680。页码号"7"出现在左边的空白处。藏文转写及注解见《英国国家图书馆斯坦因收集品中的新疆出土古藏文写本》，第238页。

687.《佛说大乘稻秆经》

斯坦因原编号：E. ｊ. 30.，英国国家图书馆东方文献部编号 Or.8212/168，残卷，残余左边部分。两个文书被粘贴在一块，很可能是编号686的背面部分。6.5×4.5，正面5行，背面空白。其藏文原文和还原为梵文均同编号680。藏文转写及注解见《英国国家图书馆斯坦因收集品中的新疆出土古藏文写本》，第238页。

688.《佛说大乘稻秆经》

斯坦因原编号：E. ｊ. 26.；14.，英国国家图书馆东方文献部编号

Or. 8212/168，残卷，文书右边边缘扯掉了，两个残卷：6.5×23，正面5行，背面空白；6.5×11，正面5行，背面1行。两个残卷中间有空隙。E. ⅰ.14文书的反面有装饰风格的"o"，显然是潦草书写。页码号"8"出现在左边的空白处。其藏文原文和还原为梵文均同编号680。藏文转写及注解见《英国国家图书馆斯坦因收集品中的新疆出土古藏文写本》，第239页。

689.《佛说大乘稻秆经》

斯坦因原编号：E. ⅰ. 未编号.d.，英国国家图书馆东方文献部编号Or. 8212/168，残卷，两个文书粘连在一块儿时，很可能是编号688的反面部分，仅有后面3行是看得见的。4×1.5，正面4行，背面空白。其藏文原文和还原为梵文均同编号680，《古代和田》，第554页；藏文转写及注解见《英国国家图书馆斯坦因收集品中的新疆出土古藏文写本》，第239页。

690.《佛说大乘稻秆经》

斯坦因原编号：E. ⅰ.10.；E.i. 未编号.e.；13.，英国国家图书馆东方文献部编号Or. 8212/168。接近完整。同一页的3片残页尺寸分别为：6.5×20，正面5行，背面空白；4.5×2，正面5行，背面空白；6.5×20，正面5行，背面空白，但3个残片不连接在一块，页码号"9"出现在左边空白处。其藏文原文和还原为梵文均同编号680。藏文转写及注解见《英国国家图书馆斯坦因收集品中的新疆出土古藏文写本》，第239页。

691.《佛说大乘稻秆经》

斯坦因原编号：E. ⅰ.24. + E. ⅰ.21.，英国国家图书馆东方文献部编号Or. 8212/168。接近完整，两残页结合成完整的一页。6.5×45，正面5行，背面空白。其藏文原文和还原为梵文均同编号680。藏文转写及注解见《英国国家图书馆斯坦因收集品中的新疆出土古藏文写本》，第240页。

692.《佛说大乘稻秆经》

斯坦因原编号：E. ⅰ.38.，英国国家图书馆东方文献部编号Or. 8212/168。残卷，残余中间部分。6.5×8，正面5行，背面空白。其藏文原文和还原为梵文均同编号680。《古代和田》，第556页；藏文转写及注解见《英国国家图书馆斯坦因收集品中的新疆出土古藏文写本》，第240页。

693.《佛说大乘稻秆经》

斯坦因原编号：E. ị. 16. +17., 英国国家图书馆东方文献部编号 Or. 8212/168。残卷，两片残卷结合在一块儿。左边边缘被扯掉。6.5×35，正面 5 行，背面空白。其藏文原文和还原为梵文均同编号 680。藏文转写及注解见《英国国家图书馆斯坦因收集品中的新疆出土古藏文写本》，第 240 页。

694. 佛教文献

斯坦因原编号：E. ị. 11., 英国国家图书馆东方文献部编号 Or. 8212/173。残卷。8.5×26.5，正面 18 行加倒书 2 行，背面空白。是两首佛教诗，被认为取自隆钦饶绛所著百科全书《妙乘藏》第 14 章。然而，这个草稿很明显从古文学和语言学方面看比后面的文献更古老。藏文转写及注解见《英国国家图书馆斯坦因收集品中的新疆出土古藏文写本》，第 241 页。

695. 有关食物的文书

斯坦因原编号：E. ị. 15., 英国国家图书馆东方文献部编号 Or. 8212/172。残卷，8 个小残片被编到 Or. 8212/172 这个中，它们之间的关系不明。编号 695～697 很可能出自同一件文书。而编号 695 仅有 3 行。在编号 697 中也发现正面第 2 行的"吃"（za ba）一词。3.5×3.5，正面 3 行，背面空白。写本在《古代和田》中作为文献 D.（a）发表。藏文转写及注解见《英国国家图书馆斯坦因收集品中的新疆出土古藏文写本》，第 241 页；汉译《英国收藏新疆出土古藏文文书选译》，第 117 页。

696. 有关食物的文书

斯坦因原编号：E. ị. 36., 英国国家图书馆东方文献部编号 Or. 8212/172。残卷，大概与编号 695 与 697 一样出自同样的文书。7×3.5，正面 6 行，背面空白。文书中提到"抢劫"（vphrog pa，第 2、5 行）、"喝"（vthung ba，第 3 行）、"食物"（zas）等词。该文书发表在《古代和田》文献 D.（e）中。藏文转写及注解见《英国国家图书馆斯坦因收集品中的新疆出土古藏文写本》，第 242 页；汉译《英国收藏新疆出土古藏文文书选译》，第 118 页。

697. 有关食物的文书

斯坦因原编号：E. ị. 未编号 .a., 英国国家图书馆东方文献部编号 Or. 8212/172。残卷，大概与编号 695 与 696 一样出自同样的文书。2×

4.5，正面 2 行，背面空白。"吃"（za ba）、"食物"（zas）等清晰可见。写本发表在《古代和田》文献 D.（f）中，藏文转写及注解见《英国国家图书馆斯坦因收集品中的新疆出土古藏文写本》，第 242 页；汉译《英国收藏新疆出土古藏文文书选译》，第 118 页。

698. 佛经残卷

斯坦因原编号：E. i. 20. a.；b；c.，英国国家图书馆东方文献部编号 Or. 8212/172。残卷，有 3 个残片，具有相同的编号 E. i. 20.（在这儿加上 a、b，以示区分），显然属于同一文献的片段，可能是佛经，文献 699 号也可能属于同一文献。4.5×6.5，正面 3 行，背面空白；3×4，正面 3 行，背面空白；3×3.5，正面 2 行，背面空白。该藏文佛经写本在《古代和田》文献 D.（b，c，d）中发表，藏文转写及注解见《英国国家图书馆斯坦因收集品中的新疆出土古藏文写本》，第 242 页。

699. 佛经残卷

斯坦因原编号：E. i. 未编号 .b.；c.，英国国家图书馆东方文献部编号 Or. 8212/172。为 2 个未编号的小残片，可能与 698 号同属一个文献，显然是最后 1 行的部分，仅有个别地方清楚。2.5×2.5，正面 1 行，背面空白；2.5×2.5，正面 1 行，背面空白。该藏文佛经写本在《古代和田》文书 D.（g，h）中发表，藏文转写及注解见《英国国家图书馆斯坦因收集品中的新疆出土古藏文写本》，第 243 页。

700. 拉金致赞启古罗书残卷书信残卷

斯坦因原编号：E. i. 19.，英国国家图书馆东方文献部编号 Or. 8212/169。残卷。14×12.5，正面 10 行，背面 9 行。文书正面是一封写给"赞启古罗"（bzang khyi gu lod）的信，但收信地址不详。看来信的内容涉及大麦的借贷或归还事宜。正面第 8 行提到"栋松大论"（ched po blon ldong sum）。在底部边缘有一三角形缺口。反面是另外的文书，大概是一封书信，用草体书写，大概属于西藏的前宏期。"潘波"（vphan po）可能是寄件人，出现的人名有"拉松"（lha sum）、"拉金"（lha byin）、"谢松"（zhin sum）等。第 5 行提到"大麦一驮"。该藏文写本在《古代和田》中作为文书 A 发表，藏文转写及注解见《英国国家图书馆斯坦因收集品中的新疆出土古藏文写本》，第 243 页；汉译《英国收藏新疆出土古藏文文书选译》，第 119 页。

701. 某人致拉巴大人书残卷

斯坦因原编号：E. ḭ. 25. a.；b；c.，英国国家图书馆东方文献部编号 Or. 8212/171。3 个文书残片具有相同的编号（这儿加 a、b、c 以示区分），很明显以相同的笔迹写在两边，是同一手稿的片段。残片 a 错误地连接到残片 b。应颠倒过来，将残片 a 的正面头两行接到残片 b 的第 2 行和第 3 行处。以下给出的行数是重新拼接后的。2.5×3.3，正面 3 行，背面 2 行；3×9，正面 3 行，背面 1 行；2×7.5，正面 3 行，背面 1 行。正反两面似乎都是一封书信的组成部分，人名不清楚，"lyu"可能是名字的最后一字。正面第 3 行似乎包括"拉巴大人"（jo co lha dpal）一名。写本在《古代和田》作为文献 C 发表，藏文转写及注解见《英国国家图书馆斯坦因收集品中的新疆出土古藏文写本》，第 244 页；汉译《英国收藏新疆出土古藏文文书选译》，第 119~120 页。

702. 书信残卷

斯坦因原编号：E. ḭ. 31. b + 29.，英国国家图书馆东方文献部编号 Or. 8212/170。残卷，有 2 个残片（E. ḭ. 31. b. 和 E. ḭ. 29），是同一手稿的片段散乱地连接在一起。手稿是用涂有红色漆的粗糙的褐色纸片重新拼接的，这在反面显而易见。5.5×22，正面 2 行，背面空白。该文书由两行组成，似乎是一封急件，其中提到一处"城堡"（mkhar）。该藏文写本的在《古代和田》中放入文献 B 中发表，藏文转写及注解见《英国国家图书馆斯坦因收集品中的新疆出土古藏文写本》，第 244 页；汉译《英国收藏新疆出土古藏文文书选译》，第 120 页。

附录一 《英国图书馆藏斯坦因收集品中的新疆出土古藏文写本》导言

武内绍人

    与巴黎的伯希和（Pelliot）收集品比起来，由斯坦因（Stein）先生从亚洲腹地带回来，藏于英国国家图书馆的斯坦因藏文收集品可谓是全球最大的藏文收藏品之一。伯希和收集品主要收录了敦煌石窟的写本以及印本，而斯坦因收集品不仅包含敦煌石窟的文物，还包含了从丝绸之路的遗址中挖掘出来的写本、简牍、图章以及其他文物。

    而且，出自中国新疆的写本与简牍的数量，尤其是和田及罗布泊地区的，无疑是当今最多的。虽然它们有一部分已被托马斯（Thomas）结集出版，但大部分还是因为种种原因而没有问世，未受到关注。本书的写本编目和即将面世的简牍目录介绍且刊行了斯坦因收集品里的相关文献。

    因为斯坦因收集品中古藏文的文献保存在不同的地方，而且很多文献仍没有刊布，所以必须对这个收集品进行一次全面的考察。为了这些收集品的出版，我进行了目录的编纂工作，在此过程中，我对这些收集品有了更好的全面的了解。接下来我将首先对斯坦因收集品中的三部分古藏文写本进行系统介绍；然后在余下的部分，对本书编目的文献，包括它们的计数系统、现存地址以及来源进行更详细的研究。

一 斯坦因收集品里的古藏文文献

    由斯坦因亚洲腹地考察队获得的藏文文献，根据出土地和质地，大致分为以下 4 类：

A. 出自敦煌的写本和雕版文献①；

B. 出自中国新疆的写本和雕版文献；

C. 出自中国新疆的简牍文字；

D. 出自黑水城（Khara khoto）和额济纳河（Etsin gol）的写本和雕版文献。

A 类（敦煌文献）用《普散目录》进行编排，其中文献被分类并配上了 765 个 VP 号。东洋文库（Toyo bunko）试着对余下未编目的文献进行修订并扩充《普散目录》，它将 VP 号增加到了 1518 个，但最终的完整版还没有出版发行。② 还有一大批《大乘无量寿宗要经》未编撰目录。③ 同时在"东方（Oriental）收藏品"的 Or. 8210 和 Or. 8212 下面还有 30 多篇敦煌藏文文献，我们将在下面 3.2 节中逐一介绍。

B 类是本书编写的内容，我们将在 3.7 节中讨论。

C 类包括大约 2200 枚简牍。现已有 2214 枚被查明，但我们发现其中还有少量于阗文的简牍，因此最终的数目还有待查清。托马斯已发布了其中的 389 枚并为它们编写了目录，但没能及时完成全部简牍的出版。在 1997 至 1999 年中，随着乌尔里克·佩吉尔（Ulrich Pagel）编制的临时电子目录，这些简牍被封装起来。简牍的数字化项目在萨姆·范谢克（Sam Van Schaik）的管理下进行。我在该数据库里同范谢克等一起制作一个完整的目录，这个数据库将在 2003 年通过 IDP 交互式网数据库（http://idp. bl. uk）启动生效。

D 类，有 1041 篇文献，是藏文中很重要的一部分，但至今都没被重视。它们主要是佛教文献，但内容相当多元化；其写成的时间从 11 世纪后期迄止 17 世纪。其中有些是用古藏文形式书写，有些以传统藏文形式书写，有些包含了蒙古书法（藏语－蒙古语双语文献），还有一些是印本。④ 它们的形式也很多样，包括梵筴、卷轴、不规则形以及手抄本等。在圣彼

---

① 除了 2 件：Ch. 73. Ⅲ（vol. 50, fol. 20）有棕榈片，VP652（vol. 12, fol. 1：地址不明）是桦木皮，其他所有均为写卷。而普散认为前者是桦木皮（普散：XV）。

② 使用东洋文库时要注意了：首先，它并不是原始文献的目录，只是它们的缩微版；其次，原始文献近来被重新修复和保存，新分配的索引编号"IOL Tib J 号码"与东洋文库的"VP 续编号"并不一致。参照以下 §3.1.1 及注释 34。

③ 参照 §3.1.1 和《西域考古图记》，第 816 页。

④ 350 件印刷品及 691 件写卷。有关它们目前的保存地参照 §3.1.4。

得堡的科兹洛夫（Kozlov）收集品中，有 81 篇内容与形式都与之相近的文献。总之，它们会使我们了解吐蕃文化，尤其是西夏王国时期的佛教；我们也会了解到藏文书法在那 700 年中演变的不同阶段。①

二 数次考察所发现的藏文文献

斯坦因率领的头三次考察带回来的藏文文献没有完整的目录，而只有选中的文献才发表在了《古代和阗考》、《西域考古图记》以及《亚洲腹地考古记》上。② 不过，从这些报告里的描述来看，以下几组文献应该是各次考察所得。③

I 第一次考察（1900～1901）

a. 出自安得悦（Endere）的写本；④

b. 安得悦墙上题记的照片；⑤

c. 出自和田的钟形图章。⑥

II 第二次考察（1906～1908）⑦

a. 出自敦煌的写本、印本以及题刻；⑧

---

① 参照武内绍人《吐蕃统治结束后至西夏时期（9～12 世纪）吐蕃社会语言在西域的运用》，于 1998 年刊登在国际藏学会第八期研讨会刊上，即将刊行。

② 参照《西域考古图记》：467～68 页及《亚洲腹地考古记》：第 92 页注释 7。

③ 斯坦因于 1930 至 1931 年期间进行了第四次中亚考古，并在和田及卡克里克（Charklik）一带获取了大约 80 件文献和简牍（Walker，1995：第 263～第 287 页；王冀青，1998）。在它们的简要清单（斯坦因编制）上，除了佉卢文、婆罗迷文及汉语文献外，还包括一件印度文手写残片和藏文写卷。因为第四次斯坦因考古所获的文物留在中国而且丢失了，仅有英国国家图书馆保存的照片可查阅。近来这些照片首次对外出版发行（王冀青，1998），但其中没有藏文文献；因此，第四次考古可能没发现藏文文献。

④ 参照《古代和阗考》，第 425～427 页，附录 B 第 1～3 部，图 CXVII、CXVIII 被收录于本编目中（文献第 680～702 号）。

⑤ 参照《古代和阗考》，第 429～432 页，附录 B 第四部，图 XI、XII 主要是佛教或寺庙的信徒祈求平安归来。末端还有一行题字，读作 rkyag pa la zo。

⑥ 参照《古代和阗考》，第 209 页，图 L。它是用骨头或者象牙做成的，上面仿佛刻了一个叫 "rgya khril bzang" 的吐蕃人名。由于它是从一个叫 Badr ud Dīn Hān 的和田商人手中购得（遗址号 B. D. 001. b. 取自他的名字），因此其真正的出土地不得而知。

⑦ 参照《西域考古图记》，总索引，第 1570～1571 页。

⑧ 写卷原件和雕版印刷品，见《西域考古图记》，第 810～816 页、828 页、919～920 页，附录 I（第 1470～1471 页）。墙上的题记（五彩拉毛粉饰），见《西域考古图记》，第 1111～1112 页；佛画题记，见《西域考古图记》，附录 K（第 1472～1474 页）。

b. 出自麻札塔格（M. Tagh）、卡达里克（Khad）及米兰（M. I）的写本;①

c. 出自麻札塔格、卡达里克及米兰的简牍;②

d. 出自吐鲁番（Kichik hassar）的印本;③

e. 出自米兰的三个角形图章;④

f. 出自米兰的有题记的陶瓷碎片;⑤

g. 出自焉耆（Kara shahr）有题记的陶瓷碎片;⑥

h. 出自卡达里克的黏土制舍利塔模型，有题记痕迹。⑦

Ⅲ　第三次考察（1913～1915）⑧

a. 出自麻札塔格、山普拉（Sampula）、达马沟（Dom）、卡达里克、牙通（Ile dong）、巴拉瓦斯特（Balawaste）以及克里雅（Keriya）的写本;⑨

b. 出自麻札塔格、达马沟、卡达里克以及米兰（XIV）的简牍;⑩

c. 出自吐鲁番的写本和印本;⑪

d. 出自黑水城和额济纳河的写本和印本;⑫

---

① 参照《西域考古图记》：第 164、346、460～463、467～471、1286～1290、1445～1447 页，附录 G（第 1460～1466 页）。

② 参照《西域考古图记》：162、348、460～63、467～71、1286～90 页，附录 G（第 1460～1466 页）。

③ 本编目中的文献 672 号和 673 号。参照《西域考古图记》，第 1166、1174 页。

④ M. I. ⅶ. 003.、M. I. ⅶ1. 004.、M. I. ⅶ. 31. 参照《西域考古图记》：465、480 页，图 LI;《中亚出土的古藏文契约》，第 108～109 页，注释 9。

⑤ M. I. 0063。参照《西域考古图记》，第 477 页，图 87。

⑥ Mi. xxiii. 0026。它从硕尔楚克（Shorchuk）北部的明屋（Ming oi）出土。参照《西域考古图记》，第 1190、1222 页，图Ⅳ。藏文题记 khong brstan 很可能是个人名。这是在硕尔楚克北部一带发现的极少的古藏文文献之一。

⑦ Kha. ii. C. 008。参照《西域考古图记》，第 158、188 页。

⑧ 第三次考察是否发现了敦煌的藏文文献还不确定。Or. 8212 类中几件藏文写卷，例如 Or. 8212/194a，b，c 可能是第三次考察所得。不过根据斯坦因的描述（《亚洲腹地考古记》，第 357～360 页），第三次考察很可能并未从敦煌石窟里找到藏文文献。

⑨ 参照《亚洲腹地考古记》，第 92、96、1019、1021 页，附录 R（第 1087～1088 页），图Ⅶ，CXXXI。

⑩ 参照《亚洲腹地考古记》，第 92、134、173、1026 页（Dom. 0168.），第 1055 页，附录 R（第 1084～1087 页），图 CXXX。斯坦因还提到一块有藏文书写的木匾（见《亚洲腹地考古记》，第 101 页的样本 05），但在照片上无法确认它是否为藏文（《亚洲腹地考古记》，图ⅩⅠ）。

⑪ 参照《亚洲腹地考古记》，第 615 页。

⑫ 参照《亚洲腹地考古记》，第 447～449、461，附录 R（第 1087～1090 页），图 CXXXI - CXXXIV。

e. 达尔科特（Darkot）山口附近的摩崖题记照片。①

正如上面列表所示，几次考察都带回了不同类型的文献资料。不过就数量上而言，第二次考察的所得是迄今最多的。

由于每次考察所得的文献资料都没有一个明确的列表，因此要把某篇文献归于哪次考察就相当有难度，尤其是像麻札塔格的文献，其中有很多第二次和第三次考察时都有发现。将文献的遗址编号与名列在《西域考古图记》及《亚洲腹地考古记》中的非藏文资料的编号做了比较②，并考虑到它们的引用编号③，我把本书编目里的所有文献分类为以下几组：

考察及类别	文献数量	文献编号
Ⅰ.a.	23	680～702
Ⅱ.b.	501	其余的编号*
D	2	672,673
Ⅲ.A	153	1～96,99～114,322～349,352～357,359,360,675～679
C	21	651～671
D	1	674**

* 第 358 号文献没有收录，因为它属于 Hoernle 的收藏品。

** 第 674 号文献是特殊收录，它本应同黑水城和额济纳河的文献一同编录；然而由于它被单独放在 Or. 8212 里，与其他黑水城和额济纳河的文献分开了，所以如果不列于此处它就难以被发现了。

藏文文献资料的主要部分在Ⅱ.b.

三　文献入藏地和索引号

从 1973 年到 1990 年，斯坦因考察所得收藏在以下 4 处：

A. 印度事务部图书馆（简称 IOL：伦敦）；

---

① 参照《亚洲腹地考古记》，第 45～46 页，附录 L（第 1050～1051 页），图 XLVI。参照武内绍人《Alchi 附近的的古藏文岩刻》，H. Uebach 与 J. Panglung 编：《拉达克的藏文题记》，《藏学研究》三（印刷中）。

② 例如，第二次考古期间在麻札塔格发现的文献，都用"M. Tagh"加上序号如 a. Ⅰ. 和 b. Ⅱ. 等进行说明（如 M. Tagh. a. Ⅰ. 08）；另外，第三次考察所得文献是从当地居民手中购得，因此缺乏这类详细的标注（如 M. Tagh. 0430）。

③ Or. 15000 以下的文献，除了与于阗文文献共同放置的以外，均是第二次考察所获。于阗文文献来自第三次考察。Or. 8212 以下的文献除了首次考察中在安得悦所发现的以外，均为第三次考察所得。

B. 英国图书馆东方品收藏部（简称 OC：伦敦）；

C. 英国博物馆（简称 BM：伦敦）；

D. 新德里国家博物馆（简称 ND）。

英国博物馆和新德里国家博物馆主要陈列非文献的文物，比如说立体文物、壁画、雕刻，不过有些文物也包含了藏文铭文，例如英国博物馆收藏的图章（§2 中提到的第二次考古项目）和佛像画①，新德里国家博物馆里的佛像画与一些简牍。② 新德里国家博物馆里可能还找得到本书目录所收的第 96 号文献。

藏文文献主要收藏在印度事务部图书馆，但还有一大批在英国图书馆东方品收藏部。这两批收藏品在 1991 年合并成"东方与印度事务图书馆收藏品"（OIOC）。因此，现在大部分的斯坦因所获藏文文献都保存在圣潘克拉的新英国图书馆的"东方与印度事务图书馆"内。

要从"东方与印度事务图书馆"内看到一件藏文文献，读者就需要它的索引号，这主要是根据先前印度事务部图书馆及英国图书馆"东方品收藏部"的编号系统而决定的。

不过，在 20 世纪 90 年代，因为要搬至新的英国图书馆建筑，印度事务部图书馆里的大部分斯坦因藏文藏品经过了保养和修复，有一些被编上了新的索引号。因为这些改变没有被大家所了解，习惯于原来系统的读者就很难找到并使用它们。所以，接下来我就将介绍在 20 世纪 90 年代以前，印度事务部图书馆与英国图书馆"东方品收藏部"内的编号系统与的斯坦因藏文藏品状况，还有它们现在的状况和索引号。

3.1　印度事务部图书馆（IOL）

印度事务部图书馆里的藏文文献被分成了 29 个部分：A—Z 和 AA—CC。③ 每部分文献都有个前缀名"IOL Tib"。

A–H：《奈瑭甘珠尔》（沃德尔收集品）。

I：拉萨（Lhasa）收集品的一部分（由沃德尔带回）。

---

① 参照《西域考古图记》，附录 K（第 1472～1474 页）。

② 如 Har. 048（《亚洲腹地考古记》，第 1052、1055 页）。新德里国家博物馆里的藏文献仍需要详细的调查。

③ 出自一本未发行的小册子，名为《藏文收藏指南：印度事务部图书馆》。

J：敦煌藏语文献（斯坦因第二次考察）。

K：斯坦因第二次考察；简牍。

L：斯坦因第二次考察；写本。

M：斯坦因第三次考察；写本。

N：斯坦因第三次考察；简牍。

O－V：《奈瑭甘珠尔》（霍奇森收集品）。

W－Y：《奈瑭甘珠尔》（霍奇森收集品）。

Z：圣彼得堡学院捐赠（c1846），包括 14 卷 "北京红" 《甘珠尔》（因其红色印本而得名）的 Ser 部分。

AA：达斯收集品。

BB：丹尼森·罗斯（Denison Ross）所购物。

CC：各类写本及印本。

斯坦因藏文藏品在 J—N 部分。在这之中 "IOL Tib J" 与 "IOL Tib M" 的标签被继续使用，以查阅各组文献。以下 5 组文献曾被保存在印度事务部图书馆里。

（1）敦煌吐蕃藏品里大部分带有 Ch（千佛洞）编号的文献，被装订成 72 卷（编号是卷 1~73，但没有卷 41），藏汉双语文献和几个长卷被分别封装，另外还有几包捆扎卷。① 自 1996 年开始，所有装订成卷的写本被拆开、分离，然后与书卷及盒装的文献一起保存起来。它们被放进新盒子里，标签从 "IOL Tib J vol 1" 到 "IOL Tib J vol 122"，其中头 73 个盒子与先前的卷号一致。普散分配了 765 个 VP 号，没有 VP 号的分配新的使用号，从 766 到 1335。这样，它们就有 1335 个 VP 号。②

（2）482 件写本被装订在标有 "米兰文献" 的两本书卷里，它们被拆散并分离。另外，还有 45 个长写本及其大页上粘贴的几组小碎片是在另一个地方发现的。而我自己发现在一个标签为 "和田新碎片" 的盒子里，有 57 件藏文文献错误地与于阗文文献放在一起。所有这些资料已根据本书编

---

① 主要是《Aparimitayurnama（箴言集）》。

② 主要由藏文部的前负责人 Ulrich Pagel 完成，数量仍在增加，并且由 Burkhard Quessel 进行修订。东洋文库也著录了从 1000 到 1518 的新 VP 号，它们对东洋文库的微缩胶卷有效，然而它们不同于大英博物馆里的 "IOL Tib J 号码"。至于原始文献，读者应该使用 "IOL Tib J 号码"，这样 IDP 互联网数据库上的计算机才能识别（http：//idp. bl. uk）。

目分类，并被置入聚酯薄膜夹中，我们已在 Or. 15000 下分配了新的使用号，它们成了本书编目的主体部分。

（3）2209 枚简牍被放在一批盒子里，它们的编号从 1 排至 57（57 号盒子遗失了）。51~56 号盒子标有"斯坦因第三次考察"的字样。我们还在印度事务部图书馆找到了另外几枚简牍。如第一节所讲，这些简牍已被封装进盒，它们的目录编排也在进行中。以前它们的使用号为"IOL Tib K"（第二次考察）和"IOL Tib N"（第三次考察），但现在它们合并在了一起，编号为"IOL Tib N 1 – 2214"。

（4）出自黑水城和额济纳河的藏文资料，包括两篇西夏文文献，被装订成了 7 卷；而且，还有一大批文献被放在一个标签为"斯坦因第三次考察"的盒子里。另外，我们在印度事务部图书馆的储藏室里还发现了一些文献资料，它们都被存放在新盒子里，并且沿用了旧编号"IOL Tib M"（参见第一节 D 段的描述）。

（5）于阗文写本被夹放在玻璃板之间，上面印有"于阗文图版"字样和索引号；其中我们也发现了 10 件藏文资料，它们被收进了本书编目中（如文献第 55 号）。

3.2　东方收藏品部（简称 OC）

东方收藏品部创立于 1753 年，藏品是由英国博物馆文物收藏部中的东方语言写本及书籍构成的。根据它们进馆的顺序，每组文献资料都被分配了一个 Or. number（东方编号），此编号跟文物内容无关。① 至今已分配有大约 12000 个 Or 号。其中，斯坦因文献分属 Or. 8210, Or. 8211 和 Or. 8212。

当斯坦因收集品被分开时，藏文文献主要保存在 IOL 中，因此几乎没人注意到 OC 中的藏文藏品。不过，在如今的编目工程中，我已了解到 OC 中有一大批藏文藏品。

（1）Or. 8210.

它主要是斯坦因第二次考察时从敦煌获得的汉语文献，还包括第三次考察时的许多收获。为了更详细的说明，这一组里的写本编上了

---

① 名为"东方写卷清单"的手写目录上简要描述了它们，这份目录是在"东方与印度事务图书馆"的参考书屋内的书架上发现的。

"S. number"（S：斯坦因），印本则编上"P. number"（P：印刷）。① 翟理斯（Giles）目录收录了 Or. 8210/S. 1 - 6980 与 Or. 8210/P. 1 - 19。刘明书（Liu Mingshu）也为 S. 1 - 6980 编排了目录。② 最近，荣新江为汉文非佛教文献进行了目录编排，从 S. 6981 至 13624。③ 方广锠正在筹编汉文佛教文献目录。在近日的保存工作中，写本的编号已经增至 S. 13989。④

在荣教授等的帮助下，我已在这组找到了 33 件藏文藏品：S. 1000v，2228，2736v，5212v，7133v，8550v，9223v，9286v，9323. B.，10643，10646v，10647 - 649，10746，10828. A.，10828. B.，11288，11315. A.，11315. B.，11335，11401 - 07，11409，11718，12243，12321，以及 12818。它们中大多都没出版⑤，也没引起注意。因为这些敦煌文献不包含在本书编目中，我打算对它们另做描述。

（2）Or. 8211.

主要由第一次和第二次的考察所得的汉语文献组成。Or. 8211/S. 1～991 由沙宛（Chavanes）发布。其中有第二次考察所得的 4 件藏文文献（956～961），它们都被收录在本书里。各种文献，包括汉文和佉卢文木牍，都在 S. 992～3326 里，它们还没有编目。⑥ 在这之中我没发现藏语文献。

---

① 注意："S. xx"不是像伯希和的收藏品编号"P（P = 伯希和）. xx"那样，会代表所有斯坦因的收藏物，它只是 Or. 8210. 以下写卷的编号。"P. xx"也不要同"P（P = 伯希和）. xx"混淆了

② 王重民：《敦煌遗书总目索引》，商务印书馆，1962，第 1～44 页。

③ 荣新江：《英国图书馆藏敦煌汉文非佛教文献残卷目录（S. 6981～13624）》，《香港敦煌吐鲁番研究丛刊》（四），台北：新文丰，1994。

④ 荣新江：《英国图书馆敦煌汉文文献残卷的历史重要性》，《英国图书馆杂志》第 24 期 No. 1，（1998），第 78～89 页。

⑤ S. 1000v 与 S. 2736v 发布在 F. W. Thomas 和 L. Giles 的《藏 - 汉单词与短语对照表》中，BSOAS 12，PTS. 3&4（1948），第 753～769 页。S. 2228v 与 S. 7133V 刊布在《中亚出土的古藏文契约》一书中。荣教授认为 Hoernle 藏品中的 S. 9223 是藏汉双语文献（见荣氏目录第 29 页）。但 S. 9223 是一件斯坦因文献，其正面为佛教汉语文献，反面为佛教藏语文献，并附有地址编号 Ch. 73. Ⅷ. 5. 对于这个地址编号我将另行讨论。

⑥ 打印的"Or. 8211 补充书目清单"收录在未出版的书卷《临时残卷清单—马佩罗未编残件目录》中，此书置于东方与印度事务图书馆的参考书屋内的书架上。除了记录地址编号外，此清单收录了 Or. 8211 的大致分类。Or. 8211/S. 1～991 号是汉语简牍和文献残卷；S. 992～1351 号主要是空白的、破损的，或者几乎看不清的简牍，部分还有些汉语字迹；S. 1352～1648 为非汉语简牍，包括很多线装和印章的"封套"；S. 1682 号是一枚佉卢文简牍；S. 1683～3326 号包括汉语、非汉语及空白的简牍。

（3）Or. 8212.

据说其中有斯坦因第三次考察时所获得的文献资料，但事实上它包括前2次考察所得的很多发现。在 Or. 8212/S. 1～195 编号中，有梵文、汉文、回鹘文、粟特文、于阗文及藏文的写本等，它们都被收录在巴尼特（Barnett）未发表的目录里。① 其中 S. 168～173 号是出自安得悦的藏文文献，是斯坦因第一次考古时发现的，它们已被收录进本编目中（本书编号 680～702）。编号 S. 188 收录了藏文写本里一个据说是象雄语的文献。② 编号 S. 194. a 和 b 是藏文契约③，S. 194. c（两件）是藏传佛教文献，它们都出自敦煌。

S. 196～199 号还未被使用，S. 200～855 号是斯坦因第三次考古所发现的汉文木牍和写本，它们已经由马伯乐（Maspero）发表。④ 在图书参考室里有一本机打的小册子，标题为《马伯乐未编残件目录》（*Provisional list of fragments*：*Maspero Uncatalogued*），由此我判定 S. 856～1360 号是未编目录的汉文文献。

S. 1361～1927 号是不同文字的零散资料的合集，包括汉文、梵文、藏文、于阗文、回鹘文及粟特文。它们的出土地包括达马沟、麻札塔格、库车、吐峪沟、牙通及黑水城等（均非敦煌）。有 2 到 20 个零散片段被一起放在塑料袋里，碎片上很多都是它们的地址编号，但它们的入库编号（在 Or. 8212 以内）只附在了这些塑料袋上，因此很难说明每个碎片的索引号。幸运的是，未发表的《马伯乐未编残件目录》包含了 2 个版本的编号：原版与修订版。虽然后者依然有空白缺陷，但已是唯一可靠的资源，因此在与中国部的负责人商量后，我们给全部的藏文文献分配了 Or. 8212 内的编号。⑤

————————

① L. D. Barnett《斯坦因爵士收藏品中亚及梵文写卷的初步清单》。

② 两件不同的文献都分配了编号 188，象雄写卷出版在 F. W. Thomas（ed. by A. F. Thompson）的《象雄语言学》，《亚洲大陆》13（1967），第 211～217 页＋图 Ⅰ～Ⅳ。关于象雄写卷的语言分析，由武内绍人、长野泰彦及上田澄子撰写的《论古象雄语》一文，将刊于《苯教研究 3：民族学报告丛刊 16》中（大阪：国家民族学博物馆，印刷中）。

③ 《中亚出土的古藏文契约》：文献 40 与 47。

④ Henri Maspero，《les documents chinois de la troisieme expedition de Sir Aurel Stein en Asie centrale》（London：The Tiustees of the British Museum，1953）。

⑤ 因为 Or. 8212 包括了不同语言的文献，所以处理各种语系文献的专家们必须遵从同一个体系，以避免混淆和重叠。针对 Or. 8212 中未编目录的汉语文献，郭锋近日出版了一本编目，但他没有参考"临时清单"，而是随意地在其中分配 Or. 8212 的编号。如此编号导致了混淆，并且不为大家所接受（郭锋：《斯坦因第三次中亚探险所获甘肃西域汉文文书》，甘肃人民出版社，1993）。

在这些碎片中，我们发现了 105 件藏文写本和一件印本，它们已被收录在本编目里。

（4）Or.9615.

除了上述三大类，还有几类 Or 编号不同的小规模斯坦因收集品，Or.9615 就是其中之一。它有一件藏文写本，与 11 件于阗文写本放在一起，封在一个玻璃夹板中，其标题为《阿拉坦·坎（Althan Khan）在克里雅的卡达里克附近发现的文物》。这件藏文写本明显出自第三次考古，已收录于本编目中（文献 355）。

四　本编目中的文献与目录编排进程

如上所述，收录在本编目中的文献包括了 OIOC 里的几类文物，它们可简化如下：

编号类别	原入藏地	索引号	总量	第（次）考古
1	IOL（2 卷）	Or.15000	482	2
2	IOL（其他大页）	Or.15000	45	2
3	IOL（和田新盒子）	Or.15000	64	2、3
4	IOL（《古代和阗考》图版）	《古代和阗考》图版	10	2、3
5	OC	Or.8211	4	2
6	OC	Or.8212	112	1、3
7	OC	Or.9615	1	3
8	ND?	未知	1	3

在我们的编目工作开始时，第 1 类是唯一的目标，那时我知道多数出自新疆的藏文文献在 IOL 里，尤其是和田部分。因此我进行了广泛的调查，并发现了第 2~4 类。当 OC 并入 IOL 后，我阅读了 OC 里的斯坦因收集品并发现了第 5~7 类。虽然可能还有一些藏文文献没发现，但我认为英国图书馆里几乎所有相关的古藏文文献都找到了。我也看了所有的斯坦因出版物，并发现另一类相关文献（第 8 类）的图片，它不在英国图书馆内，但无疑也属于斯坦因收集品。就这样 719 件文献被收集到一起，其中还加入了一些碎片，另一些不相干的碎片则被分离出去。最后，这个编目总共列出 702 件文献。

弗兰克为第 1 类和第 2 类编写的目录还未出版，存放于印度事务部图书馆。① 据斯坦因称，第二次考古从米兰和麻札塔格带回的藏文文献，其编目交由弗兰克进行；弗兰克编制了若干条文以便形成一个完整的目录，它被收录于《西域考古图记》的附录 G 中。然而，由于没有附上文献的实际保存情况，这份目录没有准备出版，而是被存放在 IOL 中供人们参考和进一步的研究（《西域考古图记》：第 47 页注释 1）。

在进行本编目时，我参考了弗兰克的有关描述，并从中受益。在现有的编目里，弗兰克的描述内容专门用来补充说明那些已丢失的写本，因此没有更多的涉及。

托马斯曾出版了一本文集（TLTD 2），选材出自第 1 类到第 3 类的 82 件文献。将他的著作与原文献相比较，我们发现他读过的几部分现在已不容易识别。收录在《古代和阗考》、《亚洲腹地考古记》及《有关西域的藏文文献和文书》第三卷中的图版显示，当时的写本所处环境更好，更清晰易读；拍照之后，它们就开始腐烂，或发黑，纸张损坏，主要是因为 1960年以前采用的老式保存法，那时人们用衬里、硬浆黏性物及凝胶来保存文物。② 现在东方部保存室的工作人员再一次保存了这些文件，并将它们置于一个更好的环境中，如本书图版卷中所显示的那样，否则有些部分永远都无法恢复了。

当时这些照片的质量显然是好于现存的文献的，因此我在编目过程中参考了它们（对照本书编号第 656 号图版与《西域考古图记》图版 CLXX）。当托马斯的释读无法被照片和原件证实时，我在那些部分标注了"无法辨认"。

五　遗址编号与由来

遗址编号由斯坦因分配，斯坦因大都将它们写在写本上，甚至是小碎片上。这些遗址编号相当有规则，而且细致，甚至指明了写本被发掘的具

---

① 它们在一本绿皮书卷里，没有名称也没有索取编号。读者若想阅读就必须和东方与印度事务图书馆藏语部的负责人联系。

② 参照 Mark Barnard，《英国国家图书馆斯坦因收藏品：它的保存史与未来的存放》，收录于 S. Whitfield 及 F. Wood 编《敦煌与吐鲁番：中亚古文献的内容与保护》，《英国国家图书馆科学研究与保护》1，英国国家图书馆，1996，第 16～19 页。

体地点。以下的例子描述了不同的编号版式（请注意数字与字母间的空间及其间隔）。①

藏文文献的地址编号

M. I. ii. 20. a.	M. ＝米兰
	I.（罗马字母大写）＝遗址编号 1
	ii.（罗马字母小写）＝遗址 1 中的房屋遗址 2
	20. a. ＝遗址 1 中的房屋遗址 2 出土的文献编号②
M. Tagh. a. VI. 0025.	M. Tagh.（不空格）＝麻札塔格
	a. ＝不详地点 a
	VI.（罗马字母大写）＝第六部分③
M. Tagh. i. 0024.	i.（罗马字母小写）＝房屋遗址编号 1
Bal. 0 166.	Bal. ＝巴拉瓦斯特
Dom. 0128.	Dom. ＝达马沟
E. i. 19.	E. ＝安得悦
H B. iii. 2.	H. B.（带空格）＝吐鲁番"小城堡"（Hassar B 与 Hassar A），或"大城堡"（Chong-hassar）
Ile-dong. 024.	Ile-dong. ＝牙通
Kao.	Kao. ＝哈拉和卓
Keriya.	克里雅
Kha. vi. 14. a.	Kha. ＝Khad. ＝卡达里克
Khad. 052.	Khad. ＝卡达里克
K. K. II. 0279.	K. K. ＝黑水城
Samp. 040.	Samp. ＝山普拉
Toy. I. ii. 09.	Toy. ＝吐峪沟

尽管非常细致，斯坦因的地址编号还是很复杂，以至于它们经常被误解和错用。比如，"M. I."中的"I"代表 miran 的"遗址 I"④，但它常被

---

① 然而在 IDP 互联数据库中，这些空间因为数据处理上的技术原因而被全部清空了。
② 参照《西域考古图记》：图版 30。
③ 参照《西域考古图记》：图版 59。
④ 参照《西域考古图记》：图版 29。米兰有 16 处遗址。藏文文书在 1 号和 14 号遗址出土。简牍文书出自 M. XIV，见《亚洲腹地考古记》，第 1084 页。

认作是 miran 中的字母 i，于是"M. I."常被写成"Mi"（TLDT 3）。这种缩写导致与斯坦因的"Mi"（即 ming oi "明屋"）发生混淆。[①] Mazar tagh 或 M. tagh 常被藏学家、汉学家以及于阗文学者错误缩写为"M. T."或"MT"[②]，与斯坦因的"M. T."（即 Mazar toghrak）发生混淆。[③] Khad 与 khak 都被斯坦因用作卡达里克（Khadalik）的缩写。

因此，维系斯坦因的原来的遗址编号就非常重要。同时，由于这些遗址编号容易混淆，我决定根据其出土遗址，为所有文献分配新的连续的目录号。

六 文献的目录号及由来

藏文文献的出土地可能被分为四类，它们的编排如下，在地理上按由西向东、由北向南的顺序进行（参照遗址地图）。目录号根据这一顺序分配，只有 A. 9（出自安得悦的文献）是被放在末端的。[④] 每一组里，文献根据它们的原有遗址进行编号。

（文献数量）

A. 和田地区的遗址 383

（1）麻札塔格（M. tagh）：位于和田北部 321

（2）山普拉（samp）：位于和田东部 2

（3）达马沟（dom）：位于山普拉东部 24

（4）卡达里克（kha，khad）：位于达马沟以及巴拉瓦斯特的北部 4

（5）牙通（Ile-dong）：位于达马沟附近，坐落于达马沟东北处遭毁坏的遗址附近 2

---

① 实际上有好几处名为"明屋"（Ming oi）的遗址。在藏文文献中，一块有藏文题记的陶瓷碎片就是在哈喇沙尔（Karashahr）的"明屋"遗址出土的。

② 这对藏文文献的混淆是非常严重的，很多 Mazar toghrak 出土的文献被误认为是麻札塔格（Mazar tagh）出土的。参照熊本裕《和田地区的于阗文献》，《东洋文库研究所报告第54号》，1996，第27~64页。

③ 在某些情况下斯坦因自己将麻札塔格（Mazar Tagh）简写为"M. T."（如文献第124号），但在多数时候他都仔细将"M. T."和"M. Tagh."做了区分。

④ 在 Or. 8212 中，来自安得悦的文献是在我已给其他文献分配了目录号之后才被发现的，因此想分配给它们更适当的目录已经太晚。

（6）巴拉瓦斯特（Bal）：位于达马沟北部   1

（7）克里雅：位于达马沟东部   1

（8）斯文赫定（Har）：人名而非地名，他曾获得一些藏文文献，它们在和田地区的某处被发现   2

（9）安得悦（E）：位于尼雅（niya）的东部   23

（10）未编号   3

B. 米兰遗址   304

（1）米兰遗址1（=M. I.）   304

C. 吐鲁番废址①   9

（1）哈拉和卓（kao）   1

（2）吐峪沟（Toy）   6

（3）"小城堡"（H. B. 或 Kichik hassar）：吐鲁番废址东北角神殿遗址   2

D. 其他   6

（1）黑水城（K. K.）   1

（2）未确定   5

七 藏文文献分类

文献大致被分为文书（或法律文献）、宗教文献及其他类，如下所示。对于具体的文献列表，请看"文献分类"表（本书第 261～264 页）。

分类	文献数量
文书	647
契约	93
法律文献	10
信件	316
经济文献	14
注册表或花名册	10

---

① 参照《西域考古图记》，图版 No. 59。

续表

分类	文献数量
军事文献	17
其他文献	187
宗教类	98
佛教文献	94
苯教文献	1
未知宗教文献	3
其他藏文文献①	42
占卜	6
医疗	1
涂鸦和写作练习	8
绘画	14
印本	4
前吐蕃时期文献(?)	6
未知文献	3
非藏文类	25
汉文	12
汉－藏－于阗三语文献	1
于阗文	12

　　与佛教文献占多数的敦煌文献相比较,本书的文献主要是文书,以契约和信件为主。契约又按契约分类法分成了买卖契约、借贷契约及雇佣契约。由于契约以特殊的方式书写,包括标准的语句和各式图章(如私印、手印以及签名印)①,因此哪怕是残片,因为其内容,甚至是微小的一部分,我们都能识别出来。

　　而信件数量最多,根据我在《中亚出土古藏文契约文书》中提出的标准,它们被分为3类:官方急件、非官方急件及个人信件。它们以固定的格式书写,由特定格式的收发格式和问候语组成,这令我们能识别许多的残片。②

　　当一件写本的两面都有书写时,书写的第一页就被认作正面。不过在

---

① 参照《中亚出土的古藏文契约》,第107～115页。
② 信件用语,详见武内绍人"信件"。

207

我所接触的残片中，正面/背面无法由这一标准来明确划分。所以，在本编目中正面/背面的指定不一定就能反映出当时的书写顺序，除非文献的内容有所反映。同样，在一面是藏文而另一面是汉文或于阗文的双语写本中，藏文是被指定为正面的。

缩略语

Ancienl Khotan	斯坦因《古代和阗考》，2 卷，牛津，1907 再版印刷 1 卷，纽约，1975 年。再版印刷 3 卷，新德里，1981
AOH	《匈牙利东方学报》，布达佩斯
BL	英国图书馆
BM	英国博物馆
BSOAS	《东方与非洲研究学院公报》，伦敦大学
BTT	Manfred Taube. Die Tibetica der Berliner Turfansammlung. Berlin：Akademie-Verlag, 1980.
Chavannes	Edouard Chavannes, Les documents chinois decouverts par Aurel Stein dans les sables du Turkestan oriental, Oxford：The Univcrsity Press, 1913
Contracts	武内绍人《中亚出土古藏文契约文书》
Das	达斯《藏 – 英词典》（附梵文同义词），加尔各答，1902。京都再版，1977
Derge, no.	《德格版大藏经》，乌塔罗（H. Uietal）编《西藏佛教大藏经目录大全》，仙台，1934
Foll	对开卷的复数形式
Francke	A. H. 弗兰克未出版的目录（参照，§4）
Giles Catalogue	翟理斯（Giles），《英国博物馆敦煌汉语写本目录》，伦敦：英国博物馆管理部，1957 年
Har.	斯文赫定
Hoernle	霍恩雷《写本文物》收录的文献

Hoernle，MS Remains	霍恩雷《西域出土的佛教文书遗物》，卷 1，牛津，1916。翻印，1970
IA	斯坦因《亚洲腹地考古记》，牛津，1928 翻印，新德里，1981
KT 1 – 5	贝利《于阗文文献》，1 ~ 5 卷，剑桥，1945 ~ 1963
Lhasa ed.	《拉萨版大藏经》，J. Takasaki 编，东京大学，1965
Lit.	字面翻译即 literally
ND	新德里国家博物馆
P	伯希和（藏文/汉文）
Peking，no.	《北京版大藏经》，龙谷大学图书馆编及 Bunkyo Sakurabe，comp。康熙朝北京编，现存于京都龙谷大学图书馆的《甘珠尔分部比较分析目录》，京都：龙谷大学，1930 ~ 1932
Plates	本编目的卷 1（图片卷）
Poussin	普散《印度事务部图书馆敦煌藏文写本目录》，牛津，1962
SD 3	贝利《塞语（Saka）文书Ⅲ》伦敦，1964
SDTV 1	贝利《塞语（Saka）文书：译注卷》，伦敦，1968
Serindia	斯坦因《西域考古图记》5 卷，牛津，1921 年。翻印，德里，1980 ~ 1983
Taisho，no	Taisho Shinshu Daizokyo（Taisho tripitaka）J. Takakusu and K. Watanahe. rev.，collated，added，rearranged and ed. The Tripitaka in Chinese. 85 vols. Tokyo：The Taisho lssai-kyo Kanko Kai. 1924 – 1932
Takeuchi，"letter"	武内绍人《一组归义军时期的古藏文书信：古藏文书信类型初探》，《匈牙利东方学报》

209

	卷 44，1/2，1990，第 175～1990 页
Takeuchi "Otani"	武内绍人《大谷收集品中的藏文文献》，A. Haneda, ed., Documents et archives provenant de l'Asie centrale, pp. 203～214, 1990
Takeuchi, 1994	武内绍人《将：吐蕃王朝千户部落的下属行政单位》，克瓦尔编《第六届国际藏学研讨会论文集》，国际藏学会第 6 期研讨会，1992 年，卷 2，第 848～862 页。奥斯陆：人类文化比较研究机构
TLTD 2	托马斯《有关西域的藏文文献与文书》，卷 2，伦敦：皇家亚洲学会，1951
TLTD 3	托马斯《有关西域的藏文文献与文书》，卷 3，伦敦：皇家亚洲学会，1955
TLTD 4	托马斯《有关西域的藏文文献与文书》，卷 4，伦敦：皇家亚洲学会，1955
Toyo Bunko	山口瑞凤等编《斯坦因藏文写本收集品目录》12 卷，东京：东洋文库，1977～1988
Uray 1961	乌瑞《敦煌吐蕃军事文献考》，《匈牙利东方学报》卷 12，第 1～3 号，第 223～230 页
VP	普散的文献编号
Walker 1995	沃克《斯坦因：丝绸之路的先锋》，伦敦：约翰默里（John Murray）
Wang 1998	王冀青《英国图书馆斯坦因第四次亚洲腹地考古所得文献及写本照片》，《英国图书馆杂志》卷 24，第一期，第 23～74 页

（杨铭、杨壮立译自：*Old Tibetan Manuscripts from East Turkestan in The Stein Collection of the British Library*, The Centre for East Asian Cultural Studies for Unesco, The Toyo Bunko-The British Library, 1997～1998。曾发表于《西域研究》2009 年第 1 期。）

附录二 敦煌西域古藏文文书 研究论著目录

（以著、译者姓名拼音为序）

（一）汉文论著

巴桑旺堆：《藏文文献中的若干古于阗史料》，《敦煌学辑刊》1986年第1期。

伯希和：《苏毗》，冯承钧译，《西域南海史地考证译丛》第一卷，中华出局，1995。

陈国灿：《唐朝吐蕃陷落沙州的时间问题》，《敦煌学辑刊》1985年第1期。

陈践：《Bal po 考》，《敦煌研究》1994年第4期。

陈践：《争夺新扎城千户长官职之诉讼文》，《中国藏学》2004年第3期。

陈践：《吐蕃时期藏文文献中的盟誓》，《中国藏学》2009年第3期。

陈践：《ITJ 749 号占卜文书解读》，《中国藏学》2012年第1期。

陈践：《吐蕃卜辞新探——敦煌 PT1047 + ITJ 763 号〈羊胛骨卜〉研究》，上海远东出版社，2015。

陈践践：《笔馆与笔官初探》，《藏学研究》，中央民族学院出版社，1993。

陈楠、任小波：《敦煌藏文写本研究综述》，黄正建主编《中国社会科学院敦煌学回顾与前瞻》，上海古籍出版社，2012。

陈庆英：《斯坦因劫经录、伯希和劫经录所收汉文写卷中夹存的藏文写卷情况调查》，《敦煌学辑刊》试刊第2期。

陈庆英、端智嘉:《一份敦煌吐蕃驿递文书》,《社会科学》(甘肃)1981 年第 3 期。

陈宗祥:《试论格萨尔与不弄(白兰)部落的关系》,《西南民族学院学报》1981 年第 4 期。

陈宗祥:《隋唐婢药(附国)历史研究——兼论该国为〈格萨尔王传〉重要史料来源之一》,《中国藏学》2008 年第 3 期。

陈于柱、张福慧:《敦煌藏文本 S.6878V〈出行择日吉凶法〉考释》,《首都师范大学学报》(社会科学版)2012 年第 6 期。

丹曲、朱悦梅:《藏文文献中"李域"(li-yul,于阗)的不同称谓》,《中国藏学》2007 年第 2 期。

房继荣:《英藏古藏文占卜文献述要》,《甘肃高师学报》2007 年第 3 期。

冯子海、徐丽:《吐蕃统治下的河西走廊》,《西北师范大学学报》1994 年第 5 期。

高田时雄:《敦煌民族语言》,钟翀等译,中华书局,2005,第 86～87 页。

格桑央京:《敦煌藏文写卷 Ch.9.II.19 号初探》,《中国藏学》2005 年第 2 期。

胡小鹏、杨惠玲:《敦煌古藏文写本〈吐谷浑(阿豺)纪年〉残卷再探》,《敦煌研究》2003 年第 1 期。

黄布凡:《敦煌〈藏汉对照词语〉残卷考辨订误》,《民族语文》1984 年第 5 期。

黄盛璋:《关于沙州曹氏和于阗交往的诸藏文文书及相关问题》,《敦煌研究》1992 年第 1 期。

黄盛璋:《敦煌遗书藏文 Ch.73.IV〈凉州节度、仆射致沙洲、瓜州刺史敕牒〉及其重要价值》,台北《蒙藏国际学术研讨会论文集》,1995。

黄维忠:《8～9 世纪藏文发愿文研究》,民族出版社,2007。

黄维忠:《敦煌藏文发愿文研究综述》,《敦煌学辑刊》2007 年第 1 期。

黄维忠:《德噶玉采会盟寺(de ga g. yu tshal gtsigs kyi gtsug lag khang)考》,《敦煌研究》2009 年第 3 期。

黄文焕：《吐蕃经卷里的数码研究》，《敦煌学辑刊》1986 年第 1 期。

金滢坤：《吐蕃统治敦煌时期的部落使考》，《民族研究》1999 年第 2 期。

金滢坤：《吐蕃瓜州节度使初探》，《敦煌研究》2002 年第 2 期。

金滢坤：《吐蕃沙州都督考》，《敦煌研究》1999 年第 3 期。

金滢坤：《吐蕃统治敦煌的社会基层组织》，《中国边疆史地研究》1998 年 4 期。

金滢坤：《吐蕃节度使考述》，《厦门大学学报》2001 年第 1 期。

金滢坤、盛会莲：《吐蕃沙州节儿及其统治新探》，《中国边疆史地研究》2000 年第 3 期。

姜伯勤：《唐敦煌"书仪"写本中所见的沙州玉关驿户起义》，《中华文史论丛》，1981。

姜伯勤、突地考：《敦煌学辑刊》1984 年第 1 期。

姜伯勤：《沙州道门亲表部落释证》，《敦煌研究》1986 年第 3 期。

劳费尔：《藏语中的借词》，赵衍荪译，中国社会科学院印，1981。

李正宇：《吐蕃子年（公元 808 年）沙州百姓氾履倩等户籍手实残卷研究》，《1983 年全国敦煌学术讨论会文集》（文史·遗书编）上，甘肃人民出版社，1987。

李正宇：《沙州贞元四年陷蕃考》，《敦煌研究》2007 年第 4 期。

林冠群：《敦煌本吐蕃历史文书与唐代吐蕃史研究》，项楚等主编《新世纪敦煌学论集》，巴蜀书社，2003。

林冠群：《唐代吐蕃史论集》，中国藏学出版社，2006。

林梅村：《藏文古籍所述于阗王谱系迄始年代研究》，《新疆社会科学》1985 年第 5 期。

陆离：《吐蕃统治敦煌基层兵制新考论》，《中国史研究》2003 年第 4 期。

陆离：《吐蕃僧官制度试探》，《华林》第三卷，中华书局，2003。

陆离：《吐蕃统治时期敦煌酿酒业简论》，《青海民族学院学报》2004 年第 1 期。

陆离：《大虫皮考——兼论吐蕃、南诏虎崇拜及其影响》，《敦煌研究》2004 年第 1 期。

陆离：《吐蕃三法考——兼论〈贤愚经〉传入吐蕃的时间》，《西藏研究》2004年第3期。

陆离：《吐蕃统治时期敦煌僧官的几个问题》，《敦煌研究》2004年第3期。

陆离：《吐蕃统治河陇时期司法制度初探》，《中国藏学》2006年第1期。

陆离：《吐蕃统治河陇西域时期职官四题》，《西北民族研究》2006年第2期。

陆离：《吐蕃统治敦煌的基层组织》，《西藏研究》2006年第1期。

陆离：《吐蕃统治河陇西域时期的军事、畜牧业职官二题》，《敦煌研究》2006年第4期。

陆离：《吐蕃统治敦煌时期的官府牧人》，《西藏研究》2006年第4期。

陆离、陆庆夫：《关于吐蕃告身制度的几个问题》，《民族研究》2006年第3期。

陆庆夫、陆离：《论吐蕃制度与突厥的关系》，《兰州大学学报》（社会科学版）2005年第4期。

罗秉芬：《从三件〈赞普愿文〉看吐蕃王朝的崩溃》，《敦煌吐鲁番学研究文集》，书目文献出版社，1996。

罗秉芬主编《敦煌本吐蕃医学文献精要》，民族出版社，2002。

马德：《吐蕃统治敦煌的几个问题》，《敦煌研究》1987年第1期。

马德：《沙州陷蕃年代再探》，《敦煌研究》1985年第3期。

马德：《吐蕃统治敦煌初期的几个问题》，《敦煌研究》1987年第1期。

马德：《Khrom词义考》，《中国藏学》1992年第2期。

马德：《敦煌文书所记南诏与吐蕃的关系》，《西藏民族学院学报》2004年第11期。

马德：《甘肃藏敦煌古藏文文献概述》，《敦煌研究》2006年第3期。

马德：《从敦煌史料看唐代陇右地区的后吐蕃时代》，《丝绸之路民族古文字与文化学术讨论会文集》，三秦出版社，2007。

梅林：《吐蕃和归义军时期敦煌禅僧寺籍考辨》，《敦煌研究》1992年第 3 期。

荣新江：《归义军及其与周边民族的关系初探》，《敦煌学辑刊》1986 年第 2 期。

荣新江：《通颊考》，《文史》，中华书局，1990 年第 33 期。

荣新江：《唐宋时代于阗史概说》，《龙谷史坛》97，京都，1991。

荣新江：《英国图书馆藏敦煌汉文非佛教文献残卷目录（S.6981 ~ 13624）》，新文丰出版公司，1994。

荣新江：《英伦印度事务部图书馆藏敦煌西域文献纪略》，《敦煌学辑刊》1995 年第 2 期。

邵文实：《沙州节儿考及其引申出来的几个问题》，《西北师大学报》1992 年第 5 期。

邵文实：《尚乞心儿事迹考》，《敦煌学辑刊》1993 年第 2 期。

石泰安：《敦煌藏文写本综述》，耿升译，《国外藏学研究译文集》3，西藏人民出版社，1987。

石泰安：《川甘青藏走廊古部落》，耿升译，四川民族出版社，1992。

史苇湘：《河西节度使覆灭的前夕》，《敦煌研究》创刊号（1983）。

史苇湘：《吐蕃王朝管辖沙州前后》，《敦煌研究》1983 年创刊号。

宋家钰、刘忠编《英国收藏敦煌汉藏文献研究》，中国社会科学出版社，2000。

苏航：《试析吐蕃统治敦煌时期的基层组织 tshar》，《西藏研究》2003 年第 2 期。

唐耕耦、陆宏基：《敦煌社会经济文书真迹释录》（1 ~ 4），北京图书馆文献出版社，1986 ~ 1990。

托马斯编著《敦煌西域古藏文社会历史文献》，刘忠、杨铭译注，民族出版社，2003。

王继光、郑炳林：《敦煌汉文吐蕃史料综述》，《敦煌吐鲁番文献研究》，兰州大学出版社，1995。

王小甫：《唐、吐蕃、大食政治关系史》，北京大学出版社，1992。

王尧：《吐蕃文化》，吉林教育出版社，1989。

王尧：《西藏文史考信集》，中国藏学出版社，1994。

王尧：《西藏文史探微集》，中国藏学出版社，2005。

王尧主编《法藏敦煌藏文文献解题目录》，民族出版社，1999。

王尧、陈践：《敦煌吐蕃文书论文集》，四川民族出版社，1988。

王忠：《新唐书吐蕃传笺证》，科学出版社，1958。

乌瑞：《吐蕃统治结束后甘州和于阗官府中使用藏语的情况》，耿升译，《敦煌译丛》第 1 辑，甘肃人民出版社，1985。

乌瑞：《释 KHROM：七~九世纪吐蕃帝国的行政单位》，沈卫荣译，《国外藏学研究译文集》第 1 辑，西藏人民出版社，1986。

乌瑞：《有关怛逻斯战役前中亚史地的古藏文书和文献资料》，王冀青、李超编译，《敦煌学辑刊》1986 年第 1 期。

乌瑞：《KHROM（军镇）：公元七至九世纪吐蕃帝国的行政单位》，荣新江译，《西北史地》1986 年第 4 期。

乌瑞：《公元 9 世纪前半叶吐蕃王朝之"千户"考释》，吴玉贵译，《国外藏学研究译文集》第 2 辑，西藏人民出版社，1987。

乌瑞：《吐蕃编年史辨析》，肖更译，《国外藏学研究译文集》第 2 辑，西藏人民出版社，1987。

乌瑞：《有关公元 751 年以前中亚史的藏文史料概述》，荣新江译，《国外藏学研究译文集》第 5 辑，西藏人民出版社，1989。

乌瑞：《景教和摩尼教在吐蕃》，王湘云译，《国外敦煌吐蕃文书研究选译》，甘肃人民出版社，1992。

乌瑞：《吐谷浑王国编年史》，沈卫荣译，同上，第 170~212 页。

吴逢箴：《长庆会盟准备阶段的重要文献》，《藏学研究论丛》2，西藏人民出版社，1990。

杨富学：《20 世纪国内敦煌吐蕃历史文化研究述要》，《中国藏学》2002 年第 3 期。

杨富学、李吉和：《敦煌汉文吐蕃史料辑校》，甘肃人民出版社，1999。

杨际平：《吐蕃子年左二将户状与所谓"擘三部落"》，《敦煌学辑刊》1986 年第 2 期。

杨际平：《吐蕃时期沙州经济研究》，《敦煌吐鲁番出土经济文书研究》，厦门大学出版社，1986。

杨际平：《吐蕃时期敦煌计口授田考》，《社会科学》（甘肃）1983 年第 2 期。

杨铭：《唐代吐蕃统治于阗的若干问题》，《敦煌学研究》5，1986。

杨铭：《唐代吐蕃统治鄯善的若干问题》，《新疆历史研究》1986 年第 2 期。

杨铭：《通颊考》，《敦煌学辑刊》1987 年第 2 期。

杨铭：《唐代西北吐蕃部落述略》，《中国藏族部落》，中国藏学出版社，1991。

杨铭：《吐蕃时期河陇军政机构设置考》，《中亚学刊》4，北京大学出版社，1995。

杨铭：《四件英藏敦煌藏文文书考释》，《2000 年敦煌学国际学术讨论会文集》，甘肃民族出版社，2003。

杨铭：《新刊西域古藏文写本所见的吐蕃官吏》，《中国藏学》2006 年第 3 期。

杨铭：《"弥不弄羌"考》，《民族研究》2007 年第 1 期。

杨铭：《敦煌藏文文献所见的南诏及其与吐蕃的关系》，《敦煌研究》2008 年第 2 期。

杨铭：《唐代吐蕃与粟特关系考述》，《西藏研究》2008 年第 2 期。

杨铭：《岱噶玉园会盟寺愿文》研究，《西北民族研究丛刊》（6），中国社会科学出版社，2008。

杨铭、何宁生：《曹（Tshar）——吐蕃统治敦煌、西域的一级基层兵制》，《西域研究》1995 年第 4 期。

杨正刚：《苏毗大事记》，《西藏研究》1989 年第 1 期。

杨正刚：《苏毗初探》（1、续），《中国藏学》1989 年第 3 期。

杨正刚：《苏毗与吐蕃及其它邻近政权的关系》，《西藏研究》1992 年第 3 期。

殷晴：《古代于阗和吐蕃的交通及其友邻关系》，《民族研究》1994 年第 5 期。

张广达：《吐蕃飞鸟使与吐蕃驿传制度》，《西域史地丛稿初编》，上海古籍出版社，1995。

张广达、荣新江：《关于和田出土于阗文献的年代及其相关问题》，《东洋学报》第 69 卷第 1、2 号，1988。

张广达、荣新江：《于阗史丛考》，上海书店，1993；增订本，中国人民大学出版社，2008。

张广达、荣新江：《8 世纪下半与 9 世纪初的于阗》，《唐研究》第三卷，北京大学出版社，1997。

张广达、荣新江：《补记：对 1997 年以后发表的相关论点的回应》，《于阗史丛考》（增订本）。

张云：《"节儿"考略》，《民族研究》1992 年第 6 期。

张云：《吐蕃与西域诸族的关系》，《新疆社会科学》1990 年第 5 期。

张云：《唐代吐蕃与西域的文化交流》，《甘肃民族研究》1991 年第 4 期。

张云：《吐蕃在西域的部落及其组织制度》，《甘肃民族研究》1992 年第 2～3 期。

张云：《吐蕃统治西域的各项制度》，《新疆大学学报》1992 年第 4 期。

张云：《唐代吐蕃史与西北民族史研究》，中国藏学出版社，2004。

中国科学院历史所编《敦煌资料》，中华书局，1961。

周伟洲：《吐蕃与吐谷浑关系史述略》，《藏族史论文集》，四川民族出版社，1988。

周伟洲：《吐蕃对河西的统治及归义军前期的河西诸族》，《甘肃民族研究》1990 年第 2 期。

周伟洲：《多弥史钩沉》，《民族研究》2002 年第 5 期。

周伟洲：《唐代吐蕃与近代西藏史论稿》，中国藏学出版社，2007。

周伟洲、黄颢：《白兰考》，《青海民族学院学报》1983 年第 2 期。

周伟洲、杨铭：《关于敦煌藏文写本〈吐谷浑（阿柴）纪年〉残卷的研究》，《中亚学刊》第 3 期，中华书局，1990。

卓玛才让：《英藏敦煌古藏文文献中三份相关经济文书之解析》，《西藏研究》2013 年第 3 期。

（二）外文论著

Bacot, J et Thomas, F. W. et Toussaint, Ch. *Documents de Touen-Houang elatifs à l'histoire du Tibet*, Paris, Librairie Orientaliste Paul Geuthner 12, Rue

Vavin, VIe1940 – 1946.

Beckwith, Christopher I. "Tibet and the Early Medieval Florissance in Eurasia: A Preliminary Note on the Economic History of the Tibetan Empire", *Central Asiatic Journal*, vol. 21, 1977.

Beckwith, Christopher I. "The Tibetan Empire in the West", M. Aris and Aung San Sua Kyi, ed., *Tibetan Studies in Honour of Hugh Richardson*, Warminster, 1980.

Beckwith, Christopher I. "The Tibetan Empire in Central Asia", Princeton University Press, Princeton, *The Tibetan Empire in Central Asia*, Princeton University Press, Princeton, 1987.

Bailey, H. W. "The Staël-Holstein Miscellany", *Asia Major*, A British Journal of Far Eastern Studies, New Series vol. II part I, 1951.

Bailey, H. W. "ŚRī VIŚA ŚūRA and the Ta-Uang", *Asia Major*, New Series. vol. XI. part I, 1964.

Chang Kun (张琨). "An Analysis of The Tun-huang Tibetan Annals", *Journal of Oriental Studies* V. 5 (1959 – 60).

Chang Kun (张琨). "On zhang zhung", *Academia Sinica*, *Bulletin of the Natinal Research Institute of History and Philology* , Extra Number IV – 1, Taipei, 1960.

Clauson, Gérard, "Manuscrit Pelliot Tibétain 1283", *Journal asiatique*, vol. 245, 1957.

Dotson, B. "A note on shang: maternal relatives of the Tibetan royar line and marriage into the royar family", *Journal of Asiatigue*, 292. 1 – 2 (2004).

Dotson, B. "Divination and Law the Tibetan Empire: The Role of Dice in the Legislation of Loans, Interest, Marital Law and troop Conscription", *Contributios of the Cultural History of the Early Tibet*, Leiden and Boston, 2007.

Dotson, B. *The Old Tibetan Annals: An Annotated Translation of Tibet's First History*, With an Annotated Cartographical Documentation by GUNTRAM HAZOD. Wien: Österreichische Akademie der Wissenschaften, 2009.

Dotson, B; Iwao. K; Takeuchi. T. (eds.) *Scribes, Texts, and Rituals in Early Tibetan and Dunhuang*, Wiesbaden, 2013.

Emmerick, R. E. *Tibetan Texts concerning Khotan*, London, Oxford University Press, 1967.

Emmerick, R. E. "Tibetan Loanwords in Khotanese and Khotanese Loanwords in Tibetan", *Orientalia Iosephi Tucci Memoriae Dicata*, Roma, 1985.

Fang-Kuei Li, "Notes on the Tibetan Sog", *Central Asiatic Journal*, III, Wiesbaden/The Hague, Ⅲ, 1957.

Fang-Kuei Li and Coblin, W. South, *A Study of the Old Tibetan Inscriptions*, Institute of History and Philology, Academia Sinica Special Publications No. 91, Taipei.

Giles, L. *Descriptive Catalogue of the Chinese Manuscripts from Tunhuang in the British* Museum, London: The Trustees of the British Museum, 1957.

Iwao, K. "On the Old Tibetan khri-sde", 沈卫荣主编《西域历史语言研究集刊》第 1 辑, 科学出版社, 2007。

Iwao, K. "Preliminary Study on the Old Tibetan Land Registries from Central Asia", 吐鲁番研究院编《语言背后的历史——西域古典语言学高峰论坛论文集》, 上海古籍出版社, 2012。

Iwao, K; Schaik, S. V; Takeuchi, T. *Old Tibetan Texts in The Stein Collection Or. 8210*, Studies in Old Tibetan Texts from central, vol. 1, The Toyo Bunko, Tokyo, 2012.

Lalou, M. *Inventaire des Manuscrits tibétains de Touen-houang conservés à la Bibliothéque Nationale* (Founds Pelliot tibetain), I. (No. 1 – 849) 1939, II. (No. 850 – 1282) 1950, III. (No. 1283 – 2216) 1961, Paris.

Lalou, M. "Revendications des fonctionnaires du grand Tibet au VIIIe siècle", *Journal asiatique*, vol. 243, 1955.

Lalou, M. "Catalogue des principautés du Tibet ancien", *Journal asiatique*, vol. 253, 1965.

Ligeti, L. "Notes sur le Lexique Sino-Tibétain de Touen-houang en écriture Tibétaine", *Acta Orient. Hung.* Tomus XXI. Fasc. 3, 1968.

Macdonald, A. *Une lecture des Pelliot Tibetan 1286, 1287, 1038, 1047, et 1290*, études tibétains dédiées à la Mémoire de Marcelle Lalou, Paris, 1971.

Petech, L. *The Kingdom of Ladakh c. 950 – 1842 A. D.*, Istituto Italiano per il media ed Estremo Oriente, Roma, 1977.

Poussin, Vallée. Louis de la. *Catalogue of the Tibetan manuscripts from Tunhuang in the India Office Library*, Oxford University Press, London, 1962.

Richardson, Hugh. "How old was Srong-brtsan Sgam-po?", *Bulletin of Tibetology*, vol. 2, no. 1, 1965, pp. 6 – 8. Repr. in Richardson 1998.

Richardson, Hugh. "A fragment from Tun-huang", *Bulletin of Tibetology*, vol. 2, no. 3, 1965, pp. 33 – 38. Repr. in Richardson 1998.

Richardson, Hugh. "A Corpus of Early Tibetan Inscriptions", *Royal Asiatic Society*, London, 1985.

Richardson, Hugh. "Hunting accidents in early Tibet", *Tibet Journal*, vol. 15 – 4, 1990, pp. 5 – 27. Repr. in Richardson 1998.

Richardson, Hugh. "Notes and Communications Bal-po and Lho-bal", *Bulletin of the School of Oriental and African Studies*, Vol. XXXXVI, part I, 1983.

Rongxinjiang (荣新江), "Mthong-khyab or Tongjia: a tribe in the Sino-Tibetan frontiers in the seventh to tenth centuries", *Monumenta Serica*, vol. 39, 1990 – 1991.

Sam VAN SCHAIK and Lewis DONEY. "The prayer, the priest and the Tsenpo: An early Buddhist narrative from Dunhuang", *Journal of the International Association of Buddhist Studies* Volume 30 · Number 1 – 2 · 2007 (2009).

Simon, W. "A Note on Chinese Texts in Tibetan Transcription", *B. S. O. A. S.* XXI, 1958.

Spanien, A. et Y. Imaeda (今枝由郎), *Choix de documents Tibétains conservés à la Bibliothéque Nationale complété par queques Manuscrits de l'India Officeet du British Museum*, Tome II, Paris, 1979.

Stein, Rolf Alfred, *Les tribus anciennes des marches sino-tibétaines: légendes, classifications et histoire*, Institut des Hautes études Chinoises, Paris. 1959.

Thomas, F. W. and Clauson, G. L. M. "A Chinese Buddhist Text in Tibetan Writing", *J. R. A. S.*, 1926.

Thomas, F. W. *Tibetan Literary Texts and Documents concerning Chinese Turkestan*, part I: Literary Texts, London, 1935, part II: Documents, London, 1951, part III, London, 1955.

Thomas, F. W. *Nam*, *An Ancient Language of the Sino—Tibetan Borderland*, London, 1948.

Thomas, F. W. *Ancient—Literature from North-Eastern Tibet*, Abhandlungen des deutsche Akademie der Wissenschaften zu Berlin, 1957.

Thomas, F. W. & S. Konow. "Two Medieval Documents from Tun-huang", Oslo *Etnografiske Museums Skrifter*, vol. 3. 3, 1929.

Takeuchi, T. (武内绍人), "On the Old Tibetan Word Lho-bal", *Preceedings of the* 31th *International Congress of Human Sciences in Asia and North Africa*, II, Tokyo, 1984.

Takeuchi, T. "TSHAN: Subordinate Administertive Units of the Thousand-districts in the Tibetan Empire", *Tibet an Studies Proceedings of the 6th Seminar of the International Association for Tibetan Studies*, FAGERNES 1992, volume 2, edited by per KVAERNE, Oslo, 1994.

Takeuchi, T. *Old Tibetan contracts from Central Asia*, Daizo Shuppan, Tokyo, 1995.

Takeuchi, T. *Old Tibetan Manuscripts from East Turkestan in The Stein Collection of the British Library*, The Centre for East Asian Cultural Studies for Unesco, The Toyo Bunko and The British Library, 1997, 1998.

Takeuchi, T. "Sociolinguistic Implications of the Use of Tibetan in East Turkest an from the End of Tibetan Dominati on through the Tangut Period 9th – 12th c. ", Desmond Durkin-Mei sterernst (ed.) *Turfan Revisi ted The First Century of Research into the Arts and Cultures of the Silk Road*, Berlin, 2004.

Takeuchi, T. "Tshan srang, and tsham Administrative Units in Tibetan-ruled Khotan", *Journal of Inner Asian Art and Archaeology*, 2008/3.

Takeuchi, T. "Old Tibetan Rock Inscriptions near Alchi", *Journal of Research Institute* . 2012Vol. 49, Historical Development of the Tibetan Languages.

Takeuchi, T. "Glegs tsbas: Writing Boards of Chinese Scribes in Tibetan-Ruled Dunhuang", Dotson. B; Iwao, K; T. Takeuchi (eds.) *Scribes, Texts, and Rituals in Early Tibetan and Dunhuang*, Wiesbaden, 2013.

Uebach, Helga, "Dbyar-mo thang and Gong-bu ma-ru, Tibetan

historiographical tradition on the treaty of 821/823", in E. Steinkellner (ed.),
Tibetan history and language: *studies dedicated to Uray Géza on his seventieth birthday*,
Arbeitskreis für Tibetische und Buddhistische Studien Universität Wien, Wien,
1991.

Uray, G. "Notes on a Tibet an Military Document from Tun-huang",
Acta Orient. Hung. Tomus XII. Fasc. 1 – 3. 1961.

Uray, G. "The Annals of the'A – ZA Principality—The Problems of
Chronology and Genre of the Stein Document, Tun-hung, vol. 69, fol. 84",
Proceedings of the Csoma de Körös Memorial Symposium, Edited by Louis Ligeti,
Budpest, 1978.

Uray, G. "KHROM: Administrative Units of the Tibetan Empire in the
7th – 9th Centuries", *Tibetan Studies in Honour of Hugh Richardson* ed. by Michael
Aris and Aung San Sua Kyi, Aris and Pillips LTD. Warminster England, 1979.

Uray, G. "The old Tibetan Sources of the History of Central Asia up to
751 A. D. : A survey", *Prolegomena to the Sources on the History of Pro-Islamic
Central Asia* by J. HARMATTA (ed.), Budpest, 1979.

Uray, G. "L'Emploi dutibétain Dans les Chancelleries des états du Kan-sou
et Khotan Postérieurs à la Domination tibétaine", *Journal Asiatique*, Tome 269,
1981.

Uray, G. "Notes on the Thousand-districts of the Tibetan Empire in the
First Half of the Ninth Century", *Acta Orient. Hung.* Tomus XXXVI. Fasc. 1 –
3, 1982.

Uray, G. "Tibets Connections with Nestorianism and Manicheism in the
8th – 10th Centuries", *Contributions on Tibetan Language*, *History and Culture*
ed. by Ernst Steinkellner and Helmut Tauscher, Wien: Arbeitskreis für tibetische
und buddhistische Studien, Universität Wien, 1983 [1984].

Uray, G. "New Contributions to Tibetan Documents from the post-
Tibetan Tun-huang. " *Tibetan Studies*: *Proceedings of the 4th Seminar of the
International Association for Tibetan Studies Schloss Hohenkammer* – Munich
1985. Eds. Helga Uebach and Jampa L. Panglung. (Studia Tibetica: Quellen und
Studien zur tibetische Lexicographie 2). Munich: Kommission für

Zentralasiatische Studien Bayerische Akademie der Wissenschaften, 1988.

Uray, G. "Ňag. ñi. dags. po: A Note on Historical Geography of Ancient Tibet. " *Orientalia Iosephi Tucci Memoriae Dicata.* Eds. G. Gnoli and L. Lanciotti. (Serie Orientale Roma 61. 3) Rome: Instituto Italiano per il medio ed estremo oriente, 1988.

Uray, G. "The title dbang-po in Early Tibetan Records. " *Indo-Sino-Tibetan: Studi in Onore di Luciano Petech.* Ed. Paolo Daffinà. (Studi Orientali 9). Rome: Bardi Editore, 1990.

Uray, G. "The Location of Khar-can and Leng-cu of the Old Tibtan Sources", *Varia Eurasiatica: Festschrift fur Profeesor Andras Rona-Tas,* Szeged, 1991.

Uray, Géza, and Helga Uebach (1994). "Clan Versus Thousand-District Versus Army in the Tibetan Empire. " *Tibetan Studies,* Ed. Per Kvaerne. Oslo: The Institute for Comparative Research in Human Culture.

Vallée Poussin, de la. Louis. *Catalogue of the Tibetan Manuscripts from Tun-Huang in the India Office Library* , Oxford: Oxford University Press, 1962.

Van Schaik, S. and Iwao, K. "Fragments of the Testament of Ba from Dunhuang", *Journal of American Oriental Society,* 2009, 128. 3, PP. 477 – 488.

Van Schaik, S. and DONEY, Lewis. "The prayer, the priest and the Tsenpo: An early Buddhist narrative from Dunhuang," *Journal of the International Association of Buddhist Studies* Volume 30・Number 1 – 2・2007 (2009).

Yamaguchi, Z. (山口瑞凤) "Su—p'i 苏毗 and Sum—po 孙波: A Historic—geographical Study on the Relation between rTsang yul and Yan Lag gsum pavi ru", *Acta Asiatica,* no. 19, 1970.

Yamaguchi, Z. The geographical location of Sum-yul, *Acta Asitica,* No. 29, 1975.

Yoshiro Imaeda (今枝由郎), "à propos du manuscrit Pelliot tibétain 999", P. Harrison and G. Schopen (eds), SūRYACANDRāYA: *Essays in Honour of Akira Yuyama on the occasion of his 65th Birthday,* Indica et Tibetica Verlag, Swisttal-Odendorf, 1998.

森安孝夫:『ウィグルと吐蕃の北庭争奪戦及びその後の西域情勢に

ついて』，『東洋學報』第 55 巻第 4 號，1973，第 60~87 頁；増補：『ウィグルと吐蕃の北庭爭奪戦及びその後の西域情勢について』，流沙海西奨學會（編）：『アジア文化史論叢』3，東京，山川出版社，1979，第 199~238 頁；

　　森安孝夫：『チベット語史料中に現われる北方民族 Dru-gu と Hor』，『アヅア.アフリカ言語文化研究』14，1979，第 1~48 頁；

　　森安孝夫：『吐蕃の中央アジア進出』，『金澤大學文學部論集 o 史學科篇』4，1984，第 1~85 頁；

　　森安孝夫：『チベット文字で書かれたウィグル文仏教教理問答（第 t. 1292）の研究』，『大阪大學文學部紀要』25，1985，第 1~85 頁；

　　山口瑞鳳：『蘇毗の領界——rTsang yul Yan Lag gsum pavi ru-』，『東洋學報』第 50 巻第 4 號，1968，第 1~69 頁。

　　山口瑞鳳：『白蘭と Sum pa の rLangs 氏』，『東洋學報』第 52 巻第 1 號，1969，第 1~61 頁。

　　山口瑞鳳：『東女國と白蘭』，『東洋學報』第 53 巻第 4 號，1971，第 1~56 頁。

　　山口瑞鳳：『吐蕃の國號と羊同の位置』，『東洋學報』第 58 巻第 3~4 號，第 55~95 頁。

　　山口瑞鳳：『吐蕃統治時期』，『敦煌の历史』，讲座敦煌 2，東京，大東出版社，1980，第 195~232 頁。

　　山口瑞鳳：『沙州漢人による吐蕃二軍団の成立と mKhar tsan 軍団の位置』，『東京大學文學部文化交流施設研究紀要』第 4 號，1980，第 13~47 頁。

　　山口瑞鳳：『漢人及び通頬人による沙州吐蕃軍団編成の時期』，『東京大學文學部文化交流施設研究紀要』第 5 號，1981，第 1~21 頁。

　　山口瑞鳳：『吐蕃王國成立史研究』，岩波書店，1983。

　　山口瑞鳳監修：『敦煌胡語文獻』，講座敦煌 6，東京，大東出版社，1985 頁。

　　藤枝晃：『吐蕃支配期の敦煌』，『東方學報』第 31 巻，京都，1961，第 199~292 頁。

　　武内紹人：『スタイン收集トルキスタン出土古チベット語文书—概

要とカタログ作成プロジェクト―』，『内陸アジア言語の研究』XI，1996，第 121 ~ 137 頁。

武内紹人：『帰义军期から西夏時代のチベット語文書とチベット語使用』，『东方学』第 104 輯，2002，第 124 ~ 106 頁。

武内紹人：『チベット語木簡概略』，森安孝夫主編：『中央アジア出土文物論叢』，京都朋友書店，2004，第 137 ~ 141 頁。

岩尾一史：『吐蕃のルと千戸』，『東洋史研究』第 59 巻第 3 號，2000，第 1 ~ 33 頁。

岩尾一史：『吐蕃支配下敦煌の漢人部落―行人部落を中心に―』，『史林』第 86 巻第 4 號，2003 年，第 1 ~ 31 頁。

岩尾一史：『吐蕃の萬戸（khri sde）について』，『日本西藏學會々報』第 50 號，2004，第 3 ~ 15 頁。

岩尾一史：『Pelliot tibétain 1078bisよりみた吐蕃の土地区画』，『日本敦煌学論叢』vol. 1，2006，第 1 ~ 26 頁。

岩尾一史：『キャ制（rkya）の研究序説―古代チベット帝國の社會制度―』，『東方學』第 113 輯，2007，第 103 ~ 118 頁。

岩尾一史：『チベット支配下敦煌の納入寄進用リスト― IOL Tib J 575，1357（A），（B）の紹介―』，『敦煌寫本研究年報』創刊號，2007，第 165 ~ 189 頁。

岩尾一史：『古代チベットの會計と支出処理：IOL Tib J 897 の事例より』，沈衛栄（編）『西域歴史語言研究集刊』第 3 輯，科學出版社，2011，第 33 ~ 54 頁。

岩尾一史：『古代チベット帝國支配下の敦煌における穀物倉會計：S. 10647 + Pelliot tibétain 1111の紹介』，『内陸アジア言語の研究』XXVI，2011，第 39 ~ 74 頁。

岩尾一史：『古代チベット帝國の千戸とその下部組織―百戸，五十戸，十戸―』，『東方學報』第 88 巻，京都，2013，第 343 ~ 358 頁。

岩尾一史：『古代チベットの土地台帳と農牧の區別』，日仏東洋學會編『通信』第 37、38 號，2015，第 34 ~ 41 頁。

附录三 文献索引号、出土号与本书题名、序号对照表

索引号	出土号	题 名	本书序号
Or. 8211/956	M. Tagh. a. 004.	文书残卷	106
Or. 8211/959	M. Tagh. b. 004.	占卜书残卷	242
Or. 8211/960	M. Tagh. b. 004. a.	占卜书残卷	242
Or. 8211/961	M. Tagh. b. 004. b.	汉藏语汇残卷	243
Or. 8212/168	E. i. 10. ; 未编号 . e. ; 13.	《佛说大乘稻秆经》	690
Or. 8212/168	E. i. 12.	《佛说大乘稻秆经》	680
Or. 8212/168	E. i. 16. + 17.	《佛说大乘稻秆经》	693
Or. 8212/168	E. i. 18.	《佛说大乘稻秆经》	681
Or. 8212/168	E. i. 22. + 27. b. ; 23.	《佛说大乘稻秆经》	683
Or. 8212/168	E. i. 24. + 21.	《佛说大乘稻秆经》	691
Or. 8212/168	E. i. 26. + 27. a. ; 35. ; 32. b.	《佛说大乘稻秆经》	686
Or. 8212/168	E. i. 26. ; 14.	《佛说大乘稻秆经》	688
Or. 8212/168	E. i. 28. a. ; 31. a. + 37. ; 34. b.	《佛说大乘稻秆经》	685
Or. 8212/168	E. i. 28. b.	《佛说大乘稻秆经》	684
Or. 8212/168	E. i. 30.	《佛说大乘稻秆经》	687
Or. 8212/168	E. i. 32. a. + 18.	《佛说大乘稻秆经》	681
Or. 8212/168	E. i. 34. a.	《佛说大乘稻秆经》	682
Or. 8212/168	E. i. 38.	《佛说大乘稻秆经》	692
Or. 8212/168	E. i. 未编号 . d.	《佛说大乘稻秆经》	689
Or. 8212/169	E. i. 19.	书信残卷	700
Or. 8212/170	E. i. 31. b. + 29.	书信残卷	702
Or. 8212/171	E. i. 25. a. ; b. ; c.	书信残卷	701
Or. 8212/172	E. i. 15.	有关食物的文书	695

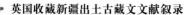

续表

索引号	出土号	题　名	本书序号
Or. 8212/172	E. i. 20. a. ; b. ; c.	佛经残卷	698
Or. 8212/172	E. i. 36.	有关食物的文书	696
Or. 8212/172	E. i. 未编号 . a.	有关食物的文书	697
Or. 8212/172	E. i. 未编号 . b. ; c.	有关食物的文书	699
Or. 8212/173	E. i. 11.	佛教文献	694
Or. 8212/1361	Dom. 0128.	文书残卷	324
Or. 8212/1364	Dom. 0161.	文书残卷	331
Or. 8212/1366	Dom. 0149.	书信残卷	325
Or. 8212/1366bis	Dom. 0150.	书信残卷	326
Or. 8212/1375	Toy. I. ii. 05. e. 3.	书信残卷	666
Or. 8212/1375bis	Toy. I. ii. 05. e. 5.	谷物文书残卷	667
Or. 8212/1376	Toy. I. ii. 09. h. 3.	文书残卷	668
Or. 8212/1377	Toy. I. ii. 09. h. 1.	文书残卷	666
Or. 8212/1378	M. Tagh. 0201.	书信残卷	11
Or. 8212/1387	H. B. iii. 2.	佛经残卷	672
Or. 8212/1391	Toy. II. ii. 01. e. 2.	文书残卷	669
Or. 8212/1403	M. Tagh. 0430.	色松致某人书信残卷	49
Or. 8212/1424	M. Tagh. 0208.	某人致尚娘桑书信残卷	14
Or. 8212/1426	M. Tagh. 0211.	狗年借契残卷	15
Or. 8212/1427	M. Tagh. 0207.	道勒致某人书信残卷	13
Or. 8212/1428	M. Tagh. 0213.	拉敦致某人书信残卷	16
Or. 8212/1509	M. Tagh. 091.	赞洛致卡拉基书信残卷	6
Or. 8212/1526	M. Tagh. 087.	致芒赞书信残卷	5
Or. 8212/1527	M. Tagh. 098.	某人致赞巴大人书信残卷	7
Or. 8212/1528	M. Tagh. 099.	书信残卷	8
Or. 8212/1529	M. Tagh. 085.	杨仁祖卖羊契残卷	4
Or. 8212/1623	Bal. 0166.	书信残卷	354
Or. 8212/1629	未编号	契约文书残卷	675
Or. 8212/1629bis	未编号 (和田 ?)	文书残卷	360
Or. 8212/1646	Har. 072. 12 – 19.	文书残卷	356
Or. 8212/1651	Har. 079. 16 – 19.	雇用契约残卷	357
Or. 8212/1661	M. Tagh. 0402.	契约文书残卷	29
Or. 8212/1698	Khad. 029. 1 – 8.	书信残卷	348
Or. 8212/1760	M. Tagh. 038. b.	书信残卷	2

续表

索引号	出土号	题名	本书序号
Or. 8212/1761	M. Tagh. 038. a.	文书残卷	1
Or. 8212/1762	M. Tagh. 038. c.	神山借契残卷	3
Or. 8212/1764	M. Tagh. 0222.	文书残卷	17
Or. 8212/1765	M. Tagh. 0229.	文书残卷	21
Or. 8212/1766	M. Tagh. 0235.	文书残卷	26
Or. 8212/1781	Samp. 040.	文书残卷	323
Or. 8212/1786	Samp. 未编号	文书残卷	323
Or. 8212/1799	Toy. I. ii. 09. h. 2.	文书残卷	668
Or. 8212/1800	Toy. II. i. 02. d.	军事文书残卷	669
Or. 8212/1807	Toy. IV. v. 05. 1.	佛经残卷	671
Or. 8212/1834a	未编号	书信残卷	677
Or. 8212/1834b	未编号	论扎多致某人书残卷	676
Or. 8212/1834c	未编号（和田）	羊年契约残卷	359
Or. 8212/1836	M. Tagh. 0428.	布炯致某人书信残卷	48
Or. 8212/1837	M. Tagh. 0421.	书信残卷	44
Or. 8212/1838	M. Tagh. 0432.	书信残卷	50
Or. 8212/1841	M. Tagh. 0412.	契约文书残卷	38
Or. 8212/1842	M. Tagh. 0425.	法律文书残卷	46
Or. 8212/1843	M. Tagh. 0417.	鸡年驿递文书	41
Or. 8212/1844	M. Tagh. 0195.	某人致赤协大人书信残卷	9
Or. 8212/1845	M. Tagh. 0197.	东库私产清单	10
Or. 8212/1846	M. Tagh. 0202.	文书残卷	12
Or. 8212/1847a	M. Tagh. a. 04. ＋06. ＋07.	赤本致某人书信残卷	105
Or. 8212/1847b	M. Tagh. a. 01. ＋02. ＋03. ＋05.	卓洛致某人书信残卷	104
Or. 8212/1851	M. Tagh. 0435.	文书残卷	51
Or. 8212/1852	M. Tagh. 0437.	书信残卷	53
Or. 8212/1853	M. Tagh. 0436.	拉道白致侄子侄女书信残卷	52
Or. 8212/1865	未编号	书信残卷	678
Or. 8212/1865bis	未编号	谷物文书残卷	679
Or. 8212/1879	M. Tagh. 0408. a.	文书残卷	30
Or. 8212/1879	M. Tagh. 0408. b.	文书残卷	31
Or. 8212/1879	M. Tagh. 0408. c.	文书残卷	32
Or. 8212/1879	M. Tagh. 0408. d.	文书残卷	33
Or. 8212/1879	M. Tagh. 0408. e.	文书残卷	34

索引号	出土号	题　名	本书序号
Or. 8212/1879	M. Tagh. 0408. f.	文书残卷	35
Or. 8212/1879	M. Tagh. 0408. g.	文书残卷	36
Or. 8212/1880	M. Tagh. 0426.	斥候名单残卷	47
Or. 8212/1881	M. Tagh. 0420.	拉辛借债契约残卷	43
Or. 8212/1882	Dom. 0160.	文书残卷	330
Or. 8212/1883	Dom. 0165.	书信残卷	332
Or. 8212/1884	Dom. 0155.	索塔基寄侄儿书信残卷	329
Or. 8212/1888	Dom. 未编号. a.	书信残卷	333
Or. 8212/1888	Dom. 未编号. b.	书信残卷	334
Or. 8212/1888	Dom. 未编号. c.	文书残卷	335
Or. 8212/1888	Dom. 未编号. d.	文书残卷	336
Or. 8212/1888	Dom. 未编号. e.	文书残卷	337
Or. 8212/1888	Dom. 未编号. f.	书信残卷	338
Or. 8212/1888	Dom. 未编号. g.	文书残卷	339
Or. 8212/1888	Dom. 未编号. h.	书信残卷	340
Or. 8212/1888	Dom. 未编号. i.	书信残卷	341
Or. 8212/1888	Dom. 未编号. j.	佛经残卷	342
Or. 8212/1888	Dom. 未编号. k.	文书残卷	343
Or. 8212/1888	Dom. 未编号. l.	书信残卷	344
Or. 8212/1888	Dom. 未编号. m.	文书残卷	345
Or. 8212/1888	Dom. 未编号. n.	书信残卷	346
Or. 8212/1895	M. Tagh. 0227.	文书残卷	19
Or. 8212/1897	M. Tagh. 0233.	书信残卷	24
Or. 8212/1899	M. Tagh. 0230.	固菩勒致内务官朵协书信残卷	22
Or. 8212/1900	M. Tagh. 0234.	某人致芒斯书信残卷	25
Or. 8212/1900bis	Toy. IV. ii. 071.	粮食文书残卷	670
Or. 8212/1902	M. Tagh. 0232.	文书残卷	23
Or. 8212/1903	M. Tagh. 0223.	文书残卷	18
Or. 8212/1904	M. Tagh. 0228.	某人致节儿书信残卷	20
Or. 8212/1911	M. Tagh. 0236.	祈祷文书残卷	27
Or. 8212/1911bis.	M. Tagh. 0236. bis.	文书残卷	28
Or. 8212/1914	K. K. II. 0279. sss.	医药文书残卷	674
Or. 8212/1915	M. Tagh. 0416.	吐谷浑契约残卷	39
Or. 8212/1916	M. Tagh. 0413.	吐谷浑契约残卷	39

索引号	出土号	题　名	本书序号
Or. 8212/1917	M. Tagh. 0415.	文书残卷	40
Or. 8212/1918	M. Tagh. 0410.	雇工契残卷	37
Or. 8212/1920	M. Tagh. 0423.	书信残卷	45
Or. 8212/1922	Dom. 0151.	书信残卷	327
Or. 8212/1922bis	Dom. (？)未编号	拉混书信残卷	347
Or. 8212/1923	Dom. 0152.	某人致芒扎书信残卷	328
Or. 8212/1924	M. Tagh. 0419.	某人致拉桑杰书信残卷	42
Or. 9615/12	Ker. (？)未编号	有关寺院的文书	355
Or. 15000/1	M. Tagh. 0482.	寄神山书信残卷	54
Or. 15000/2	M. Tagh. 0484.	书信残卷	56
Or. 15000/3	M. Tagh. 0485.	军事文书残卷	57
Or. 15000/4	M. Tagh. 0486.	书信残卷	58
Or. 15000/5	M. Tagh. 0487.	某人致神山某岸本书信残卷	59
Or. 15000/6	M. Tagh. 0488.	军事文书残卷	60
Or. 15000/7	M. Tagh. 0490.	书信残卷	61
Or. 15000/8	M. Tagh. 0491.	某人致驻塔古尚论书	62
Or. 15000/9	M. Tagh. 0492.	于阗乡、部落及人员名册	63
Or. 15000/10	M. Tagh. 0503.	于阗乡、部落及人员名册	64
Or. 15000/11	M. Tagh. 0513.	于阗乡、部落及人员名册	65
Or. 15000/12	M. Tagh. 0493. a.	文书残卷	66
Or. 15000/13	M. Tagh. 0493. b.	文书残卷	67
Or. 15000/14	M. Tagh. 0493. c.	文书残卷	68
Or. 15000/15	M. Tagh. 0493. d.	书信残卷	69
Or. 15000/16	M. Tagh. 0493. e.	书信残卷	70
Or. 15000/17	M. Tagh. 0493. f.	文书残卷	71
Or. 15000/18	M. Tagh. 0494.	某人致嘉桑大人书残卷	72
Or. 15000/19	M. Tagh. 0495.	文书残卷	73
Or. 15000/20	M. Tagh. 0496.	赤囊致道桑书信残卷	74
Or. 15000/21	M. Tagh. 0497.	琼协等致内务官赤协书	75
Or. 15000/22	M. Tagh. 0498.	某人致内务官书信残卷	76
Or. 15000/23	M. Tagh. 0499.	书信残卷	77
Or. 15000/24	M. Tagh. 0501.	虎年玉赞送粮牒	78
Or. 15000/25	M. Tagh. 0503. bis	潘玛致伍儿赞拉书残卷	79
Or. 15000/26	M. Tagh. 0504.	文书残卷	80

索引号	出土号	题　名	本书序号
Or. 15000/27	M. Tagh. 0504. a.	书信残卷	81
Or. 15000/28	M. Tagh. 0506.	猴年冬某王与军吏上吐蕃首领书	82
Or. 15000/29	M. Tagh. 0507.	勒赞致道嘉协书残卷	83
Or. 15000/30	M. Tagh. 0508.	书信残卷	84
Or. 15000/31	M. Tagh. 0509. +0510.	鸡年于阗人梅金借酥油契	85
Or. 15000/31	M. Tagh. 0510.	鸡年于阗人梅金借酥油契	85
Or. 15000/32	M. Tagh. 0511.	潘腊尼阿致侄儿嘉协书残卷	86
Or. 15000/33	M. Tagh. 0512.	西托致论·芒协大人书	87
Or. 15000/34	M. Tagh. 0514.	契约残卷	88
Or. 15000/35	M. Tagh. 0515.	潘牙等呈潘孜书	89
Or. 15000/36	M. Tagh. 0516.	某人致尚论拉辛书	90
Or. 15000/37	M. Tagh. 0517.	明蔡布禀大王道宁书	91
Or. 15000/38	M. Tagh. 0518.	聂勒致赞协大人书信残卷	92
Or. 15000/39	M. Tagh. 0519.	库都聂致尚录桑道杰	93
Or. 15000/40	M. Tagh. 0520.	勒恭致潘斯书信残卷	94
Or. 15000/41	M. Tagh. 0521.	书信残卷	95
Or. 15000/42	M. Tagh. i. 0027.	书信残卷	97
Or. 15000/43	M. Tagh. ii. 4.	文书残卷	98
Or. 15000/44	M. Tagh. a. a. + b. ;c.	书信残卷	99
Or. 15000/44	M. Tagh. a. d. ;e. ;f.	契约残卷	100
Or. 15000/45	M. Tagh. a. g.	文书残卷	101
Or. 15000/46	M. Tagh. a. h. ;i.	文书残卷	102
Or. 15000/47	M. Tagh. a. j.	书信残卷	103
Or. 15000/48	M. Tagh. a. I. 05. +06. +07.	某人致丹斯书信残卷	108
Or. 15000/49	M. Tagh. a. I. 08.	文书残卷	109
Or. 15000/50	M. Tagh. a. I. 09.	拉乃巴致萨古书残卷	110
Or. 15000/51	M. Tagh. a. I. 10.	文书残卷	111
Or. 15000/52	M. Tagh. a. I. 11.	文书残卷	112
Or. 15000/53	M. Tagh. a. I. 12.	某人致散桑书信残卷	113
Or. 15000/54	M. Tagh. a. I. 13.	文书残卷	114
Or. 15000/55	M. Tagh. a. I. 0024.	契约残卷	115
Or. 15000/56	M. Tagh. a. I. 0025.	文书残卷	116
Or. 15000/57	M. Tagh. a. I. 0026.	文书残卷	117
Or. 15000/58	M. Tagh. a. I. 0027.	书信残卷	118

续表

索引号	出土号	题　名	本书序号
Or. 15000/59	M. Tagh. a. I. 0028.	文书残卷	119
Or. 15000/60	M. Tagh. a. I. 0029.	文书残卷	120
Or. 15000/61	M. Tagh. a. I. 0030.	某人致邦让玉斯书信残卷	121
Or. 15000/62	M. Tagh. a. I. 0031	于阗乡、部落及人员名册	122
Or. 15000/63	M. Tagh. a. I. 0032.	文书残卷	123
Or. 15000/64	M. Tagh. a. II. 0086.	文书残卷	126
Or. 15000/65	M. Tagh. a. II. 0087.	西琼致某人书信残卷	127
Or. 15000/66	M. Tagh. a. II. 0088.	苯教文书残卷	128
Or. 15000/67	M. Tagh. a. II. 0089.	占卜文书残卷	129
Or. 15000/68	M. Tagh. a. II. 0091.	书信残卷	130
Or. 15000/69	M. Tagh. a. II. 0092.	书信残卷	131
Or. 15000/70	M. Tagh. a. II. 0093.	书信残卷	132
Or. 15000/71	M. Tagh. a. II. 0095.	文书残卷	133
Or. 15000/72	M. Tagh. a. II. 0096.	于阗乡、部落及人员名册	134
Or. 15000/73	M. Tagh. a. II. 0096. a.	书信残卷	135
Or. 15000/74	M. Tagh. a. II. 0097.	马匹伤人法律文书残卷	136
Or. 15000/75	M. Tagh. a. II. 0098.	道斯致旃巴穆祖书残卷	137
Or. 15000/76	M. Tagh. a. II. 0099.	占卜文书残卷	138
Or. 15000/77	M. Tagh. a. II. 00100.	杨斯致侄儿马桑书	139
Or. 15000/78	M. Tagh. a. II. 00101.	马匹买卖契约残卷	140
Or. 15000/79	M. Tagh. a. II. 00102.	致大人道某书残卷	141
Or. 15000/80	M. Tagh. a. II. 00102. b.	某人致内务官论嘉协书信残卷	142
Or. 15000/81	M. Tagh. a. II. 00103.	文书残卷	143
Or. 15000/82	M. Tagh. a. II. 00104.	谷物文书残卷	144
Or. 15000/83	M. Tagh. a. II. 00105.	文书残卷	145
Or. 15000/84	M. Tagh. a. II. 00108.	某人致内务官论勒协书信残卷	146
Or. 15000/85	M. Tagh. a. II. 00111.	法律文书残卷	147
Or. 15000/86	M. Tagh. a. II. 00113.	书信残卷	148
Or. 15000/87	M. Tagh. a. II. 00114.	某人致赞波大人书信残卷	149
Or. 15000/88	M. Tagh. a. II. 00116.	文书残卷	150
Or. 15000/89	M. Tagh. a. III. 0025.	文书残卷	151
Or. 15000/90	M. Tagh. a. III. 0062.	布噶上神山于阗官吏书	152
Or. 15000/91	M. Tagh. a. III. 0063.	某庄园呈塔桑阁下书	153
Or. 15000/92	M. Tagh. a. III. 0064.	勒赞呈论列桑大人书	154

索引号	出土号	题　名	本书序号
Or. 15000/93	M. Tagh. a. III. 0065.	录孜呈神山内务官夫人墀玛类书	155
Or. 15000/94	M. Tagh. a. III. 0066.	经济文书残卷	156
Or. 15000/95	M. Tagh. a. III. 0067.	喀咙致某大人书残卷	157
Or. 15000/96	M. Tagh. a. III. 0068.	文书残卷	158
Or. 15000/97	M. Tagh. a. III. 0069.	书信残卷	159
Or. 15000/98	M. Tagh. a. III. 0070.	党童致勒赤大人书残卷	160
Or. 15000/99	M. Tagh. a. III. 0071.	有关丝绸的文书残卷	161
Or. 15000/100	M. Tagh. a. III. 0072.	有关神山守备长的文书残卷	162
Or. 15000/101	M. Tagh. a. III. 0073.	文书残卷	163
Or. 15000/102	M. Tagh. a. III. 0074.	于阗部落和乡人员名单残卷	164
Or. 15000/103	M. Tagh. a. III. 0075.	任努安致某大人书信残卷	165
Or. 15000/104	M. Tagh. a. III. 0076.	有关神山马匹的文书残卷	166
Or. 15000/105	M. Tagh. a. III. 0077.	书信残卷	167
Or. 15000/106	M. Tagh. a. III. 0078.	书信残卷	168
Or. 15000/107	M. Tagh. a. III. 0079.	图画残卷	169
Or. 15000/108	M. Tagh. a. III. 0081.	文书残卷	170
Or. 15000/109	M. Tagh. a. III. 0082.	文书残卷	171
Or. 15000/110	M. Tagh. a. III. 0083.	文书残卷	172
Or. 15000/111	M. Tagh. a. IV. 0026.	马年冬契约残卷	173
Or. 15000/112	M. Tagh. a. IV. 00121.	马年冬复论录扎书	174
Or. 15000/113	M. Tagh. a. IV. 00122.	某人致赤协等大人书	175
Or. 15000/114	M. Tagh. a. IV. 00123.	尚勒致侄儿书信残卷	176
Or. 15000/115	M. Tagh. a. IV. 00124.	书信残卷	177
Or. 15000/116	M. Tagh. a. IV. 00125.	某人致赤宁大人书残卷	178
Or. 15000/117	M. Tagh. a. IV. 00126.	朵同致某人书信残卷	179
Or. 15000/118	M. Tagh. a. IV. 00127.	仲热致某大人书残卷	180
Or. 15000/119	M. Tagh. a. IV. 00128.	扎勒斯致道赞协大人书	181
Or. 15000/120	M. Tagh. a. IV. 00129.	勒桑致迥大人书残卷	182
Or. 15000/121	M. Tagh. a. IV. 00130.	有关丝绸的契约文书残卷	183
Or. 15000/122	M. Tagh, a. IV. 00131.	有关神山的文书残卷	184
Or. 15000/123	M. Tagh. a. IV. 00133.	契约文书残卷	185
Or. 15000/124	M. Tagh. a. IV. 00134.	拉热致某人书信残卷	186
Or. 15000/125	M. Tagh. a. IV. 00136.	书信残卷	187
Or. 15000/126	M. Tagh. a. IV. 00137.	莽通致贡协莽拉班书残卷	188

续表

索引号	出土号	题　名	本书序号
Or. 15000/127	M. Tagh. a. IV. 00138.	有关职官文书残卷	189
Or. 15000/128	M. Tagh. a. IV. 00139.	书信残卷	190
Or. 15000/129	M. Tagh. a. IV. 00140.	书信残卷	191
Or. 15000/130	M. Tagh. a. IV. 00141.	拉措致某人书信残卷	192
Or. 15000/131	M. Tagh. a. IV. 00142.	某人致嘉吐热白青书信残卷	193
Or. 15000/132	M. Tagh. a. IV. 00143.	文书残卷	194
Or. 15000/133	M. Tagh. a. IV. 00144.	书信残卷	195
Or. 15000/134	M. Tagh. a. IV. 00145.	书信残卷	196
Or. 15000/135	M. Tagh. a. IV. 00146.	书信残卷	197
Or. 15000/136	M. Tagh. a. IV. 00147.	某人致罗拉贝书信残卷	198
Or. 15000/137	M. Tagh. a. IV. 00148.	契约文书残卷	199
Or. 15000/138	M. Tagh. a. IV. 00149.	芒仁支勒买马契残卷	200
Or. 15000/139	M. Tagh. a. IV. 00151.	某人致录桑等书信残卷	201
Or. 15000/140	M. Tagh. a. IV. 00152.	契约残卷	202
Or. 15000/141	M. Tagh. a. IV. 00153.	有关论赤协文书残卷	203
Or. 15000/142	M. Tagh. a. IV. 00154.	书信残卷	204
Or. 15000/143	M. Tagh. a. IV. 00155.	经济文书残卷	205
Or. 15000/144	M. Tagh. a. IV. 00156.	图画残卷	206
Or. 15000/145	M. Tagh. a. IV. 00158.	某人致苏毗邦绰的书信残卷	207
Or. 15000/146	M. Tagh. a. IV. 00159.	文书残卷	208
Or. 15000/147	M. Tagh. a. IV. 00160.	拉拉顿致某人书	209
Or. 15000/148	M. Tagh. a. IV. 00161.	契约文书	210
Or. 15000/149	M. Tagh. a. IV. 00163.	文书残卷	211
Or. 15000/150	M. Tagh, a. V. 0015.	杜敦克致尚论赤协书	212
Or. 15000/151	M. Tagh. a. V. 0016.	文书残卷	213
Or. 15000/152	M. Tagh. a. V. 0017	经济文书残卷	214
Or. 15000/153	M. Tagh. a. V. 0018.	契约残卷	215
Or. 15000/154	M. Tagh, a. V. 0020.	有关修筑贝峰的信	216
Or. 15000/155	M. Tagh. a. V. 0021.	契约残卷	217
Or. 15000/156	M. Tagh. a. V. 0022.	文书残卷	218
Or. 15000/157	M. Tagh. a. V. 0023.	书信残卷	219
Or. 15000/158	M. Tagh. a. V. 0024.	文书残卷	220
Or. 15000/159	M. Tagh. a. V. 0025.	契约残卷	221
Or. 15000/160	M. Tagh. a. VI. 0062.	猴年契约文书残卷	222

索引号	出土号	题　名	本书序号
Or. 15000/161	M. Tagh. a. VI. 0063. + b. I. 00124.	于阗人希德等借丝绸契约残卷	223
Or. 15000/162	M. Tagh. a. VI. 0064.	文书残卷	224
Or. 15000/163	M. Tagh. a. VI. 0065.	某人致赞桑大人书残卷	225
Or. 15000/164	M. Tagh. a. VI. 0067.	文书残卷	226
Or. 15000/165	M. Tagh. a. VI. 0068.	文书残卷	227
Or. 15000/166	M. Tagh. a. VI. 0069.	道波致某人书信残卷	228
Or. 15000/167	M. Tagh. a. VI. 0070.	有关神山官吏的文书残卷	229
Or. 15000/168	M. Tagh. a. VI. 0071.	文书残卷	230
Or. 15000/169	M. Tagh. a. VI. 0072.	文书残卷	231
Or. 15000/170	M. Tagh. a. VI. 0073.	拉协致某人书信残卷	232
Or. 15000/171	M. Tagh. a. VI. 0074.	书信残卷	233
Or. 15000/172	M. Tagh. a. . VI. 0075.	有关雅藏部落的文书残片	234
Or. 15000/173	M. Tagh. a. VI. 0076.	文书残卷	235
Or. 15000/174	M. Tagh. a. VI. 0077.	文书残卷	236
Or. 15000/175	M. Tagh. a. VI. 0078.	图画残卷	237
Or. 15000/177	M. Tagh. a. VI. 0080. bis.	书信残卷	238
Or. 15000/176	M. Tagh. a. VI. 0080.	图画残卷	239
Or. 15000/178	M. Tagh. a. VI. 0081. a.	书信残卷	240
Or. 15000/179	M. Tagh. a. VI. 0081. b.	文书残卷	241
Or. 15000/180	M. Tagh. b. I. 0092.	于阗王赞切波上赤协书	244
Or. 15000/181	M. Tagh. b. I. 0093.	军事文书残卷	245
Or. 15000/182	M. Tagh. b. I. 0094. a. ; b.	文书残卷	246
Or. 15000/183	M. Tagh. b. I. 0095.	拉日基致嘉协大人书	247
Or. 15000/184	M. Tagh. b. I. 0096.	巴笃致嘉协勒赞书	248
Or. 15000/185	M. Tagh. b. I. 0097.	马年玉赞送粮牒	249
Or. 15000/186	M. Tagh. b. I. 0098.	勒玛致内务官嘉协书信残卷	250
Or. 15000/187	M. Tagh. b. I. 0099.	书信残卷	251
Or. 15000/188	M. Tagh. b. I. 00100.	书信残卷	252
Or. 15000/189	M. Tagh. b. I. 00101.	书信残卷	253
Or. 15000/190	M. Tagh. b. I. 00102.	书信残卷	254
Or. 15000/191	M. Tagh. b. I. 00103.	于阗人什兰氏秉汪头领书	255
Or. 15000/192	M. Tagh. b. I. 00104.	蛮洛致卡噶班赤诉请状	256
Or. 15000/193	M. Tagh. b. I. 00106.	契约文书残卷	257
Or. 15000/194	M. Tagh. b. I. 00109.	契约文书残卷	258

索引号	出土号	题　名	本书序号
Or. 15000/195	M. Tagh. b. I. 00107.	书信残卷	259
Or. 15000/196	M. Tagh. b. I. 00108.	切勒致某人书残卷	260
Or. 15000/197	M. Tagh. b. I. 00110.	书信残卷	261
Or. 15000/198	M. Tagh. b. I. 00111.	拉赞致噶佳哈博书残卷	262
Or. 15000/199	M. Tagh. b. I. 00112.	某人致尚道书信残卷	263
Or. 15000/200	M. Tagh. b. I. 00113.	军事文书残卷	264
Or. 15000/201	M. Tagh. b. I. 00115.	浑西致赤协书残卷	265
Or. 15000/202	M. Tagh. b. I. 00116.	书信残卷	266
Or. 15000/203	M. Tagh. b. I. 00117.	文书残卷	267
Or. 15000/204	M. Tagh. b. I. 00119.	经济文书残卷	268
Or. 15000/205	M. Tagh. b. I. 00120.	向贝致内务官论赤协书残卷	269
Or. 15000/206	M. Tagh. b. I. 00121.	书信残卷	270
Or. 15000/207	M. Tagh. b. I. 00123. a.	书信残卷	271
Or. 15000/208	M. Tagh. b. I. 00123. b.	写本残卷	272
Or. 15000/209	M. Tagh. b. I. 00123. c.	画卷残卷	273
Or. 15000/210	M. Tagh. b. II. 001.	色勒致尚潘协书	274
Or. 15000/211	M. Tagh. b. II. 0051.	窘桑致内务官囊协等书信残卷	275
Or. 15000/212	M. Tagh. b. II. 0052.	某人致神山节儿书残卷	276
Or. 15000/213	M. Tagh. b. II. 0053.	写本残卷	277
Or. 15000/214	M. Tagh. b. II. 0054.	于阗乡、部落及人员名册	278
Or. 15000/215	M. Tagh. b. II. 0055.	写本残卷	279
Or. 15000/216	M. Tagh. b. II. 0056.	写本残卷	280
Or. 15000/217	M. Tagh. b. II. 0058.	文书残卷	281
Or. 15000/218	M. Tagh. b. II. 0059.	森格致芒协书信残卷	282
Or. 15000/219	M. Tagh. b. II. 0060.	拉玛致朵协大人书残卷	283
Or. 15000/220	M. Tagh. b. II. 0062.	于阗某镇呈赤节班书	284
Or. 15000/221	M. Tagh. b. II. 0063. a.	有关谷物的文书残卷	285
Or. 15000/222	M. Tagh. b. VI. 001. ＋002.	勒赞等致嘉协书残卷	286
Or. 15000/222	M. Tagh. b. VI. 002.	勒赞等致嘉协书残卷	286
Or. 15000/223	M. Tagh. c. 0027. a.	书信残卷	289
Or. 15000/224	M. Tagh. c. 0027. b.	文书残卷	290
Or. 15000/225	M. Tagh. c. 0027. c.	书信残卷	291
Or. 15000/226	M. Tagh. c. 0027. d.	书信残卷	292
Or. 15000/227	M. Tagh. c. 0028.	祖茹致某人书残卷	293

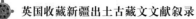

续表

索引号	出土号	题 名	本书序号
Or. 15000/228	M. Tagh. c. I. 0065.	书信残卷	294
Or. 15000/229	M. Tagh. c. I. 0066.	契约文书残卷	295
Or. 15000/230	M. Tagh. c. I. 0067.	某人致论扎协书信残卷	296
Or. 15000/231	M. Tagh. c. I. 0068.	勒赞致某人书残卷	297
Or. 15000/232	M. Tagh. c. I. 0069.	某人致拉基书信残卷	298
Or. 15000/233	M. Tagh. c. I. 0070.	书信残卷	299
Or. 15000/234	M. Tagh. c. I. 0072.	写本残卷	300
Or. 15000/235	M. Tagh. c. I. 0073.	文书残卷	301
Or. 15000/236	M. Tagh. c. I. 0074. c.	文书残卷	302
Or. 15000/237	M. Tagh. c. I. 0074. d.	文书残卷	303
Or. 15000/238	M. Tagh. c. I. 0084.	切勒致措桑大人书残卷	304
Or. 15000/239	M. Tagh. c. II. 0061.	书信残卷	305
Or. 15000/240	M. Tagh. c. II. 0062. a. + b.	书信残卷	306
Or. 15000/241	M. Tagh. c. II. 0063.	书信残卷	307
Or. 15000/242	M. Tagh. c. II. 0064.	勃洛致党臧党叶大人书残卷	308
Or. 15000/243	M. Tagh. c. II. 0065.	突厥州等地患病士兵	309
Or. 15000/244	M. Tagh. c. II. 0070.	书信残卷	310
Or. 15000/245	M. Tagh. c. III. 0078.	某人致论赤孜书残卷	311
Or. 15000/246	M. Tagh. c. III. 0080.	文书残卷	312
Or. 15000/247	M. Tagh. c. III. 0082.	写本残卷	313
Or. 15000/248	M. Tagh. c. III. 0085.	写本残卷	314
Or. 15000/249	M. Tagh. c. III. 0086.	借钱契残卷	315
Or. 15000/250	M. Tagh. c. III. 0087.	书信残卷	316
Or. 15000/251	M. Tagh. c. III. 0088.	契约残卷	317
Or. 15000/252	M. Tagh. c. III. 0089.	文书残卷	318
Or. 15000/253	M. Tagh. c. III. 0091.	文书残卷	319
Or. 15000/254	M. Tagh. c. III. 0092.	书信残卷	320
Or. 15000/255	M. Tagh. c. III. 0094. a.	文书残卷	321
Or. 15000/256	khad. 052.	马年春释放于阗罪犯书	349
Or. 15000/257	Kha. vi. 14. a.	书信残卷	351
Or. 15000/258	Ile-dong. 024.	文书残卷	352
Or. 15000/259	Ile-dong. 025.	书信残卷	353
Or. 15000/260	M. I. frag. 1.	某人致玉协书残卷	361
Or. 15000/261	M. I. frag. 2.	文书残卷	362

续表

索引号	出土号	题　名	本书序号
Or. 15000/262	M. I. frag. 3.	写本残卷	363
Or. 15000/263	M. I. frag. 4.	佛经残卷	364
Or. 15000/264	M. I. i. 7.	契约文书	365
Or. 15000/265	M. I. i. 23.	通颊属员琛萨波噶上贡赤协书	366
Or. 15000/266	M. I. i. 24.	驿传文书	367
Or. 15000/267	M. I. i. 24. b.	佛经文献	368
Or. 15000/268	M. I. i. 25.	牛年借麦契残卷	369
Or. 15000/269	M. I. i. 25. a. ＋26. ＋40.	告身残卷	370
Or. 15000/269	M. I. i. 26.	文书残卷	370
Or. 15000/269	M. I. i. 40.	文书残卷	370
Or. 15000/270	M. I. i. 25. b.	文书残卷	371
Or. 15000/271	M. I. i. 25. c. ＋d.	《无量寿经》残卷	372
Or. 15000/271	M. I. i. 25. d.	佛经文献	372
Or. 15000/272	M. I. i. 25. A.	契约残卷	373
Or. 15000/273	M. I. i. 25. B.	书信残卷	374
Or. 15000/274	M. I. i. 25. C.	桑沛致妥勒讷书残卷	375
Or. 15000/275	M. I. i. 25. D. ; E.	虎年契约残卷	376
Or. 15000/275	M. I. i. 25. E.	文书残卷	376
Or. 15000/276	M. I. i. 27.	大尚论尚赞孙扎致小罗布节儿书残卷	377
Or. 15000/277	M. I. i. 40. a.	蛇年冬契约残卷	378
Or. 15000/278	M. I. i. 40. b.	文书残卷	379
Or. 15000/279	M. I. i. 40. c.	文书残卷	380
Or. 15000/280	M. I. i. 41.	雪卓官吏致论道贡大人书	381
Or. 15000/281	M. I. i. 0013.	契约文书残卷	382
Or. 15000/282	M. I. i. 0051.	某人致尚芒布支等书信残卷	383
Or. 15000/283	M. I. ii. 1. a.	文书残卷	384
Or. 15000/284	M. I. ii. 1. b.	某人致尚论道桑书残卷	385
Or. 15000/285	M. I. ii. 2.	果祖致某人书信残卷	386
Or. 15000/286	M. I. ii. 2. a.	残卷	387
Or. 15000/287	M. I. ii. 2. b.	残卷	388
Or. 15000/288	M. I. ii. 11. a.	佛经文献？	389
Or. 15000/289	M. I. ii. 11. b.	佛经文献？	390
Or. 15000/290	M. I. ii. 14.	文书残卷	391
Or. 15000/291	M. I. ii. 20. a.	书信残卷	392

索引号	出土号	题　名	本书序号
Or. 15000/292	M. I. ii. 20. b.	拉祖书信残卷	393
Or. 15000/293	M. I. ii. 40.	罗布三城扛包人过所牒	394
Or. 15000/294	M. I. ii. 42.	书信残卷	395
Or. 15000/295	M. I. ii. 43.	书信残卷	396
Or. 15000/296	M. I. iii.	残卷	397
Or. 15000/297	M. I. iii. 1.	书信残卷	398
Or. 15000/298	M. I. iii. 2.	某人致向贝书	399
Or. 15000/299	M. I. iii. 4.	书信残卷	400
Or. 15000/300	M. I. iii. 5.	秋八月录祖赞致尚某某书	401
Or. 15000/301	M. I. iii. 21.	祖德致大人勒嘉书	402
Or. 15000/302	M. I. iii. 22.	文书残卷	403
Or. 15000/303	M. I. iv. 9.	《白伞盖经》残卷	404
Or. 15000/304	M. I. iv. 10.	名录残卷	405
Or. 15000/305	M. I. iv. 19.	书信残卷	406
Or. 15000/306	M. I. iv. 24.	宗教文书	407
Or. 15000/307	M. I. iv. 26.	书信残卷	408
Or. 15000/308	M. I. iv. 34. a.	书信残卷	409
Or. 15000/309	M. I. iv. 34. b.	书信残卷	410
Or. 15000/310	M. I. iv. 47.	书信残卷	411
Or. 15000/311	M. I. iv. 51.	某人致论拉协大人书残卷	412
Or. 15000/312	M. I. iv. 57. a.	文书残卷	413
Or. 15000/313	M. I. iv. 57. b.	土地文书残卷	414
Or. 15000/314	M. I. iv. 57. c.	土地文书残卷	415
Or. 15000/315	M. I. iv. 57. d.	勒春借麦契残卷	416
Or. 15000/316	M. I. iv. 57. e.	文书残卷	417
Or. 15000/317	M. I. iv. 58.	文书残卷	418
Or. 15000/318	M. I. iv. 63. a.	书信残卷	419
Or. 15000/319	M. I. iv. 63. b.	书信残卷	420
Or. 15000/320	M. I. iv. 63. c.	文书残卷	421
Or. 15000/321	M. I. iv. 63. d.	文书残卷	422
Or. 15000/322	M. I. iv. 67.	僧尼籍残卷	423
Or. 15000/323	M. I. iv. 86. b.	书信残卷	424
Or. 15000/324	M. I. iv. 89. b.	文书残卷	425
Or. 15000/325	M. I. iv. 90. ;93. a.	论嘉松协致成协书残卷	426

续表

索引号	出土号	题　名	本书序号
Or. 15000/325	M. I. iv. 93. a.	文书残卷	426
Or. 15000/326	M. I. iv. 93. b.	兔年小罗布王田分配书	427
Or. 15000/327	M. I. iv. 94.	文书残卷	428
Or. 15000/328	M. I. iv. 131.	佛经文献	429
Or. 15000/329	M. I. iv. 132.	契约残卷	430
Or. 15000/330	M. I. iv. 133.	道都致库扎等书信残卷	431
Or. 15000/331	M. I. iv. 133. bis.	残卷	432
Or. 15000/332	M. I. iv. 137. a. ;b. + c.	《解脱经》残卷	433
Or. 15000/332	M. I. iv. 137. b.	残卷	433
Or. 15000/332	M. I. iv. 137. c.	残卷	433
Or. 15000/333	M. I. vi. 10. a.	文书残卷	434
Or. 15000/334	M. I. vii. 78.	羊年节度使文书残卷	435
Or. 15000/335	M. I. vii. 79.	郭库致内务官年协书	436
Or. 15000/336	M. I. vii. 80.	查腊旃致和尚嘉赞书	437
Or. 15000/337	M. I. vii. 81.	名册残卷	438
Or. 15000/337	M. I. vii. 81.	文书残卷	439
Or. 15000/338	M. I. vii. 82. a.	某人致内务官道赞书残卷	440
Or. 15000/339	M. I. vii. 82. b.	某人致勒赞书残卷	441
Or. 15000/340	M. I. vii. 82. c.	文书残卷	442
Or. 15000/341	M. I. vii. 82. d.	有关度量的文书	443
Or. 15000/342	M. I. vii. 82. e.	《菩提经》残片	444
Or. 15000/343	M. I. vii. 82. f.	文书残卷	445
Or. 15000/344	M. I. vii. 83. a.	某人致论道桑等人书残卷	446
Or. 15000/345	M. I. vii. 83. b.	书信残卷	447
Or. 15000/346	M. I. vii. 84.	书信残卷	448
Or. 15000/347	M. I. vii. 98. a.	书信残卷	449
Or. 15000/348	M. I. vii. 98. b.	书信残卷	450
Or. 15000/349	M. I. vii. 98. c.	书信残卷	451
Or. 15000/350	M. I. vii. 98. f.	书信残卷	452
Or. 15000/351	M. I. vii. 98. d.	契约文书	453
Or. 15000/352	M. I. vii. 98. e.	契约残卷	454
Or. 15000/353	M. I. vii. 98. g.	契约残卷	455
Or. 15000/354	M. I. vii. 98. h.	契约残卷	456
Or. 15000/355	M. I. vii. 98. i.	契约残卷	457

索引号	出土号	题　　名	本书序号
Or. 15000/356	M. I. vii. 98. j.	契约残卷	458
Or. 15000/357	M. I. vii. 98. k.	契约残卷	459
Or. 15000/358	M. I. vii. 98. l.	契约残卷	460
Or. 15000/359	M. I. vii. 98. m.	残卷	461
Or. 15000/360	M. I. viii. 20.	密续文献	462
Or. 15000/361	M. I. viii. 21. a.	某人致吐谷浑官吏书残卷	463
Or. 15000/362	M. I. viii. 21. b.	佛经残卷	464
Or. 15000/363	M. I. viii. 21. c.	书信残卷	465
Or. 15000/364	M. I. viii. 21. d.	书信残卷	466
Or. 15000/365	M. I. viii. 21. e.	经济文书残卷	467
Or. 15000/366	M. I. viii. 21. f.	某人致道道赞书信残卷	468
Or. 15000/367	M. I. viii. 21. g.	文书残卷	469
Or. 15000/368	M. I. viii. 94.	借粮契残卷	470
Or. 15000/369	M. I. viii. 94. a.	文书残卷	471
Or. 15000/370	M. I. ix. 9.	《蓝衣殊圣金刚持仪轨》残卷	472
Or. 15000/371	M. I. ix. 10.	阔昂支出历	473
Or. 15000/372	M. I. ix. 11.	佛经文献残卷	474
Or. 15000/373	M. I. ix. 12. a.	书信残卷	475
Or. 15000/374	M. I. ix. 12. b.	书信残卷	476
Or. 15000/374	M. I. ix. 12. c.	书信残卷	477
Or. 15000/374	M. I. ix. 12. d.	书信残卷	478
Or. 15000/374	M. I. ix. 12. e.	书信残卷	479
Or. 15000/374	M. I. ix. 12. f.	书信残卷	480
Or. 15000/374	M. I. ix. 12. g.	书信残卷	481
Or. 15000/374	M. I. ix. 12. h.	书信残卷	482
Or. 15000/374	M. I. ix. 12. i. ＋ j.	书信残卷	483
Or. 15000/374	M. I. ix. 12. j.	书信残卷	483
Or. 15000/374	M. I. ix. 12. k.	契约残卷	484
Or. 15000/374	M. I. ix. 12. l.	契约残卷	485
Or. 15000/374	M. I. ix. 12. m	契约残卷	486
Or. 15000/375	M. I. ix. 13.	契约残卷	487
Or. 15000/376	M. I. ix. 14.	契约残卷	488
Or. 15000/377	M. I. x. 002.	分配土地文书	489
Or. 15000/378	M. I. xii. 5.	拉郭致基桑书信残卷	490

续表

索引号	出土号	题　名	本书序号
Or. 15000/379	M. I. xiii. 6.	佛经残卷	491
Or. 15000/380	M. I. xiii. 12.	鼠年于同上参达大人书	492
Or. 15000/381	M. I. xiii. 13. a + b.	《般若波罗蜜经》残卷	493
Or. 15000/381	M. I. xiii. 13. b.	书信残卷	493
Or. 15000/382	M. I. xiii. 001. a + b.	拉旭致某人书信残卷	494
Or. 15000/382	M. I. xiii. 001. b.	书信残卷	494
Or. 15000/382	M. I. xiii. 001. c. + e.	书信残卷	495
Or. 15000/382	M. I. xiii. 001. d.	书信残卷	496
Or. 15000/382	M. I. xiii. 001. e.	书信残卷	495
Or. 15000/383	M. I. xiii. 001. f.	文书残卷	497
Or. 15000/383	M. I. xiii. 001. g.	文书残卷	498
Or. 15000/383	M. I. xiii. 001. h.	文书残卷	499
Or. 15000/384	M. I. xiii. 001. i.	书信残卷	500
Or. 15000/385	M. I. xiv. frag. 1.	昂节致节夏书残卷	501
Or. 15000/386	M. I. xiv. frag. 2.	法律文书	502
Or. 15000/387	M. I. xiv. frag. 3.	契约残卷	503
Or. 15000/388	M. I. xiv. frag. 4.	书信残卷	504
Or. 15000/389	M. I. xiv. frag. 5.	契约文书残卷	505
Or. 15000/390	M. I. xiv. 24.	兔年纳象桑借契残卷	506
Or. 15000/391	M. I. xiv. 25.	书信残卷	507
Or. 15000/392	M. I. xiv. 26.	契约残卷	508
Or. 15000/393	M. I. xiv. 27.	书信残卷	509
Or. 15000/394	M. I. xiv. 28. a.	书信残卷	510
Or. 15000/395	M. I. xiv. 28. b.	书信残卷	511
Or. 15000/396	M. I. xiv. 28. c.	书信残卷	512
Or. 15000/397	M. I. xiv. 57.	牛年牲口买卖契约文书	513
Or. 15000/398	M. I. xiv. 58. a.	借麦契约残卷	514
Or. 15000/399	M. I. xiv. 59.	藏德牙呈录曼书残卷	515
Or. 15000/400	M. I. xiv. 61. a.	官府文书残卷	516
Or. 15000/401	M. I. xiv. 61. b.	契约残卷	517
Or. 15000/402	M. I. xiv. 61. c.	契约残卷	518
Or. 15000/403	M. I. xiv. 61. d.	书信残卷	519
Or. 15000/404	M. I. xiv. 61. e. + g.	书信残卷	520
Or. 15000/404	M. I. xiv. 61. g.	书信残卷	520

索引号	出土号	题　名	本书序号
Or. 15000/405	M. I. xiv. 61. f.	卖马契残卷	521
Or. 15000/406	M. I. xiv. 62. a.	契约残卷	522
Or. 15000/407	M. I. xiv. 62. b.	书信残卷	523
Or. 15000/408	M. I. xiv. 62. c.	契约残卷	524
Or. 15000/409	M. I. xiv. 62. d.	书信残卷	525
Or. 15000/410	M. I. xiv. 62. e.	文书残卷	526
Or. 15000/411	M. I. xiv. 62. f.	书信残卷	527
Or. 15000/412	M. I. xiv. 62. g.	文书残卷	528
Or. 15000/413	M. I. xiv. 62. h.	文书残卷	529
Or. 15000/414	M. I. xiv. 108. a.	经济文书残卷	530
Or. 15000/415	M. I. xiv. 108. b.	文书残卷	531
Or. 15000/416	M. I. xiv. 108. c.	女奴契约文书	532
Or. 15000/417	M. I. xiv. 108. l.	女奴契约残卷	533
Or. 15000/418	M. I. xiv. 108. d.	阿骨赞士兵名录	534
Or. 15000/419	M. I. xiv. 108. e.	书信残卷	535
Or. 15000/420	M. I. xiv. 108. f.	经济文书残卷	536
Or. 15000/421	M. I. xiv. 108. g.	文书残卷	537
Or. 15000/422	M. I. xiv. 108. h.	书信残卷	538
Or. 15000/423	M. I. xiv. 108. i.	契约残卷	539
Or. 15000/424	M: I. xiv. 108. j.	残卷	540
Or. 15000/425	M. I. xiv. 108. k.	书信残卷	541
Or. 15000/426	M. I. xiv. 109.	蛇年嘉斯勒赞等复论芒支书	542
Or. 15000/427	M. I. xiv. 110.	契约残卷	543
Or. 15000/428	M. I. xiv. 111.	文书残卷	544
Or. 15000/429	M. I. xiv. 112.	蛇年借粮契残卷	545
Or. 15000/430	M. I. xiv. 113.	契约残卷	546
Or. 15000/431	M. I. xiv. 114.	分配粮食名录	547
Or. 15000/432	M. I. xiv. 115.	田亩册残卷	548
Or. 15000/433	M. I. xiv. 116.	契约残卷	549
Or. 15000/434	M. I. xiv. 169. a.	佛经残卷	550
Or. 15000/435	M. I. xiv. 169. b.	佛经残卷	551
Or. 15000/436	M. I. xiv. 169. c.	佛经残卷	552
Or. 15000/437	M. I. xiv. 169. d.	佛经残卷	553
Or. 15000/438	M. I. xiv. 169. e.	汉文《孔子备问书》残卷	554

续表

索引号	出土号	题　名	本书序号
Or. 15000/439	M. I. xv. 1.	马年借粮契残卷	555
Or. 15000/440	M. I. xvi. frag. 1. + frag. 3.	文书残卷	556
Or. 15000/440	M. I. xvi. frag. 3.	文书残卷	556
Or. 15000/441	M. I. xvi. 19. + frag. 2.	德论致某人书书	557
Or. 15000/441	M. I. xvi. frag. 2.	文书残卷	557
Or. 15000/442	M. I. xvi. frag. 4.	文书残卷	558
Or. 15000/443	M. I. xvi. frag. 5.	文书残卷	559
Or. 15000/444	M. I. xvi. 1.	牲畜买卖契约残卷	560
Or. 15000/445	M. I. xvi. 2.	书信残卷	561
Or. 15000/446	M. I. xvi. 20.	某人致舅舅拉扎书信残卷	562
Or. 15000/447	M. I. xvi. 21.	神话图卷	563
Or. 15000/448	M. I. xvi. 22.	契约残卷	564
Or. 15000/449	M. I. xvi. 009.	某人致冲基书信残卷	565
Or. 15000/450	M. I. xvi. 0010.	书信残卷	566
Or. 15000/451	M. I. xvi. 0011. a.	书信残卷	567
Or. 15000/452	M. I. xvi. 0011. b.	土地登记清册	568
Or. 15000/453	M. I. xvi. 0012.	书信残卷	569
Or. 15000/454	M. I. xvi. 0013.	文书残卷	570
Or. 15000/455	M. I. xix. 007.	佛经残卷	571
Or. 15000/456	M. I. xix. 008.	佛经残卷	572
Or. 15000/457	M. I. xix. 009.	佛经残卷	573
Or. 15000/458	M. I. xix. 0010.	佛经残卷	574
Or. 15000/459	M. I. xix. 0011.	佛经	575
Or. 15000/460	M. I. xix. 0012.	佛经残卷	576
Or. 15000/461	M. I. xix. 0013.	佛经残卷	577
Or. 15000/462	M. I. xxi. 1	某人致赞松书	578
Or. 15000/463	M. I. xxi. 2.	某人致大尚论书残卷	579
Or. 15000/464	M. I. xxi. 3.	书信残卷	580
Or. 15000/465	M. I. xxi. 002.	文书残卷	581
Or. 15000/466	M. I. xxi. 003.	帕珠致某人书信残卷	582
Or. 15000/467	M. I. xxiii. 009.	牛年春租马契	583
Or. 15000/468	M. I. xxiii. 0010.	契约残卷	584
Or. 15000/469	M. I. xxiii. 0011.	契约残卷	585
Or. 15000/470	M. I. xxiv. 0029.	契约残卷	586

索引号	出土号	题　名	本书序号
Or. 15000/471	M. I. xxiv. 0030.	司法文书残卷	587
Or. 15000/472	M. I. xxiv. 0034.	契约残卷	588
Or. 15000/473	M. I. xxiv. 0035.	书信残卷	589
Or. 15000/474	M. I. xxiv. 0036.	书信残卷	590
Or. 15000/475	M. I. xxiv. 0039.	契约残卷	591
Or. 15000/476	M. I. xxv. 001.	小罗布某地土地册	592
Or. 15000/477	M. I. xxv. 002.	契约残卷	593
Or. 15000/478	M. I. xxv. 003.	通颊借麦契残卷	594
Or. 15000/479	M. I. xxvi. 16.	蛇年契约残卷	595
Or. 15000/480	M. I. xxvii. 18. +008.	节儿论致论道桑大人书	596
Or. 15000/481	M. I. xxvii. 19.	论丹斯致尼坡书残卷	597
Or. 15000/482	M. I. xxvii. 20.	文书残卷	598
Or. 15000/483	M. I. xxvii. 21.	买牛契残卷	599
Or. 15000/484	M. I. xxvii. 002.	羊年契约残卷	600
Or. 15000/485	M. I. xxvii. 003.	书信残卷	601
Or. 15000/486	M. I. xxvii. 004.	兔年夏契约残卷	602
Or. 15000/487	M. I. xxvii. 005.	某人致赞协大人书残卷	603
Or. 15000/488	M. I. xxvii. 006.	书信残卷	604
Or. 15000/489	M. I. xxvii. 007.	书信残卷	605
Or. 15000/490	M. I. xxviii. 002.	蛇年邦查巴琼等上节儿书	606
Or. 15000/491	M. I. xxvii. 002. a.	空白编号	607
Or. 15000/492	M. I. xxvii. 002. b.	佛经残卷	608
Or. 15000/493	M. I. xxviii. 003.	佛经残卷	609
Or. 15000/494	M. I. xxviii. 004. +005. a.	佛经残卷	610
Or. 15000/494	M. I. xxviii. 004.	佛经残卷	611
Or. 15000/494	M. I. xxviii. 005. a.	文书残卷	610
Or. 15000/495	M. I. xxviii. 005.	向宗呈内务官论道桑书	612
Or. 15000/496	M. I. xxviii. 0036.	信使戎录等过所文书	613
Or. 15000/497	M. I. xxx. 8.	莽拉基致达协大人书	614
Or. 15000/498	M. I. xxx. 001.	库察致嘉协书	615
Or. 15000/499	M. I. xxxii. 4.	佛经残卷	616
Or. 15000/500	M. I. xxxii. 5. a.	书信残卷	617
Or. 15000/501	M. I. xxxii. 5. b.	佛经残卷	618
Or. 15000/502	M. I. xxxii. 5. c.	书信残卷	619

续表

索引号	出土号	题　名	本书序号
Or. 15000/503	M. I. xxxii. 5. d.	佛经残卷	620
Or. 15000/504	M. I. xxxii. 5. e.	佛经残卷	621
Or. 15000/505	M. I. xxxii. 5. h.	佛经残卷	622
Or. 15000/505	M. I. xxxii. 5. h.	佛经残卷	623
Or. 15000/505	M. I. xxxii. 5. h.	佛经残卷	624
Or. 15000/506	M. I. xxxii. 5. f.	佛经残卷	625
Or. 15000/507	M. I. xxxii. 5. g.	佛经残卷	626
Or. 15000/508	M. I. xxxii. 5. i.	某人致东协大人书	627
Or. 15000/509	M. I. xxxii. 5. k.	文书残卷	628
Or. 15000/510	M. I. xxxii. 5. l.	书信残卷	629
Or. 15000/511	M. I. xxxii. 5. m.	某人致录嘉书信残卷	630
Or. 15000/512	M. I. xxxiv. 11.	蛇年秋借酥油契残卷	631
Or. 15000/513	M. I. xxxiv. 12.	书信残卷	632
Or. 15000/514	M. I. xxxiv. 001.	文书残卷	633
Or. 15000/515	M. I. xl. 001.	契约残卷	634
Or. 15000/516	M. I. xl. 002.	契约文书残卷	635
Or. 15000/517	M. I. xl. 003.	薪资文书残卷	636
Or. 15000/518	M. I. xl. 004.	某人致舅舅书信残卷	637
Or. 15000/519	M. I. xl. 005.	书信残卷	638
Or. 15000/520	M. I. xli. 007.	佛经残卷	639
Or. 15000/521	M. I. xli. 008.	鸡年春书信残卷	640
Or. 15000/522	M. I. xli. 009.	书信残卷	641
Or. 15000/523	M. I. xli. 0010.	法律文书残卷	642
Or. 15000/524	M. I. xli. 0011.	文书残片	643
Or. 15000/525	M. I. xlii. 11.	契约残卷	644
Or. 15000/526	M. I. xlii. 12.	书信残卷	645
Or. 15000/527	M. I. xlii. 001.	佛经残卷	646
Or. 15000/528	M. I. xlii. 002.	色拉孜致嘉协大人书	647
Or. 15000/529	M. I. xliv. 6.	和尚致内务官玛协书	648
Or. 15000/530	M. I. xliv. 7.	羊年复小罗布军帐大尚论	649
Or. 15000/531	M. I. xliv. 8.	曲昂节致录扎书	650
Or. 15000/532	M. I. xliv. 9.	《般若波罗蜜经》残卷	651
Or. 15000/533	M. I. xliv. 0010.	契约残卷	652
Or. 15000/534	M. I. xliv. 0011.	书信残卷	653

索引号	出土号	题　名	本书序号
Or. 15000/535	M. I. xliv. 0012.	谷物文书残卷	654
Or. 15000/536	M. I. xliv. 0013.	上镇致城镇官吏的密封文书	655
Or. 15000/537	M. I. xliv. 0014.	佛经残卷	656
Or. 15000/538	M. I. xliv. 0015.	文书残卷	657
Or. 15000/539	M. I. xliv. 0016.	文书残卷	658
Or. 15000/540	M. I. xliv. 0017. a.	契约残卷	659
Or. 15000/541	M. I. xliv. 0017. b.	佛经残卷	660
Or. 15000/542	M. I. xliv. 0018. a.	书信残卷	661
Or. 15000/543	M. I. xliv. 0018. b.	书信残卷	662
Or. 15000/544	M. I. lviii. 0014.	文书残卷	663
Or. 15000/545	M. I. lviii. 0015.	文书残卷	664
Or. 15000/546	H. B. iv. 1.	佛经咒语残卷	673
《古代和田》图版 45	M. Tagh. a. I. 0038.	文书残卷	107
《古代和田》图版 45	M. Tagh. a. I. 0046.	付粮牒残卷	125
《古代和田》图版 46	M. Tagh. a. I. 0045.	藏文、于阗文书信	124
《古代和田》图版 52	M. Tagh. c. 0021.	于阗文、藏文文书残卷	288
《古代和田》图版 54	M. Tagh. c. 0020.	冲勒致道桑书残卷	287
《古代和田》图版 194	M. Tagh. 0483.	阿摩支呈神山节儿书	55
《古代和田》图版 199	samp. 010.	佛经残卷	322
《古代和田》图版 205	Kao. III. (？).	文书残卷	665
《古代和田》图版 206	Hoernle. 143a.	于阗僧侣名册	358
不详	M. Tagh. 0655. a. ; b.	画卷残卷	96

附录四　藏汉译名对照表

一　地名、部落名、族名

B

ba rog	巴洛
bar mo ro	巴莫若
bar mo ro nya	巴麻若娘
bod/bod yul	吐蕃
bun bo do nya	奔波多娘
bya vu ling	鸟洲
byang slungs stod pa	羊伦上部
bye ma vdord gyi rtse	叶玛朵克则
bye ri snang	叶日囊
byi nom	依隆

C

ca sto	扎托
chal chan	且末
cung srin	琼森

D

dar ci	达孜
de	德
dgra byung	札云
dmu mu	木木
dro tir	卓特
dru gu	突厥
dru gu cor/dru gu vjor	突厥州
drug cun	小突厥
dur ya	都牙

G

gas sto	格托
gcom pa	局巴
gde pu de	德普德
gnyag	聂噶
grom pa	仲巴
gsas zigs	色斯
gyar skyang	叶尔羌
gyi rtse	基则
gyung drung rtser	云宗孜

H

ha ban	哈班
han tshe	汉泽
has lo nya	哈罗娘
hel ge	赫格
ho o	阿倭
ho tong g. yu mo	于阗媲摩

J

jang lang rtse	姜兰则
jam nya	坚娘
jeg shin	吉薪

K

ka dag	怯台
khri skugs vjor	赤古觉
khrom cung tsan	春赞镇
khrom der va ra	德阿拉镇
khrom nob chungur	小罗布军帐
khu rtse	库泽
klu mtong	录通
kva cu	瓜州

L

lam ko nya	兰科娘
lang myi	朗迷
las ro nya	拉若娘
lha ri	圣山
lhag	拉吉
lha sto	拉多
li	于阗人
li nang gleg	于阗南勒
li yul	于阗
lo no nya	洛罗娘
lo nya	洛娘

M

mang khar	芒喀

mdo lo	朵洛
mdo rma	朵马
mdong rtse phangs legs	东则班勒
me zha li	墨夏力
men	门
men ko nya	门科娘
mnyal pavi sde	娘帕部落
mthong khyab	通颊
mthong rtse	通则
myang ro	娘若

N

nag shod	纳雪
no nya	诺娘
nob ched po	大罗布
nob chungu	小罗布
nob mkhar sum	罗布三城
nob shod	罗布下部
nos go nya	罗噶娘
nga gzigs	额孜

P

pan ro nya	班若娘
par ban	帕班
pe ta phyi	贝它西
pevu mar	贝玛
pevu rtse	贝峰
phod kar	波噶
phro nyo	卓若
phun bu do	班布多
phyug mtshams	旭仓

po gams	波刚
pzhu mar	祖玛

R

rgod sar kyi sde	骨萨部落
rgod tsang	阿骨赞
rgya drug	汉－突厥
rngo nam shi	俄南细
rtsal mo pag	蔡莫巴
rtse vthon	则顿
rtse legs gsas	则勒色

S

sag ti	萨堤
sang	桑地
she vo	塞俄
shel than	斜塘
shing shan	神山
shir no	悉诺
sho zho nya	雪素娘
shod vbro	雪卓
shu lig	疏勒
sig nis	识匿
ska ba	噶瓦
skyang ro	羌若
slang sta gu khrom	朗达古镇
sna nam	撒兰
snam	朗木
snang lung rtse	囊龙泽
snyel vor rgyal	列斡嘉
sta ga	塔古

stag gi stod	道之上部
stag rtse	道则
stag sgugs ling	道古林
stag sras tses zigs	塔查则斯
stag vdus rmang slebs	道都莽勒
su dor	苏朵
su mo no	苏莫诺

T

ta ho	塔哈
tshu	楚
tshal byi	萨毗
tshang myi	仓迷

V

va ro	阿若
va ti ko	阿堤科
van tse rhul po khu gong	范则胡波库贡
vbu zhang yol ba ri	布尚约巴山
vdzind byar sar lha mtsho	真霞萨拉措湖
vgrom pa	仲巴
vjag ma gu	加马孤
vo ni dag	俄尼达
vo tso pag	倭卓巴
vu neng	巫聂
vu ten	于阗都城

W

wam na	汪纳

Y

yang rtsang	央藏

yol ba ri	约巴山

Z

zal ro	瑟若
zhugs ngam	旭昂
zhum ba	雄巴

二 人名、职官名

B

ban de mo don ldan ma	尼姑东丹玛
ban de mo rlang za lha mo dbyangs	尼姑朗氏拉姆央
ban de rgyal mtsan bang ka	和尚嘉赞帮嘎
bav khva hva	巴卡哈
bde blon	德论
blon brtsan la vphan	论·赞拉潘
blon bstan zigs	论·丹斯
blon btsan ba	论·赞巴
blon btsan sum	论·赞松
blon dge bzher lha vbrug brtsan	论·格协拉珠赞
blon dge bzher	论·格协
blon dgra bzher	论·扎协
blon dgrav sdog	论·扎多
blon dgu lhun	论·古吞
blon dpal bzang	论·巴桑
blon g. yu bzang	论·玉桑
blon g. yu bzher	论·玉协
blon khri bzher	论·赤协
blon klu bzher	论·录协
blon klu sgra	论·录扎

255

blon kri gzigs	论·赤孜
blon legs bzang	论·勒桑
blon lha bzang	论·拉桑
blon mang bzher	论·芒协
blon mang sum	论·芒松
blon mang zigs mang zig	论·芒斯芒孜
blon mtsho bzang po	论·措桑波
blon rgya gnasu g dan bzhugs	论·嘉噶丹旭
blon rgyal sum bzher	论·嘉松协
blon skyes bzang	论·基桑
blon stag bzang	论·道桑
blon stag bzher	论·道协
blon stag gung	论·道贡
blon stag gung	论·道贡
blon stag gzigs	论·道孜
blon stag sgra	论·道扎
blon thog rje	论·托杰
blon thog rje	论·托杰
blon vphan po rjes	论·潘波王
bong phrang ja bzha	蚌辰嘉夏
bor lod	勃洛
brtsan zigs	赞斯
bru ru	祖茹
bstan zigs	丹斯
btsan ba	赞巴
btsan la nya	赞拉娘
btsan legs	赞勒
btsan lod	赞洛
btsan ra	赞拉
btsan sum	赞松
btshan ba mu tsug	旃巴穆祖

btshan ra	才让
btshan ta	参达
btshan zigs	才斯
bu god	布噶
bu har	布哈
bung klu gzigs	奔录孜
byi de	希德
bzang kog	桑果
bzher phyi mthong	协毗通

C

cang byon zigs	姜旬斯
ched po blon rgyal bzang	大论·嘉桑
chas legs	切勒
che zhe chen mo yum sras	大切协父子
cho bo van mdzes	安则阁下
chos lnga rje	曲昂王
co bo btsan bzher	赞协大人
co byang gzigs	角香孜
cog ro zhang legs	属卢尚勒
cung bzang	窘桑
cung ra	窘拉

D

da gsas bsang	塔色桑
dar dbyi rma	达吉玛
dbrad chas slebs	哲恰勒
dbrad snang lod	哲囊洛
dbyi rnan	益南
dge bus	格崴
dge bzher	格协

dge bzang	格桑
dge bzang rmon legs	格桑孟勒
dgra blon	御敌官
dmag pon	将军
dmu klu gso	木录索
dpal grub	帕珠
dpal gyi lhas	巴吉拉
dpal rtsan	巴赞
dpal mtho sku tse	巴托库泽
dpal vdus	巴笃
dpal bzher rbeg chung	巴协贝琼
dpung pon chen po	大军事长
dri mag	志玛
dro lod	卓洛
dru gu lha legs	突厥拉勒
drum dung chud	卓东曲
drum shin le i	祖辛勒
dun myi lha bzher	敦尼拉协

G

ga vjag hab bor	噶佳哈博
gal tsan	噶赞
gden pho lod	登婆罗
gla shang	拉向
glo vbra reg btag	落扎热道
gnag vphru bo	那初布
go gtsug	果祖
gsa glang	撒郎
gsas kong	色贡
gsas la brtsan	色拉赞
gsas la gzigs	色拉孜

gsas legs	色勒
gsas seng	色森
gsas srong	色松
gtsug bzang rgyus	祖桑吉
gtsug ldem stang sbyal	祖德党杰
gtsug lem	祖棱
gum pin	衮频
gung bzher rmang la pan	贡协莽拉班
gung gsas	贡色
gung khri bzher	贡赤协
gya mog seng	加莫森
gyevu chung	杰乌琼
g. yu brtsan	玉赞
g. yu bzang lhag rtsa skyes	玉桑·拉扎基
g. yu bzher	玉协
g. yu dmar	玉玛
g. yu legs	玉勒
g. yu rton	玉东
g. yu sgra	玉扎
g. yu sgras	玉珍
gzhams zla gong	香达恭

H

hon pyi	浑西

J

jo bo blon mang bzher	论·芒协大人
jo bo ched po blon lha bzher	论·拉协大人
jo bo gung bzher	贡协大人
jo bo khong bzang	孔桑大人
jo bo mdo bzher	朵协大人

jo bo mdo rma	朵玛大人
jo bo rgyal bzang	嘉桑大人
jo bo stag m nye n	道宁大人
jo bo stong bzher	东协大人
jo bo zla bzher	达协大人
jo cho blon lig bzang	论·列桑大人
jo cho btsang bzang	赞桑大人
jo cho khri bzher	赤协大人
jo cho khri rje vpangs	赤节班阁下
jo cho lha rbrul	拉珠大人
jo cho rgyal bzher	嘉协
jo co rtsang bzher	宗协大人
jo cho stag bzher	道协大人
jo cho stang zang stang dbyal	党藏党巴大人
jo co btsan ba	赞巴大人
jo co btsan bzher	赞协大人
jo co cung	迥大人
jo co khri mnyen	赤宁大人
jo co klu sman	录曼大人
jo co legs ca	勒嘉大人
jo co legs kri	勒赤大人
jo co lha vbrul	拉珠大人
jo co rgyal bzher	嘉协大人
jo co stag stsang bzher	道赞协大人
jo mo khrom legs	绰勒大人
jo mtsho bzang	措桑大人

K

ka lde khlu	卡德禄
kang rus pa	康热巴
kha bstand	卡丹

kha bzang	卡桑
kha vdzin	卡增
khag lha skyes	卡拉基
khams kyi dbang po	康地土官
khar long	喀咙
kho ngam	阔昂
khom skyes dbo kol	空基波孔
khong smo	孔默
khong snang	孔囊
khor zhag	科夏
khri bzher	赤协
khri gdavm	赤丹
khri ma lod	赤玛类
khri snang	赤囊
khrim bon	法官
khrim bzher	成协
khrom kong	仲孔
khrom legs	冲勒
khrom skyes	冲基
khrus byas	垂谐
khu stag chung	库道琼
khu tshab	库擦
khyung bzher	琼协
khyung po myes skyes	琼波聂基
klu bzang	录桑
klu sgra	录扎
klu gsas	录色
klu gso	录索
klu gzigs	录孜
klu mnyen	录宁
klu rgyal	录嘉

klu rtse	录支
klu vbrug brtsan	录珠赞
klu stsa	录杂
klu vtsho	录措
klub zher	录协
klu stsol	录责
ko sheng	果胜
kon bzher	滚协
kri spun	赤本
kugs vphan legs	库潘勒
ku li	库历

L

la re	拉热
la stag bald	拉道白
la tsa	拉杂
lang khong sme	朗孔麦
lcag la brtsan	查腊旃
lde klu gso	德录索
ldong kong	东孔
ldong phrang spra vu kong	董昌扎伍孔
ldong phreng mdo gong	东真朵贡
ldong bren? mdo gong	东真朵贡
legs bcung	勒窘
legs brtan	勒坦
legs kong	勒孔
legs mthong	勒通
legs rma	勒玛
legs tshan	勒赞
lha dang drab	拉当哲
lha bzang	拉桑

lha bzher	拉协
lha dpal	拉巴
lha hon	拉混
lha vtsho	拉措
lha la rton	拉拉顿
lha ldem	拉邓
lha lod	拉洛
lha rton	拉敦
lha sdem	拉蝶
lha sgra	拉扎
lha mthong	拉通
lha phyug	拉旭
lha ri skyes	拉日基
lha sbying	拉辛
lha skyes	拉基
lha zhig	拉西
lha vgo	拉郭
lha zung	拉祖
li bla blon khri gdarm	于阗僧官赤丹
li mngan	于阗官吏
li rje	于阗王
li sa grum	于阗人萨珠
li su nang	于阗人苏南
lod khong	罗孔
lod ltong chung kong slebs	罗通琼孔勒
lod lha dpal	罗拉贝
ltang sbyal	党杰
lu srong	录松

M

ma bzang	马桑

ma la rten	玛拉旦
mang bzher	芒协
mang rgyal	芒嘉
mang ring rtsi slebs	芒仁支勒
mang rtsan	芒赞
mang sbra	芒扎
mang sum rje	芒松杰
mang vod	芒威
mang zigs	芒斯
mdo ber	朵贝
mdo bzang	朵桑
mdo bzher	朵协
mdo gzigs?	朵孜
mdo rton	朵同
mdzes ldan	泽丹
mkhan po rdo rje dpal	堪布多杰巴
mkhar slebs	卡勒
mngan	岸本
mngan vbre nya gzig	岸本没庐娘斯
mngan slungs	岸本伦
mnyan spevu nung po ngan sdong	严布·弄波俺东
mon tshal skyes	莫才基
mtsho bzang	措桑
mtshur lha brtsan	祖拉赞
mtsing sa bor sgavi	琛萨波噶
mu ryo ce	牟育杰
myang khu vphan	娘·库潘
myang lho mthong	娘·拉通
myes gzig	聂孜
myes legs	聂勒
mye sleb	聂勒

myes kol	聂科
myes rtsan	聂赞
myes tshab	聂蔡
myi nyag phyi spo	党项西波
myi vpham	尼潘

N

na mo bud	那莫布
nang po mdo bzher	内务官朵协
nang po rgyal bzher	内务官嘉协
nang rje bo	内务官
nang rje bo blon khri bzher	内务官论·赤协
nang rje gnyan bzher	内务官年协
nang rje leg btsan	内务官勒赞
nang rje po blon legs bzher	内务官论·勒协
nang rje po blon rgyal bzher	内务官论·嘉协
nang rje po btshan do re	内务官才吐热
nang rje po khri bzher	内务官赤协
nang rje po lha bzang	内务官拉桑
nang rje po stag stag rtsan	内务官道道赞
ne tsug	讷祖
ngan ldong kong *	俄董贡
ngsa rje	昂杰
nog su ber zha	诺素贝夏
nya brtsan	娘赞
nya gzig	没庐娘孜
nyang smad	娘麦
nya gram vphan brod	娘张潘卓

P

pa bov mas pa	巴布迈巴

pan de ched po stag yi rgyal mtshan	名僧道吉嘉赞
pan ra	潘让
pan rma	潘玛
pang ra g. yu zigs	邦让玉斯
pang tsab rbeg	邦查巴
phan kong	潘孔
pho tsab	吴再
phu tsab	普扎
phyi chung	西琼
phyi mtho	西托
pob so pyi slebs	波索西列
pog rkyang	波姜
pong tho	崩托
pu rig gung legs	普日贡勒
pu tsha	普蔡
pur ba	普巴

R

ra sangs rje	拉桑杰
ra zhags vdre kong	热夏哲宫
red klu pan	热录班
rgod skug	郭库
rgyal bzang	嘉桑
rgyal bzher	嘉协
rgyal bzher legs tsan	嘉协·勒赞
rgyal bzher legs	嘉协勒
rgyal chung	嘉群
rgyal gzigs	嘉孜
rgyal gzigs lha rtsa skyes	嘉孜拉杂基
rgyal legs	嘉勒
rgyal mtshan	嘉参

rgyal po skyong	炯国王
rgyal to re	嘉妥热
rgyal to re dpal chu ng?	嘉吐热白青
rgyal zigs	嘉斯（监察吏）
rgyal zigs legs rtsan	嘉斯勒赞
rgyal zigs lha rtsa skyes	嘉斯拉孜基
rind nyu an	任努安
rje blon	节儿论
rje po zhang	尚王
rjevi zha	节夏
rkya rgu gu rib tran	甲古古日赞
rlang lha bzher	朗拉协
rlang vbrug legs	朗珠勒
rlang zhang zig	朗尚孜
rma bzher	玛协
rmang gzod	莽索
rmang la skyes	莽拉基
rmang mthung	莽通
rmang rton	莽东
rmang slebs	莽勒
rmevu byin	梅辛
rmol nya gong	莫娘宫
rmong so	蒙索
rnga mo sha su	额姆夏苏
rnga no grin	额阿诺仁
rngegs phes po	恩撤波
rngog phyi zigs	额谢斯
ro sum	若松
rtsang lde ya	藏德牙
rtsang rmang rogs	藏芒若
rtsang rtse	藏孜

rtse rje	节儿
rtse rje blon stag stag rtsan	节儿论·道道赞
rtse rje dpe gzhan	节儿贝桑
rtse rje lang sa dro	节儿郎萨卓
rtses kong	则贡
rtsig lha rtsa	孜拉杂
rtsig lha rtsa skyes	泽拉扎基
rya vphan vbring	佳潘枝

S

sam spes	桑沛
sam stang	桑党
san bzang	散桑
sang gav tse	桑噶则
sbur cung	布炯
sde nya legs	德娘勒
se kyo yo	撒取尧
seng ge	森格
sevu tshe	苏泽
sha myi lha srong	夏尼拉松
shang gchug	向曲
shang rdzong	向宗
shang sbyan	向尖
shang smon	向曼
shang spe	向贝
shang zigs	向斯
she nir	协讷
shi khu zigs	希库斯
shi rhang zha	什兰氏
sgre gang sgra	则刚扎
sku phu legs	固菩勒

sku sgra	库扎
skyes bzang	基桑
skyi tso	吉左
sles kong	勒恭
slung khri	隆赤
slung pon	笼官
sman pa	医者
smyi por	尼坡
sna la	那拉
sna nam zla bzher	那囊达协
snam sham bzang	纳象桑
snang bzher	囊协
snang sgra	囊扎
snya don gsas sbyin	纳东色辛
so pa vdrul	邮差
so btsas	苏泽
so mthav skyes	索塔基
so ngan long kong	索安隆孔
spa	萨波
spa yan ber	萨波彦别
spasl ba myes slebs	帕巴聂勒
spra legs zigs	扎勒斯
spro klu vbrug rma gnubs	卓鲁珠玛奴
spu tshugs	普祖
sprung re	仲热
spus ma nyed	贝玛聂
spyan	都护
spyan blon dpal bzher	都护论·巴协
srin snga	斯昂
sru dpal	苏白
stab btsan zigs	道赞斯

stag brod	道桌
stag bzang	道桑
stag bzang klu mthong	道桑录通
stag bzang legs sum	道桑勒松
stag bzang lha spe	道桑拉贝
stag bzang phan	道桑潘
stag bzher khu	道协库
stag bzher skyi khyugs	道协克琼
stag gtsug bzang	道祖桑
stag klu	道录
stag klu bzher	道录协
stag legs	道勒
stag po	道波
stag rgyal bzher	道嘉协
stag rma	道玛
stag sgra	道扎
stag slebs	道勒
stag stag rje	道道杰
stag stag rtsan	道道赞
stag tsang yang bzher	道赞阳协
stag vdus	道都
stag zigs	道斯
stangs sbyal	当杰
steng bor legs snang	登波勒囊
stod gyi dbang blon	上部之土官
stom kyang klu gtsu	顿绛录祖
stong gras gcal	东扎嘉
stong kud	东库
stong pon	千户长
stong rtsan	东赞
stong sum	东松

stos thong	妥通
sum pa gsas slebs	苏毗色勒
sum pa pang kro	苏毗邦绰

T

thir pul	铁普
thod dar bzang po	拓达桑波
tor leg smed	妥勒麦
tshe spyan zigs sna	才甲斯纳
tsa bo bzang	侄儿桑
tsa rngu khong rgad	札额空格
tsan ma	赞玛
tse bra lha gong	则札拉贡
tse rje	节儿
tsha bo stong rma	侄儿东玛
tshe yangs	泽阳
tshes lod	泽类
tshugs pon	巡吏

V

va ma chas	阿摩支
va zha	吐谷浑
va zha shang lun	吐谷浑向伦
va zha g. yu brtsan	吐谷浑玉赞
vbal khyi brag	巴齐扎
vbrom mang po jie	仲·芒波杰
vbreng ro khyi（th）ug	羌茹齐突
vgreng ro klu brtsan	羌茹录赞
vdor khrom bzher	朵冲协
vjo bo	角波
vkhra nga rtsan	查安赞

vkhu steng	库丁
vo nal cung	卧纳窨
vo nal lha gong	卧纳拉贡
vo nal rkong chung	卧纳贡琼
vo ni	斡尼
vog gtad	俄德
vog pon	俄本
vpan bzher	班协
vpan legs	班勒
vpan zigs	潘斯
vphan bzher	潘协
vphan la mya	潘腊尼阿
vphan po	潘波
vphan gzigs	潘孜
vphan khri	潘赤
vphan la bzher	潘拉协
vphan la mya	潘拉聂
vphan legs	潘勒
vphan rma	潘玛
vphan rya	潘牙
vtran ced po	赞切波

W

wang mdo gzigs	王朵孜
wi ne sa	魏讷萨

Y

ya bir	雅比尔
yang ring tsud	杨仁祖
yang zigs	杨斯
yul mthong	玉同

yul rma	玉玛
yul skyes	玉基
yu bzher	玉协

Z

zhal bzang	夏桑
zhang lon ched po blon dge bzang	大尚论·论格桑
zhang blon khri bzher	尚论·赤协
zhang blon skyang bo dbye rma	尚论·姜宝叶玛
zhang lang lon	尚·朗龙
zhang legs	尚勒
zhang lon ched po zhang btsan sum sgras	大尚论·尚赞孙扎
zhang lon chen po blon dpal bzang	大尚论论·巴桑
zhang lon da gi bsgra tshal	尚论·达格扎察
zhang lon lha sbyin	尚论·拉辛
zhang lon zhal ce pa blon stag bzher	尚论·论道协
zhang mang zigs ba	尚·芒斯巴
zhang nya bzang	尚·娘桑
zhang po blon stag bzang	尚论·道桑
zhang po klu bzang stabs sbyal	尚·录桑道杰
zhang po lha bzher	尚·拉协
zhang po mang po rje	尚·芒布支
zhang po vphan bzher	尚·潘协
zhang slo klu sbyin	尚·洛录金
zhang stag	尚道
zhang thig rgyal vjams	尚·倜嘉降
zhing spyan	农田监理官

后 记

　　本项目是 2012 年 6 月正式立项的，此后历经两载寒暑，在西南民族大学科技处的支持下，我们于 2014 年 1 月完成了初稿。经有关专家提出修改意见后，又经过半年的细心修改，于当年 6 月拿出一个本子交付结项。在通过专家评审并收到修改建议以后，我们又经过数月有针对性的通读、修改，这才提交出一个定稿。

　　需要特别提到的是，西南民族大学藏学学院的刘勇教授认真审读了结题文本，在名词翻译、藏文转写等方面提出了多处修改意见；武汉大学陈国灿教授、北京大学荣新江教授、敦煌研究院马德研究员对本书的最终名称提出了很好的建议；我校考古学研究生李锋、杨雪等协助编写了"文献索引号、出土号与本书题名、本书序号对照表""藏汉译名对照表"等。此外，本书多处参考、引用了刘忠等翻译的托马斯著作《敦煌西域古藏文社会历史文献》，贡保扎西、索南才让参与编写的《英国收藏新疆出土古藏文文书选译》，以及杨公卫、赵晓意参与翻译的武内绍人《敦煌西域出土的古藏文契约文书》一书，在此向以上诸位表示谢意！

编　者

2016 年 9 月于西南民族大学武侯校区

图书在版编目（CIP）数据

英国收藏新疆出土古藏文文献叙录 / 胡静，杨铭编
著. —— 北京：社会科学文献出版社，2017.8
西藏历史与现状综合研究项目
ISBN 978 - 7 - 5201 - 0766 - 2

Ⅰ. ①英…　Ⅱ. ①胡…②杨…　Ⅲ. ①古藏语 - 古籍
- 汇编 - 新疆②新疆 - 地方史 - 史料 - 古代　Ⅳ.
①G256.1②K294.5

中国版本图书馆 CIP 数据核字（2017）第 096413 号

·西藏历史与现状综合研究项目·

英国收藏新疆出土古藏文文献叙录

编　著 / 胡　静　杨　铭

出 版 人 / 谢寿光
项目统筹 / 宋月华　周志静
责任编辑 / 卫　羚

出　　　版 / 社会科学文献出版社 · 人文分社 （010）59367215
　　　　　　地址：北京市北三环中路甲 29 号院华龙大厦　邮编：100029
　　　　　　网址：www.ssap.com.cn
发　　　行 / 市场营销中心（010）59367081　59367018
印　　　装 / 三河市尚艺印装有限公司

规　　　格 / 开　本：787mm × 1092mm　1/16
　　　　　　印　张：18.5　插　页：0.25　字　数：297 千字
版　　　次 / 2017 年 8 月第 1 版　2017 年 8 月第 1 次印刷
书　　　号 / ISBN 978 - 7 - 5201 - 0766 - 2
定　　　价 / 98.00 元

本书如有印装质量问题，请与读者服务中心（010 - 59367028）联系